Creative Evolution

诺奖得主人文译丛

创造进化论

CREATIVE EVOLUTION

Henri Bergson
[法]亨利·柏格森◎著
高修娟◎译

Creative Evolution

北京时代华文书局

目　录

第二章　生命进化的不同方向 /101

——呆滞、智力、本能

第三章　论生命的意义：自然秩序与智力形式 /188

第四章　思维的摄影机原理与机械论错觉：各种哲学体系浏览 /278

———真正的变化与虚假的进化

导论

生命进化的历程，尽管尚不完整，却已经向我们揭示了智力是如何通过不间断的进步，沿着一条由脊椎动物向人类的上升路线发展的。它向我们显示，理解能力还附带着一种行动能力，即生物的意识对为其所创设的生存条件而进行的越来越精确、越来越复杂、越来越灵活的适应性。因此，可以得出这样的结论：我们的智力，就其狭义而言，其作用是寻求身体对环境的完美适应，是用外部事物自身来展示它们的关系，简言之，就是思考事物。这一点，确实将是本书得出的结论之一。我们看到，人类的智力对无机界，尤其是对固体的把握已经游刃有余，我们的行动找到了支点，我们的努力得到了工具。我们的概念建立在固体的模型上，我们的逻辑首先就是固体的逻辑。因此，我们的智力在几何学领域大获全胜，逻辑思维与杂乱事物之间的内在关系被揭示出来，据此，智力只需顺其自然，轻轻触碰经验世界，就能获得一个又一个发现，而经验自然会紧跟其后，一一予以证实。

然而，由此，我们还必须认识到，我们以纯粹逻辑形式表现出来的思维，却不能够阐明生命的真正本质，不能够阐明进化运动的全部含义。我们的思维由生命创造，处于特定的环境中，旨在作用于特定的事物，它仅仅是生命的一种扩散或者一个侧面，又怎么能够把握全部生命呢？我们的思维是进化运动过程中沉积下来的一部分，它又怎么能够用于阐释进化运动本身呢？同样引起争议的还有：部分等同于整体，结果可以重新吸收其原因，或者遗留在沙滩上的鹅卵石揭示了将它带到那里的波浪的形态。事实上，我们确实感觉到，在我们思维的范畴中——整体性、多样性、机械因果联系、智力的目的性等等，没有哪一个能够准确用来阐明生命事件：谁能说清个体源于何处，又终结于何处？生命存在是单一的还是多重的？是细胞自身的联合形成了有机体，还是有机体自身的分解形成了细胞？我们徒然将生命套进这一个或者那一个模式中，所有的模式都崩溃了，对于我们试图装进的那些东西来说，它们太过狭隘，最严重的问题是太过呆板。我们的逻辑，在无机世界里大行其道，却不能在这个新的领域施展拳脚。要说出一个依靠纯粹推理得出的生物学发现几乎是不可能的，事实经常会是这样：当经验最终向我们显示生命如何运作以得到特定的结果时，我们才发现这种运作的方式从来都不曾进入过我们的思维世界。

然而，进化论哲学却毫不犹豫地用它成功对待无机物质的方式来解释生命事件。最初，它向我们昭示，我们的智力中存在着进化的一种局部影响，或者偶然迸发的一个小火苗，照耀着通往生物行动的狭窄通道上来而复往的诸种生物。并且，它忘掉了它刚刚对我们说过的话，将这隧道里的昏暗灯盏当成了普照众生的太阳。之后，它一往无前，仅凭着观念思维的力量，就对一切事物乃至生命本身进行观念上的重构。事实上，它横冲直行，很快就遇到了难以逾越的障碍，它看到自身的推理导致了如此奇异的矛盾，以致它不得不匆匆收尾，收回了最初的雄心壮志。“再没有事实本身了，”它说：“只能重构，但这仅仅是对现实的模仿，或者毋宁说仅仅是一种象征性的意象。我们并未把握事物的本质，并且永远也不能把握事物的本质。我们在关系中徘徊；我们不能把握绝对；我们被带到了不可知面前。”人类的智力，先是骄傲得过了头，后来又谦逊得过了头。生物的智力形式如果是被身体与物质环境之间的相互作用和反作用逐渐塑造而成，那么它不应该向我们揭示一些构成生命实体最本质的信息吗？行动不能发生于非真实中。我承认，即便是一个天生的推理家或梦想家，也有可能一直处于现实之外，有可能破坏事实、歪曲事实，或许还能创造事实，就像我们的想象力从飘浮的云朵中剪切出人和动物的影像一样。

然而，一种致力于行动并随之进行反应的智力，一种去感知其对象、以便时时刻刻把握对象的动态印象的智力，就是一种触及了某种绝对的智力。假如哲学从未向我们显示过我们的观察遇到了什么样的矛盾，走向了怎样的死角，我们可曾怀疑过我们知识的绝对价值？不过，这些困难和矛盾全都起因于此：我们试图将我们思维的一般形式运用在其上的这些对象，恰恰是我们的努力所未及的地方，也因此是我们的模式未曾为其设立的地方。相反，与无机物质的某个方面相联系的智力知识，应当给予我们一种对无机物质的忠实印记，这些印记源于我们对这个特定对象的反复浇铸。只有当这种智力知识宣布——事实上它也这样做了——它向我们阐明了生命、也就是那个浇铸原型的制作者时，它才变成了相对的东西。

既然如此，我们必须放弃对生命深度的探究吗？我们必须用机械论的观念阐释生命吗？理解力赋予了我们这种观念，一种必定是人为的、象征性的观念，因为它将生命的全部活动缩减为人类活动的特定形式，而这种形式只能为生命提供一种局部的和片面的解释，为鲜活的生命历程提供一种结果或者副产品。的确，如果生命真的动用了它拥有的全部精神潜能来生产纯粹的理解力（也就是说，制造几何学家），那么我们就不得不这么做。然而，终止于人类的这条进化路线并非唯一。从这条路线上分开的另一条道路上，其他的意识形式也在发展，尽管它不像人类的智力那样，得以使自身摆脱外界的限制，或者重获对自身的控制，然而它仍然表现了进化运动中某种固有的、本质的东西。如果意识的其他形式都聚集在一起并与智力混合起来，难道不会形成一种像生命一样广阔的意识吗？假若这种意识蓦然回首，对其身后的命运推手进行审视，难道不能获得一种完整的生命视野吗？尽管这种视野转瞬即逝。

即便如此，还是应当说，我们并没有超越我们的智力，因为我们依然借助于我们的智力，经由我们的智力，才看到了意识的其他诸种形式。而如果我们所既有的是纯粹的智力，如果我们的概念思维和逻辑思维周围没有被晦暗的星云——组成这种星云的发光粒子，也就是我们所说的智力——所遮蔽，那么这种说法就是正确的。其中蕴涵着某些力量，充当理解力的候补，这些力量，在我们固守自身的时候，只能模模糊糊地感觉到它们的存在；而一旦它们运作起来，参与到自然的进化时，它们就会变得清晰明了、显而易见。这样，它们就会明白在生命的根本方向中，需要做出何种努力才能使它们得到加强和扩张。

这就使我们得出了一个结论：知识的理论和生命的理论似乎是不可分割的。一种生命的理论若是缺乏对知识的批判，实际上，它就不得不接受理解力任意提出的概念：无论它是否愿意，它都得将事实套在一些预先存在的框架上，而这些框架被其视作终极原则。因此，它就获得了一个象征手法——相当方便的，甚至或许对实证科学来说是不可或缺的，却并非是对其对象的直接观察。另外，一种知识的理论若是没有恢复智力在生命总体进化过程中应有的地位，那么，它既不能告诉我们如何建构知识的框架，也不能告诉我们如何去扩展既有的框架或者超越既有的框架。知识的理论和生命的理论这两种探索必须相互结合起来，通过一个循环往复的过程，不断地推动彼此前行。

这两种理论一旦结合起来，便能够借助于更确定的方法，更加切近经验地解决哲学提出来的一些重大难题。其理由在于，如果这两者能够成功地进行合作，它们将会向我们展示人类智力的形成，并以此显示我们的智力所探究的那些普遍构造的物质源头；它们将追寻到自然和思维的真正根源；它们将用真正的进化论来取代斯宾塞的错误的进化论。这种错误的进化论将已经演化形成的当前现实割裂成一些不再演化的小碎片，之后将这些碎片重新组合起来，预先放置于需要解释的一切事物当中去。而真正的进化论，则会从现实的产生及其发展来解释现实。

然而，构建此类哲学并非一日能成，它不同于那些所谓的哲学体系，每一种都是由一个天才创立，瞬间成立一个完整的体系，或被全盘接受，或被全盘否定。这种哲学的建立，只能依靠诸多思想家的集体努力，不断向前推进才能完成；同时还需要诸多评论家的努力，相互完善，彼此纠正，不断推进。因此，本书并不指望立刻去解决这些最重大的哲学难题，只是希望阐明一种方法，并对运用这种方法的可能性，在某些基本要点上做出些许说明。

本书的章节安排是由这个主题自身的性质决定的。在第一章，我们将为进化过程试穿两件衣裳：机械论和目的论[①]，这是由我们的

---

① 生命超越了目的论和机械论的思想，早已不是新鲜的观点。比较有名的是杜南论“生命问题”（《哲学杂志》，1892年）的三篇文章，这种观点已经得到了深刻的论述。在拓展这一思想时，我们的许多见解与杜南一致。不过，我们在本书中提出的观点以及一些相关的问题，早就在《论意识的直接材料》（巴黎，1889年）一书中提出来了。那本书的基本命题之一，实际上就是表明精神生活既不是整体性的，也不是多样性的，它超越了机械论和智力范畴；只有当“直觉多样性”和“局部性”出现的时候，机械论和目的论才有意义。而其结果自然就是预先存在的各个部分的集合：“真正的绵延”同时表明了未被分割的连续性和创造性。在当前这本书里，我们使用了同样的思想看待普遍生命，并且进一步以心理学的观点去考察生命本身。

理解力裁剪出来的。我们将表明，这两件衣裳都不合身，机械论不行，目的论也不行，然而，其中一件，还可以重新裁剪，重新缝制，改造之后的样子会比另一件合身那么一点点。为了超越理解力的观点，我们在第二章尝试重构进化的主要路线，正是沿着这些路线，生命与那条通向人类智力的路线一同前行。于是，智力就被带回其根源处，此时，我们只好去把握根源，并追随它的运动。而这正是我们在第三章所要做的努力，尽管这种努力确实还很不完善。第四章和最后的部分旨在表明：我们的理解力本身，经过某种训练之后，可能会为一种超越自身的哲学做好准备。为此，我们需要浏览一下各种哲学体系的历史，同时对两种重大的错觉进行分析，这两种错觉，只要人类的理解力想要去探究普遍的现实就必定会产生。

第一章　生命的进化：机械论与目的论

一、绵延

世间的一切存在中，我们最能确定的、了解得最清楚的，无疑就是我们自身。因为我们关于其他各种客体的观念都有可能被认为是外在的、肤浅的，而对于我们自己，我们的知觉则是内在的、深刻的。那么，我们发现了什么？在这个优势领域里，“存在”一词的确切含义是什么呢？这里，让我们简要地回顾一下我早前的一部作品的结论。

首先，我发现，我总是从一种状态过渡到另外一种状态。我热了，我冷了；我愉快，我悲伤；我做事，或者不做事；我看看周围的东西，或者思考其他的事情。感觉、感情、意志、意念——我的存在被划分成这些变化，也轮番被它们着色。因此，我一刻不停地在变化着。但这么说还不够，变化远远比我们预先设想的更加剧烈。

因为，我把自己的每一种状态都描述成一个单独的片段，一个分割出来的整体。我确实说我是在变化，但在我看来，这些变化是存在于我从一种状态过渡到下一种状态之间的通道里：分开来看，每一种状态，我都倾向于认为在它当前状态的全部时间里，它保持不变。然而，只要稍加注意，我就发现，感情、意念或者意志无时无刻不在发生变化：如果一种精神状态停止了变动，其绵延也会停止流动。让我们拿最稳定的内部状态作为例子吧：人们对一个静止的外部对象的视觉感知。这个物体或许始终相同，我可能从同一侧面、同一角度、在同一光线下去观察它，但是，此刻我获得的视像，已经不同于前一秒的视像，仅仅因为这一刻的视像比前一秒的视像稍微熟悉了那么一丁点儿。我拥有记忆，它将过去的事物输送到当前，我的心理状态在时间的道路上前行，持续不断地积累着绵延，不断地膨胀：它不断增长——不停地滚动自身，好像在雪地上滚雪球。不仅如此，人类更深层的内在状态，比如感觉、感情、欲望等，都不像简单的视觉那样，仅仅反映一个静止不变的外界对象。人们很容易忽视这种不间断的变化，而当这变化积累到足以让身体形成新态度、让注意产生新指向的时候，人们就能轻而易举地注意到。这时，也只有这时，我们才发现我们的心理状态发生了改变。但事实上，我们的心理状态从未停止变化，所谓状态本身不是别的，就是变化而已。

据此，我们就可以得出结论：从一种状态过渡到另一种状态，和保持同一种状态，这两者并没有本质上的区别。如果“保持不变”的状态，其变化性超出了我们的想象，那么，一种状态到另一种状态之间的转化和同一状态的持续之间的相似性也超出了我们的想象：转化无时无刻不在发生。然而，我们对每一种心理状态时刻发生的变化都视而不见，也正因如此，当变化已经非常显著，以致引起我们注意的时候，我们才不得不把这种状态说成是在前一状态之后的一种新状态。这种新状态，我们仍然认为它是静止不变的，之后再转变为另一种状态，如此循环进行下去。心理活动的这种明显的非连续性，是由于我们的注意力被一系列分割的动作固着其上：事实上，心理活动中只存在一个平缓的斜坡，但我们的行动则是断开的线条。因此，我们感知的仅仅是一些分隔开来的台阶。的确，我们的心理活动充满了不可预见性。上千种头绪产生了，每一种都看似和前一种无关，也和下一种无关。然而，尽管它们看似缺乏连续性，事实上，它们却都凸显于一个连续性的背景之上。它们被安排在这个背景上，并且这个背景上也确实存在着将它们分隔开来的间隔，它们就好比交响乐中时时迸发出来的鼓点。我们的注意力之所以集中在这些状态上，是因为它们更能吸引注意力，但其中每一种状态都产生于我们心理活动的整体流动。每一种状态都仅仅是一个活动区域中最明亮的一点，这个区域包含着我们全部的所感所知、所思所欲——简言之，它是我们在任何给定瞬间的全部存在。正是这个全部区域在事实上构成了我们的心理状态。此时，状态一词在这样的定义下，就不能被看作明确的元素，它们在一种无穷无尽的流动中彼此延续。

然而，既然我们的注意力已经人为地把这些状态区分出来、割裂开来了，接下来要做的只能是通过人为的纽带把它们重新联合在一起。因此，我们就设想出一个无形的自我，它客观中立，静止不变，我们的注意力把它当作一个实体，建立种种心理状态，并贯穿其中。它所觉察到的，并不是一个个瞬时的色阶层次流彼此交会，而是一些明确的，也就是说，固定的色彩。就如同一条项链上的珠子，一颗颗串联在一起，这样，我们就必须假想出一条线，而这条线本身也是固体，这样才能将这些珠子串起来。但这种无色的基质，如果被其遮盖物持续地着色，那么，对于我们来说，由于其不确定性，就好像不曾存在一样。因为我们只能看到那些被着色的东西，或者，换句话说，我们能看到的仅是种种心理状态。实际上，这个基质并不存在，它仅仅是个象征，意在不断地提醒我们的意识注意到：我们的注意力借以将种种状态清晰明确地割裂开来的那些过程性的特征，不过是些人为的假象，实际上只存在一个不断展开的连续体。如果我们的存在是由一个个隔离开来、无动于衷的自我联结起来的状态组成，那么对于我们来说，绵延就不会存在。因为一个静止不变的自我是不能够延续的，也因为一种心理状态如果在被下一种状态代替之前始终没有变化，那么它也不能够延续。因此，将这些状态逐次罗列在假定能够维系它们的自我身上，这种尝试徒劳无益：这些被维系在一个固体上的固体物，绝无可能构成流动的绵延。通过这种方式，我们所获得的，实际上是对内在生命的一种人为模仿，一种更加符合逻辑和语言的需求的静态等价物，正是因为我们从其中删除然而，由于心理活动是在掩盖着它的诸种象征之下而展开的，我们就常常以为，心理活动仅仅是由时间造就的事物。

But, as regards the psychical life unfolding beneath the symbols which conceal it, we readily perceive that time is just the stuff it is made of.

了真实时间这个要素。然而，由于心理活动是在掩盖着它的诸种象征之下而展开的，我们就常常以为，心理活动仅仅是由时间造就的事物。

另外，确实没有更持久、更实在的事物了，因为我们的绵延并不是一个瞬间取代另一个瞬间，假若如此，那么除了当前，就再也没有别的什么了——过去不会延伸到现实，既没有演进，也没有切实的绵延。绵延是过去的持续进展，一点点吞噬着将来，它一面前行，一面成长。过去一刻不停地成长，因此要存留过去，也没有限制。我们已经试图证明，[①] 记忆并不是一种将回忆放进抽屉或者为其登记注册的机能。没有什么登记册，也没有什么抽屉，甚至这样说也非常恰当：根本没有这样一种机能，能够服务于一种连续运作的机能，即使这种机能愿意或者能够这样做，将一个个过去堆叠起来而无须任何中断。事实上，过去会自动地将自身存留起来。作为一个整体，过去或许每时每刻都跟随着我们，我们从婴儿期开始所感知的、思考的和想要的一切，都还存在着，它们躺在当前的上方（而当前也就要加入其中），挤压着意识的大门，而意识却无法将它们挡在门外。

大脑的机制被如此安排，它将几乎全部的过去都拉回到无意识当中，只让一种过去通过意识的门槛——它能够解释当前的情势，或者能够推进现在已经准备做出的行动，简单来说，就是只

① 《材料与记忆》，1898 年，巴黎，第 2 章和第 3 章。

有那些有用的记忆，才能通过意识的门槛。至多，还有一些少量的肤浅回忆，或许也能溜出那扇半开的大门。这些记忆，这些来自潜意识的信使，让我们回想起自己不自觉地拖在身后的那些东西。

即便如此，我们也可能对它们没有明确的认识，我们只能朦胧地感觉到我们的过去仍和我们一起出现在当下。如果我们不是我们自出生以来的历史，不，甚至应该说，如果我们不是我们从出生以前到现在的历史（因为我们全都带着先天的禀赋），那么我们又是什么呢？或者实际上，我们的个性又是什么呢？毫无疑问，我们只想到我们的一小部分过去，但正是通过我们的全部过去，包括我们心灵的原初倾向，我们才产生欲望，发出意愿，做出行动。这样，我们的过去作为一个整体以其冲动向我们显示出来，它以个体倾向的形式被我们感知，尽管只有一小部分是以意念的形式被我们认识。

过去就这样存在着，因而，意识就不能够两次经历同一状态。环境或许没有改变，但是它们将不再能作用于同一个人，因为它们发现，这个人已经身处他个人历史中一个新的瞬间。我们的个性建立于每一个瞬间之上，不断积累经验，永不停息地变动着。这就是为什么说，我们的绵延是不可逆转的。我们无法重新活一次，哪怕片刻也不行，因为如果我们这样做，就不得不先抹去全部伴随的记忆。即便我们能将这种记忆从理智中抹掉，也不可能将它从意志里消除。

因此，我们的个性在萌发着、生长着、成熟着，从不停息。它的每一个瞬间，都是前一瞬间加上了新的事物。我们可以进一步说：它不仅仅是新的事物，而且是某种无法预知的事物。毫无疑问，我的当前状态，可以解释成前一秒内在于我和作用于我的那些事物。这样分析之后，我就找不到其他的因素了。然而，即便是超人的智慧也不能预见那种不可分割的简单形式——它为这些纯粹抽象的元素赋予了具体的组织。这是因为，预见，就是将业已在过去中感知到的东西投射到将来；或者说，预见，就是为稍后的时间把业已感知到的东西重新排列，形成一个新的组合。但那些从未被感知到的、同时又是简单的东西，却必定无法预见。我们的诸种状态就是如此，我们将其视为逐步展开的历史中的一个瞬间：它是简单的，它不可能已经被感知到，因为它将那些业已被感知的一切和当前添加的东西都集中在其不可分割性当中，它是一段纯粹的原初历史中的一个原初瞬间。

一幅肖像画要表达的意思，能被模特的特征所阐释，能被画家的风格所阐释，也能被分布在调色板上的那些色彩所阐释。然而，即便知道这幅画要表现什么，也没有谁，包括画家本人，能够事先知道这幅画的确切模样。因为要预见它，就要在它被画完以前把它画出来——这是个自相矛盾的荒谬假定。尽管如此，对于我生命里的每一个瞬间，我们都是画家，每一个瞬间都是一个作品。正如画家的才能只能被他的作品带来的影响所塑造或者改变那样，我们的各种心理状态，在其存在的那个瞬间，也在改造着我们的个性，因为它们就是我们正在成为的新形态。因此，这样的说法是不错的：实际上，我们取决于我们是什么。不过，我们还必须加上一句话：在某种程度上，我们就是我们的所作所为，我们在持续不断地创造着我们自己。自己创造自己，是对一个人的所作所为更完整也更合理的解释。因为在这样的情形中，解释的产生并不像在几何学中那样，提出一些一成不变的客观前提，也必然引出客观的结论。相反，在这里，相同的理由也许支配着不同的人，或者支配着处在不同瞬间的同一个人，其表现迥然不同，但都同样合理。真实情况是，它们已经不是相同的理由了，因为它们已经既不属于同一个人，也不是属于同一个瞬间了。这就是为什么我们既不能像几何学那样以抽象的方式从外部去把握它们，也不能用它们去解决他人在生活中遇到的问题。每个人都必须从自身内部解决自己的问题。不过，我们没有必要深究这一点。我们现在只是在探讨我们的意识赋予“存在”这个词的确切含义，而我们发现：对于有意识的生命来说，要存在就要变化，要变化就要成熟，而要成熟，就是要永无休止地进行自我创造。对于一般上意义的存在，是否也是如此呢？

二、无机体

一个物质对象，无论哪种类型，其呈现出来的特征和我们刚刚描述过的截然相反。无论它是否保持原状，如果它因为受到外因此，任何新东西也无法从中创造出来，无论是形式还是材料。

A material object, of whatever kind, presents opposite characters to those which we have just been describing.

力的影响而发生了变化，我们都会将这个变化看作它的一些组成部分发生了位移，而这些部分本身并没有变化。假如这些部分发生了变化，我们就应当转而将它们分解开来。这样，我们应当降解到构成这些部分的分子中，降解到构成分子的原子中，降解到构成原子的微粒子中，降解到那种“不可测量”的东西中——其中的微粒子也许只是一种纯粹的涡流。总之，我们应当尽可能推进这种分割或解析。然而，我们却应该在遇到不可改变的东西之前止住脚步。

现在，我们说，由别物构成的物体因其组成部分的移位而发生变化。但一个部分离开自己的位置之后，没有什么能够阻止它回到原位。一个元素组合在经历了某种状态之后，也因此，能够找到恢复原状的方式，即便不是依靠自身，也至少是依靠某种外因使一切复归原位。由此，我们可以说，这组元素的任何状态都可以随意重复出现，结果却不会因此变得老旧，因为它没有历史可言。

因此，任何新东西也无法从中创造出来，无论是形式还是材料。这组元素将来的样子，已经呈现于它现在的模样中了，只要“现在的样子”包含着与之相连的宇宙的一切点。超人的智力能够计算出时间的任何一刻、空间系统任何一点的位置。整体的形式不过就是各个部分的排列组合。因此，从理论上说，系统的未来形态可以在其当前构造中预见到。

我们关于物体的全部信念，我们对被科学隔离出来的那些系统的全部运作，都依赖于这样一个事实，即时间并不融入它们。在我早期的一部著作中，我们已经涉及了这个问题，而在目前的研究过程中，我们将再次涉及它。目前，我们仅仅指出这一点：科学赋予一个物质对象或一个独立系统的抽象时间（t），仅仅是一定数量的共时性物质，或者在更一般的意义上说，是一定数量的关联，并且这种数量始终不变，而无论这些关联之间的间隔属于什么性质。当涉及内在事物时，我们从未考虑过这些间隔；或者，即使我们考虑这些间隔，为便于计算其中的一个新关联，我们仍然不会关注它们之间所发生的事情。常识里到处都是孤立的对象，科学亦然，它考察种种孤立的系统，这两者所关心的仅仅是这些间隔的终止之处，而不是这些间隔本身。因此，时间的流动就可能呈现为一种无限的急速状态，物质对象或孤立系统的过去、现在和将来可能立时遍布整个空间，无论是在科学家提出的公式中，还是在常识的语言里，都不存在任何可变的东西。数字 t 永远代表同一个东西；它仍旧能够计数出在对象或系统的各种状态之间的数量和时间线各点之间的相同联系，这种时间线之间的点已经被画出来，就是“时间的进程”。

不过，连续性却是个毋庸置疑的事实，即使在物质世界也是如此。尽管我们对孤立系统的论证可能暗示出它们的历史、过去、现在和将来可能像一面扇子那样瞬间展开。但实际上，这个历史却是逐渐地展开自身的，就好像我们自己占据着一段绵延一般。要是我想把糖溶化在水里，不管愿不愿意，我都必须等待白我们应该看到，材料具有一种构成孤立系统的倾向，因而能够用几何学的方法去处理。

We shall see that matter has a tendency to constitute isolable systems, that can be treated geometrically.

糖溶化。这件小事饱含意义。因为在这里，我不得不用于等待的时间，并不是数学上很好地应用于整个物质世界的全部历史的那个时间，即便那个世界能够在空间里瞬间展开。它和我的期待同时发生，也就是说，和我自身的一部分绵延同时发生，我既不能随意延长它，也不能随意缩短它；它不再是某种思想的东西，而成了某种活着的东西；它不再是一种关系，而是一种绝对。这只能意味着，那杯水、白糖和白糖溶化的过程都是抽象，我的感觉和思维进展将它们从整体中切割出来，而那个整体则可能就是意识，除此之外，还能意味着什么呢？

当然，科学用于隔离和封闭一个系统的运作方式并不都是人为的。如果没有客观基础，我们就无法解释它何以能在一些情况下清晰地昭示出来，而在另一些情况下则不可能。我们应该看到，材料具有一种构成孤立系统的倾向，因而能够用几何学的方法去处理。实际上我们也应该用这种倾向去界定材料。然而，这只是一种倾向而已。材料并不会走向终结，隔离永远也不能完成。如果科学当真走到了尽头，隔离已经完成，那也是为了研究的方便。人们知道，所谓的孤立系统，仍然受到外界的某些影响。科学仅仅是把这些影响先放在一边，或者因为科学发现它们轻微得可以忽略不计，或者因为科学想要以后再去考虑它们。另一个真切的事实是，这些影响形成众多的连线，把一个系统与另一个更广泛的系统连接在一起，又与包含着这两个系统的第三个系统连接起来，就这样一直连接到那个在客观上最彻底、最独立的系统——

整个太阳系。但即使是在太阳系，孤立也不是绝对的。我们的太阳发射出的光和热，远至最遥远的行星之外。并且，太阳也按照特定的方向运转，吸引着众多行星及其卫星。这条将太阳和宇宙其余部分连接起来的那条线，无疑十分纤细。然而就是这条线，也连接到了我们绵延其中的这个世界上最小的粒子，而这种绵延是整个宇宙普遍存在的。

宇宙在延续。我们越是研究时间的本质，就越能会领悟到：绵延意味着创新，意味着创造新形式，意味着不断精心构造出全新的事物。由科学区隔出来的那些系统之所以在延续，是因为它们与宇宙的其他部分紧密地联结在一起。事实上，从宇宙自身内部可以区分出两种对立的运动，正如我们将要展示的：这两种运动就是“下降”和“上升”。前一种运动仅仅打开一个现成的卷轴，大体上说，这种运动几乎有可能在瞬间完成，好像松开弹簧。但是，上升运动则关系到成长或创造的内在运作，本质上是延续的，它将自身的节奏加在下降运动之上。这两种运动紧密相连、不可分割。

因此，一段绵延，以及一种像我们自身一样的存在形式，就没有理由不被归结于由科学隔离出来的那些系统，只要这样的系统能被重构为整体。不过，这些系统必须被这样重构起来。同样，甚至更明显的情况，也适用于被我们的知觉切割出来的那些对象。我们观察一个对象得到的鲜明轮廓，赋予了该对象一种个体性，这只不过是我们可能对空间中某点施加影响的某种图式。当我们看到物体的表面和边缘时，被反射回我们眼睛里的，正是我们一贯行动的谋划，就像被镜子反射回来一样。抑制了这个行动，因而也就抑制了这个行动相关的主要方向，而知觉正是从错综纠缠的现实中，为这个行动探索出这些方向，并且这个实体的个体性就被重新吸进了普遍的相互作用当中；而这种相互作用，无疑就是现实本身。

现在，我们已经考察了一般的物质对象，那么，有没有一些特殊对象呢？我们感知到的那些实体，可以说是被我们的知觉从自然的背景中切割下来的；而这把剪刀，以某种方式沿着行动可能发生的线路标记进行剪裁。但是，要采取这种行动的那个实体，甚至在真实行动之前就在对象上标记出其一贯行动图式的那个实体，不得不将其感觉器官指向真实的流动，以便将这种流动固定成确定的形式，进而创造一切其他实体的那个实体——总之，那个有生命的实体，它与其他实体是否一样呢？

毫无疑问，那个实体自身也存在于一个部分的扩展与其他部分的扩展紧密相连的关系中，存在于与整体密切相连的部分中，它也服从于制约着一切材料及其所有组成部分的那些物理的、化学的规律。但是，当物质被分割成一个个单独的实体，这种分割与我们的知觉联系在一起；当给材料点建立起封闭的系统，这种封闭与我们的科学联系在一起，这个有生命的实体就被自然本身分割开、封闭掉了。

这个实体由一些相互补充又互不相似的部分组成；它发挥

着各不相同，却又相互关联的种种功能。它是一个个体，而对于其他的对象来说，即便是结晶体，也不能说是一个个体，因为结晶体既没有不同的组成部分，也没有多样的功能。毫无疑问，即便是在有机界里，也很难确定什么是个体，什么不是个体。甚至在动物王国，这个困难也十分巨大；而在植物界，这个困难几乎无法逾越的。另外，这个困难还有一些深刻的原因，这个我们稍后再讨论。我们会看到，个体性允许存在不同的程度，并且这一点没有在一切地方都得到充分实现，即使是在人类身上，也是这样。但是，这却不能妨碍我们认为个体性是生命的一种突出特征。人们没有能力给个体性下一个精确而概括的定义，而那些近乎是几何学家的生物学家们，则过分经常地利用这一点了。完美的定义，只适用于已经完成的事实；而有生命力的事物却永远不会被完全实现，尽管它们总是处在将要被完全实现的路上；与其说它们是一种状态，还不如说是一种倾向。

并且，一种倾向只有在没有受到另一种倾向的阻碍时，才能完全实现它的目标。那么，在生命领域，就像我们将要表明的，其中一直隐含着器官倾向之间的相互作用，这种情况怎样会发生呢？

我们或许可以这样讨论个体性：在特殊情况下，有机界中处处都有指向个体性的倾向，但这种倾向也处处受到繁殖倾向的对抗。要完成个体性，就必须达到一个条件：这个有机体的任何一个组成部分都不能单独存活。但如果这样的话，繁殖就无从发生了。因为，所谓繁殖，不就是用旧的有机体中分离出来的一个碎片，建立一个新的有机体吗？所以说，个体性自身就包含着其对立面。正是个体性需要在时间里永存，才使得它无法在空间里完善自身。生物学家必须在每一对象上充分考虑这两种倾向，因此，要求他对个体性做出一个适用于所有情况，还能自动发挥作用的定义是没有什么意义的。

然而，人们对生命事件的推理，却经常在和无机材料相似的条件下进行。人们在讨论个体性的时候，这种混淆表现得尤为明显。我们看到，切断蚯蚓的身体，每一截身体都会重新长出头部，此后作为一个独立的个体继续存活；水螅的每一个碎片都变成一条新水螅；海胆卵细胞的碎片也能发育成完整的胚胎。于是有人问我们：卵细胞、水螅和蠕虫是不是个体呢？但是不能因为现在有了一些新个体，就认为刚才就不存在个体。无疑，如果我看到几个抽屉从抽匣里掉出来，就不能说那些东西原是一件。但事实是，抽匣现在所包含的东西，并不比过去更多；而如果说，抽匣现在是由与过去不同的几个部分组成，那么，从它被造出来的那天起，它就是这样。总体而言，我们可能的行动需要付诸其上，我们时髦的思想也要塑形其上的无机体，遵循着这样一条简单的规律：当前所包含的东西并不多于过去，结果中存在的事物已经包含在原因当中。但是，假如有机体最显著的特征就是不停地生长变化（这一点连最浅显的观察也已经切实证明了），那么，有机体在开始时是一个，之后变成多个，这就丝毫不是什么奇怪的事情了。单细胞有机体的繁殖就在于此——生命体分裂为两半，每一半都是一个完整的个体。的确，在更复杂的动物中，大自然将再生整个新个体的力量放置在几乎是独立的性细胞当中了。但是，这种力量其中一些却仍然分散于其余的器官组织中，就像再生现象证明的那样。并且，可以想见，在一些特殊情况下，这种机能可能被完整地保持在一种潜伏状态中，一旦有机会就会显示出来。事实上，并非只有在有机体不具备分裂成能够存活碎片的能力的情况下，我才可能有权谈论个体性。只要满足这一点就够了：在有机体分裂以前，它应当呈现出一种将其组成部分系统化的能力，正是这种能力能够在以后的各个分离部分中得到再生。这些就是我们有机界观察到的情况。我们可以得出这样的结论：个体性永远不完善，连分辨出哪个是个体、哪个不是个体都常常是很困难的，有时甚至是不可能的，然而生命却从未放弃对个体性的追求，好像它在竭力制造一些自然形成的封闭、隔离的系统。

三、有机体

正是基于这一点，生命体才区别于我们的知觉或科学人为地隔离和封闭起来的一切事物。因此，把生命体和一个无机物体进行类比是不正确的。如果我们非要在无机界找一个可以用于类比的术语，那么，我们就不应该把生命有机体类比为某个确定的物质对象，而应该把它类比为整个物质宇宙。当然，这种类比没有多大价值，因为生命体是可观测的，而整个宇宙则是由思维构造或重构出来的。不过，这种类比至少能够提醒我们注意到组织结构的基本特征。正如作为整体的宇宙，正如每一个有意识的生命各自的行为那样，存活的有机体是一种绵延的事物。其全部的过去，被延伸到当前，并居住其中，切切实实地行动着。若非如此，我们又如何能够理解它经历了一个个确定而被清晰标记的时期，我们又如何能够理解它改变着自身的年纪——总之，我们又如何理解它拥有一段历史呢？如果单单是考察我自己的身体，我就会发现，它像我的意识一样，一点一点成熟起来，从婴儿期直到老年；它也像我自己一样，渐渐地变老。严格地说，成熟与年老的确仅仅描述了我身体的状况；如果用同样的词语来描述我的意识本身带来的相应变化，那只是一种比喻而已。现在，如果我从生命等级的顶端来观察底端，从分化最高级的地方来观察分化最低级的地方，从人的多细胞有机体来观察纤毛虫的单细胞有机体，我就会发现，即便是在这种简单的细胞中，同样的衰老过程依然存在。经过一定次数的分裂，纤毛虫就再也不能分裂了，尽管也许可能通过改变环境来推迟那个时刻，其中自然出现由结合作用产生的复原现象，但那一刻仍然不能无限地推迟下去[①]。事实上，

① 卡尔金斯，“原生动物生命史研究”，载于《发育机制文献集》，第15卷，1903年，第139~186页。

无论哪种生命体，全都在某个地方展开着一个注册表，用来记录时间 。

Wherever anything lives, there is, open somewhere, a register in which time is being inscribed.

在这两种极端状态中的有机体是完全个体化的，而在这两种状态之间，还可能发现众多其他状态。这些状态中，个体性的标志没有那么明显，并且，尽管某个地方无疑也存在衰老的过程，人们却无法说出究竟是什么正在变老。另外，根本不存在一个生物学的普遍规律能够精确地、自动地适用于一切生命体。存在的仅仅是一些方向，生命沿这些方向繁衍了普遍意义上的物种。每个特定的物种，在构建它的每个行动步骤中，都确立了自身的独立性，跟随着自身的独特性，或多或少地偏离进化直线，有时甚至会重新登上斜坡，似乎要转而背离最初的方向。论证一棵树永不衰老非常容易，因为树枝末端总是同样新鲜，总是同样有能力发芽繁殖出新的树木。不过，在这样的有机体当中——毕竟，它更像是一个群集，而不是个体——有些东西，确实在变老，即使只是树叶和树干的内部在变老。而单独考察每一个细胞，其老化过程都是独特的。无论哪种生命体，全都在某个地方展开着一个注册表，用来记录时间。

这种说法，仅仅是个比喻。事实上，把每一种与时间相关的表现都比喻为有效行动，把这表现本身比喻为现实，这正是根本的机制。

直接经验徒然无益地向我们揭示：我们的意识存在其根本基础就是记忆，也就是说，是过去向当前的延伸，或者简单说，就是行动着的、不可逆转的绵延。理性也徒然无益地向我们证明：我们离那些被切割出来的对象以及被常识和科学隔离出来的系统越远，我们越是深入挖掘其内部，我们就越是要应对一种真实，其最核心的状态是作为整体在发生变化，就好像那些不断累积的过去记忆使这种真实一去不复返。思维的机械直觉比理性更强大，也比直接经验更强大。我们每个人内心无意识地携带的那个形而上学者及其风采——这种风采由人在生物界中占据的位置进行阐释（正如我们将在下文中看到的）——都有固定的要求、现成的解释以及不可更改的前提条件：它们的联合否定实在的绵延。变化必定可以化约为对部分的安排与重组；时间的不可逆性必定与我们的无知有表面的联系；回到过去的不可能性必定仅仅是指人们没有能力将物体放回原处。因而，衰老不是别的，只能是逐渐获得或失去某些实体，或者两者都是。时间对于生命体的现实性，被假定为和它对于沙漏的现实性一样：顶部空了，底部却填满了，而将沙漏反过来，沙子又回到了原先的所在。

四、个体性与老化

当然，对于从出生到死亡之间所获得或失去的事物，生物学家并没有一致的看法。有些人持有这样的看法：从细胞诞生到死亡，原生质总量一直在持续地增长。[①] 然而，另一种理论更合适，

① 塞吉维克·米诺特，“论某些老化现象”，《美国科学发展协会第三十九届（萨勒姆）会议论文集》，1891 年，第 271~288 页。

也更深刻，根据这种理论，在生物的“内部环境”中所包含的营养物质总量在减少，有机体借以进行更新，而积累在生物体内的未排泄残余物总量在增加，最终使生物体“全身长满硬皮”。[①]然而，难道我们必须像一位著名的细菌学家那样宣称：任何对衰老过程的解释都不充分，因为它们都没有考虑噬菌作用吗？[②]我们似乎没有资格来解决这个问题。不过，这两种理论都确信有某类物质在不断积累或丧失，尽管它们对于到底是什么东西在获得或丧失几乎没有共识，这就清楚地表明：解释的框架已经被设置为先验前提。在以后的深入研究中，我们将越来越频繁地看到这种情况：在思考时间的时候，想要摆脱那个沙漏形象，并不容易。

衰老的原因必定隐藏得更深。我们认为，在胚胎的进化和整个有机体的进化之间存在着不间断的连续性。那些导致生物长大、发展和衰老的动力，和使它经历胚胎生命全部阶段的动力是一样的。胚胎发育就是持续不断地改变形态。任何试图标记出胚胎发育的全部连续面貌的人，都会在无限中迷失方向。这是面对连续体时，不可避免会遇到的情况。生命的进程只不过是延长了这种胚胎期的演化。其证据就是，我们常常无法说清楚，我们面对的，究竟是一个正在衰老的有机体，还是一个继续变化的胚胎。比如，昆虫和甲壳类动物的幼虫，就是这样的情况。另外，对于一个像

① 勒·当泰克，《个体性与个体偏差》，1905 年，巴黎，第 84 页以后。

② 梅奇尼科夫，“老年退化”，《生物学年鉴》，第 3 卷，1897 年，第 249 页以后；参看同一作者的《人类本性》，1903 年，巴黎，第 312 页以后。

我们自身这样的有机体，青春期或绝经期之类的转折期（个体在期间发生了彻底的转变），完全可以与幼虫或胚胎生命过程中的变化进行类比——只不过这些是我们衰老过程的一部分而已。这些转折期，尽管只发生在确定的年龄，时间可能也相当短暂，但谁也不会认为它们会因此显得像是来自外部的，仅仅是达到了某个年龄才会产生。显然，我们在出生后的每一时刻，甚至在出生之前的每一时刻，都是为青春期之类的变化进行准备的过程。年龄增长到这个转折期的过程，至少有一部分是这种渐进的准备。总之，衰老过程中真正重要的，就是那些无法察觉、无限渐进、持续进行的形态变化。当然，这种变化无疑还伴随着有机体解体的现象：这一点，也仅仅是在这一点上，对衰老的机械论解释被局限住。这种解释会解释硬化症、残余物的逐渐积累以及细胞原生质日益增生这些事实。但是，在这些可见的结果下面，还隐藏着一种内在的原因。正如胚胎的进化一样，生物的进化也意味着对绵延的一种持续记录，一种由过去到现在的持续，也因此，至少是一种有机记忆的表象。

无机体的当前状态完全取决于前一瞬间所发生的情况；同理，在一个被科学确定和隔离出来的系统中，各个物质点的位置，也取决于它们在之前一瞬间的位置。换句话说，制约无机材料的那些法则，大多都能够用微分方程式表示出来，其中时间（在数学家使用这个词语的意义上）是一个独立变量。生命的法则也是如此吗？生物体的状态能从过去的瞬间找到全部的解释吗？假如我们同意这样一个先验前提：把生物体看作与其他实体相似的实体，同时为了便于讨论，认为它与化学家、物理学家和天文学家所操作的人为系统完全一样，那么答案就是肯定的。然而，在天文学、物理学和化学中，前提条件都有明确完美的定义：这个定义表明当前状态的某些侧面（在科学上有重要性的一些侧面）可以作为直接过去的函数而加以计算。但这种情况却绝不会出现在生命领域。这里，计算顶多只能够涉及有机体解体的某些现象。反之，对于有机体的创造，对于真正构建生命的进化现象，我们却无论如何都不能用数学的方法来解决。有人说，我们无法对其进行数学计算，仅仅是因为我们无知。但它同样传达了这样一个事实：即生物当前这一瞬间的状态无法在其直接过去的那一瞬间中找到解释，有机体全部的过去都必须添加在那个当前瞬间里，这就是有机体的遗传——事实上，这是一段漫长历史的全部。这两个假设中的第二个，而不是第一个，实际上不仅代表了各种生物科学的当前状态，也代表了它们的发展方向。至于这种看法，认为某些超人可能会以对待我们太阳系的同样方式，来计算生物体，这种想法是由一种形而上学逐步产生出来的。自从伽利略做出物理学发现以后，这种形而上学就采取了更为精确的形式。但是，我们将证明，它永远只是人类思维所固有的形而上学。这种思维方式，其表面上呈现出来的那种条理性，我们急于予以证实的那种热切心理，以及如此众多的杰出头脑不加佐证地加以接受的那种热情——总之，所有这些作用于我们思维的诱惑，都应当是使我

总之，所有这些作用于我们思维的诱惑，都应当是使我们对其产生警惕的理由。

All the seductions, in short, that it exercises on our thought, should put us on our guard against it.

们对其产生警惕的理由。它对我们的吸引力，已经足以证明它是如何满足了我们与生俱来的偏好。但是，我们还会看到：今天我们与生俱来的种种智力倾向，必定是在生命的进化过程中被创造出来，它们的本意绝不在于让我们用以阐释生命，它们自有其他用途。

只要有人试图区分人工系统和自然系统，区分无生命体和有生命体，全都会立刻遇到这种倾向。于是这种情况就发生了：我们发现，去想象有机体有绵延，而无机体没有绵延，两者同样困难。

当我们说，一个人工系统现在的状态完全取决于其前一瞬间的状态，这难道不像我们仿佛引进了时间、仿佛这个系统和真正的绵延之间有着什么联系吗？而与此同时，尽管全部过去都参与构造生物的当前瞬间，难道不能是有机体的记忆进入了当前的直接过去的那一瞬间，因而使直接过去的那一瞬间成为当前瞬间的唯一原因吗？这种说法忽视了具体时间与抽象时间的根本区别：真实的系统沿着具体时间进行发展，而抽象时间则参与我们对人工系统的观测。说一个人工系统的状态取决于它在前一瞬间的状态，这意味着什么呢？没有哪一个瞬间在另一个瞬间之前；它不可能存在，就好像一个数学点无法触及另一个数学点。事实上，“直接过去的”瞬间，是由时间间隔 dt 连接到当前的瞬间。所以，你所要说的，就是被方程式确定的系统的当前状态，其中引入了微分系数，例如 ds/dt、dv/dt。也就是说，归根结底，就是当前的速度以及当前的加速度。所以，你说的其实仅仅是当前——当然，这个当前是与其倾向一起被考察的。实际上，科学所操作的那些系统，全都处于瞬时的当前状态中，并且这种状态始终在进行更新；这样的系统从来不会处于真正的、具体的绵延之中。而在这种真正的、具体的绵延里，过去始终与当前紧密联系在一起。如果数学家计算一个系统处在时间 t 末端的未来状态，那么没有什么能够阻止他做出这样的假设：即宇宙从这一刻消失、后来又突然出现。发挥作用的正是第 t 个瞬间，而这将是个微小的瞬间。至于在这个间隔——即这个真实时间——中，会流过什么，这并不重要，因而也不在计算之列。如果这个数学家说，他把自己放进了这个间隔里，那他的意思就是：他在一个特定的瞬间将自己放置在某一点上，因此他就再次处在了某个时间 t' 的末端；而直到 T' 的那段时间间隔，他则不加考虑。如果他通过考察微分 $\mathrm{d}t$，将那段时间间隔分割成无限小的部分，他就因此仅仅表达了一个事实：即他将要考察的是加速度和速度；也就是说，他将要考察的是能够标记出倾向、能使他计算出给定瞬间中系统状态的那些数字。不过他提及的始终是一个给定的瞬间，也就是一个静止的瞬间，而不是流动的时间。总之，数学家所处理的世界，是在每一个瞬间都死去，而又在每一个瞬间重生的世界——这个世界就是笛卡儿在说“连续的创造”时所想到的世界。然则，在一个如此构想出来的时间里，进化（这是生命的真正本质）又如何能够产生呢？进化意味着过去在当前中的真正保留，意味着绵延——

实际上它是个连字符号，是一个连接链条。换句话说，要了解生物或者自然系统，就是要了解绵延的真正间隔；而关于人工系统或者数学系统的知识，则仅仅适用于端点的状态。

变化的连续性，过去在当前中的存留，以及真正的绵延——这样看来，生物似乎与意识一样，拥有相同的特征。我们能否因此推论下去说，正如意识活动一样，生命也在创新，持续不断地进行创造呢？

五、变形

这里，我们并不打算为进化论提供什么证据。我们只想用一两句话来说明，在这本书中，为什么我们应该接受它，并且认为它充分而精确地对实际已知的事实进行了表述。进化论的思想已经包含在对生物的自然分类中。实际上，自然学家将彼此相似的生物放在一起，成为群体，然后再将群体划分为亚群体；在亚群体中，生物之间的相似性更多，然后继续以此分类下去：在分类的整个过程中，种群特征呈现为普遍的主题，而每个亚群都表现出特定的变异。目前，在动物界和植物界，我们在祖先和后代之间发现的正是这样的关系：在前代经历过、其后代共享着的织物上，每个后代都绣出了自己独特的花纹。确实，后代与先辈之间的差别非常微小，我们可以提出这样的问题：同一个有生命的物体是否呈现出足够的可塑性，使它能够依次采取鱼类、爬行类和鸟类那样不同的形式呢？然而，对于这个问题，观察研究给出了不容置疑的答案。观察表明：鸟类的胚胎发育到一定时期，与爬行类的胚胎还几乎没有什么差别；一般胚胎生命的整个过程中，存在着一系列形态变化，这些变化可以与（根据进化论的观点）一个物种向另一物种过渡时发生的形态变化进行类比。作为雄性细胞和雌性细胞两者结合的结果，一个细胞就可以通过分裂来完成这项工作。在我眼前，生命的最高级形式每一天都在从最初级的形式中涌现出来。于是，经验显示，最复杂的事物能够通过进化从最简单的事物中产生。那么，事实上，它是这样产生的吗？尽管证据不够充分，但古生物学却诱使我们相信，它就是这样产生的。因为，只要它稍微精确地辨认出物种的连续顺序，这种顺序就恰好是进行胚胎学和比较解剖学考察的任何人都会做出的假定；而且，古生物学的每个新发现都会给进化论以新的确证。这样，来自纯粹观察的证据不断得到加强，而同时，实验还在一个接一个地驳斥着反对意见。例如，德伏莱斯近期的实验通过显示重大变异能够突然产生，并且有规律地遗传，从而解决了该理论面临的重大难题。这使我们能够极大缩短生物进化所需的时间，也使我们不用那么苛求古生物学。因此，考虑所有因素之后，进化论的假设就显得越来越接近真实了。它并不能进行严格的论证；不过，即便没有经过理论确认或实验证实，依然存在一种不断增加的可能性，即使缺乏直接证据，还是有证据似乎一直指向那个方向，这就是进化论提供的那种可能性。

然而，还是让我们承认进化论可能是错的吧。让我们假定：根据推论或者实验，物种被证明是通过一种非连续性的过程形成的，而我们现在对这个过程一无所知。这个理论对于我们来说有着特别的兴趣或者特别的重要性，就这一点而言，它会不会受到影响呢？分类的边界可能依然存在，胚胎学的事实资料也会依然存在，比较胚胎学和比较解剖学之间的呼应也会依然存在。因此，生物学能够并且应当在有生命的各种形式之间继续建立关联和亲族关系，仍然与进化论今天的设想相同。当然，这将会是一种观念的亲族关系，而不再是一种实际的联系。不过，只要古生物学的事实资料依然存在，我们还是不得不承认：我们发现的具有观念亲族关系的种种生物形式，都是相继出现的，而不是同时出现的。现在，既然进化论者的理论对哲学还有些重要意义，那么，它就不需要更多了。首先，它在于建立观念上的亲族关系的关联；在于主张，在各种形式之间，无论哪里出现了这种可以说是逻辑上的关联，这些形式具化的物种之间，就存在一种时间顺序上的连续关系。无论什么情况，这两种观点都能成立。因此，无论是在一种创造性的思维中（其中各个物种的概念都是相互产生的，和进化论主张完全一样：即物种本身都是地球的产物），还是在自然本身对生命有机体的规划中（它逐步实施，在这里，纯粹形式之间的逻辑关系和时序联系，与进化论提出的那种在生物个体之间的真实的亲缘关系完全相同），又或者是在生命的一些不为人知的原因中（它发挥自身的影响，好像它们彼此创造着对方），我们仍然不得不假定某个地方存在着进化。进化因此就会被完全颠倒，从可见转变为不可见。进化论今天所要告知我们的，几乎全部都会保留下去，等待另一种方式的解释。所以，难道我们不应该像大多数科学家表示的那样，忠实地坚守进化论的观点吗？其间的问题在于，进化论在多大程度上描述了事实，又在多大程度上将事实象征化了。除此之外，进化论中就没有什么不能与被它宣称要取代的那些理论相调和了，即便是它一贯反对的特创论。基于这个理由，我们认为进化论的语言现在把自身强加在一切哲学之上，一如进化论的教条式主张把自身强加在科学之上。

不过，我们绝不能再将普遍的生命说成一个抽象的概念，或者仅仅说成一个标题，然后用这个标题描述一切生物。在特定的时刻，特定的空间点上，一种可见的流体已经产生。这种生命之流，穿过一个个组织起来的实体，从上一代流向下一代，它已经在物种之间分配，散布在众多个体中，其力量不但没有半分损耗，反而随着自身的前进不断得到加强。魏斯曼著名的“种质连续性”理论指出，用于繁殖有机体的性元素将其特征直接传递给被繁殖有机体的性元素。在这个极端形式中，该理论似乎具有争议，因为只有在例外情况下，受精卵才会在分裂的时候出现性腺的些许信号。

然而，尽管在胚胎生命最初，一般并不会呈现出产生性元素的那些细胞，事实却是它们总在那些尚未进行任何功能性分化、其细胞由未变形的原生质构成的胚胎组织以外形成。① 换句话说，性元素越多遍布于胚胎的大量生长组织上，其生殖力就越弱；但是，当它被这样稀释的时候，它却正在将自身的某种新东西聚集在某个特定的点上，即它聚集了一些细胞，从中发育出卵细胞或精原细胞。因此可以得出这样的结论：虽然种质不是连续的，但至少生殖能量存在连续性，这种能量只在某些瞬间才被消耗，这些瞬间仅够为胚胎生命赋予必要的动力，并且会在新的性元素中尽快得到补偿，在新的性元素中，它继续等待时机。根据这个观点考虑，生命就像一股水流，从一个胚芽流入另一个胚芽，其媒介就是成熟的有机体。有机体自身好像仅仅是一个增生体，一个由先前的胚芽在新的胚芽中力图延续自身而萌发的叶芽。其根本之处就是被不明确地追寻着的持续挺进，是一种不可见的挺进，而每个可见的有机体在其被赋予的短暂生存期内，都加入了这个进程。

现在，我们越是将注意力集中于生命的这种连续性上，我们就越能明白：有机体的进化类似于意识的进化，其中，过去挤压着现在，导致一种意识的新形式突然产生，与先前的形式大相径庭。没有人会反对，植物或动物物种的外表是由特定的原因造成的。不过，这只能说明，根据事实，如果我们能知道这些原因的

① 儒勒，《普通胚胎学》，巴黎，1839 年，第 319 页。

细节，就能通过它们来解释产生出来的形式，然而预知这个形式却无法做到。[①] 或许可以这样说，如果我们能够知道全部细节，能够知道产生它的全部条件，我们就可以预知那个形式。然而，这些条件就建立在那个形式当中，是构成形式本身的重要组成部分；对于该形式历史中特殊的那个阶段，生命在产生形式的那一刻找到了自身，我们又如何能够事先知道这种独一无二的、从未发生过以后也不会再发生的情形呢？对于未来而言，只有那些与过去相同，或者能够以与过去相同的元素重构出来的那些情况，才是可以预见的。这就是天文学、物理学和化学的事实，构成一个系统的所有事实。在这样的系统中，被假定为不变的诸要素，仅是简单地聚集在一起，仅有的变化就是位置的变化，设想物体都能复归原位也并不会有理论上的矛盾之处。自然，在这样的系统中，相同的总体现象，或者至少是相同的基本现象，全都可以重复。但是，原初的情形把自身独特性的某种东西传递给了它的要素，也就是说，传递给了该情形采取的各个局部视角，那么这种情形又如何能够在它真正产生之前被描述出来呢？[②] 我们可以说的只能是：情形一旦产生，分析就能出现，它就能够通过各个要素得到解释。那么，关于一个新物种产生的真理，也同样适用

① 鲍德温详细阐述了生物系列的不可逆性，见《发展与进化》，1902 年，纽约，尤其参看第 327 页。

② 我们已经在《论意识的直接材料》（第 140~155 页）一书中讨论并阐明了这个观点。

于一个新个体的产生，并且更概括地说，也适用于在任何时刻产生任何生命形式。这是因为，尽管变异只有在达到某种重要性，获得一定的普遍性时，才能导致新物种的产生，它还在每一种生物中的每时每刻都发生着，连续不断，难以察觉。很明显，即使是我们现在听说的突然发生的“突变”，也只能在经历了一系列看似不变的世代相传中都潜伏着这种变异的可能。或者更确切地说，产生一种成熟的过程时，才有可能发生。正是在这个意义上，我们才可以说：生命就像意识一样，每时每刻都在创造着某种东西。①

然而，我们的全部智力都奋起反抗这种绝对的原创性观念，反抗形式的不可预见性。我们的智力，在生命进化过程中形成，其根本功能就在于为我们的行为做出指引，为我们作用于事物做好准备，为我们在特定的情况下，对可能产生的有利或者不利的事件做出预测。因此，智力从给定的情况中本能地选择那些与已知的事物相似的东西。它寻找这些事物，就是为了能够运用它自

① 在塞莱斯的杰作《艺术天分》中，他发展了这种双重论点，即艺术是天性的延续，生命就是创造。我们很乐意接受第二句话，然而，我们非得按照作者的意思来理解创造一词吗？他认为创造就是元素的综合。这里，元素是预先存在的，要做的综合实际上也给定了，只有一种可能的组合方式。在所有可能性当中，这种组合方式可以由超人的智慧预先感知到。我们的主张与之不同。我们认为，在生命的领域内，这些元素并非真正存在，也不会各自独立存在。它们是一个整体进程的众多心理视角。因而，在生命进程中会出现巨大的偶然性，根本无法预测什么在前什么在后，也就是说，根本无法预测绵延。

己的原则："相似的原因产生相似的结果。"这一原则，恰恰就是用常识来预测未来的原则。而科学尽管最大限度地提高了这种预测能力的精密性和准确性，其本质却未改变。同常识一样，科学在研究事物的时候，也只是关心那些重复的侧面。尽管被研究的事物，其整体是全新的，科学却总是能够将它分解为种种元素或者侧面，这些非常近似于过去的复制品。科学只能对付那些被设想为能够重复自身的对象——也就是说，科学只能对付那些被设想为能够从真实时间的行动中抽象出来的对象。所有那些处于一段历史的连续时刻中不可复归、无法逆转的事物，都不是科学研究的对象。为了涵盖不可复归性和不可逆转性这种概念，我们就必须打破那种适应了思考最基本要求的科学习惯，我们必须彻底破坏那种思维，去对抗智力的天生偏好。但这偏偏就是哲学的功能。

六、生物学、物理学与机械论

所以，尽管生命一直在我们眼前，以不可预见的形式进行着持续的创造，我们却熟视无睹：我们的观念总是执着于形式，我们总是认为不可预见性和偶然性仅仅是表面现象，也就是说，是我们自身无知的外部反映。有人说，那些感觉是连续的历史，将会分解为一系列连续的状态。那些让你感觉是全新的状态的事物，经过分析，就会分解成为一个个事实要素，其中每一个都是已知事实的重复。那些被你称作不可预见的形式，只不过是原有要素的重新排列而已。那些基础的原因作为整体决定了这种安排，它们本身还是这个新秩序的老原因。掌握这些要素，掌握这些基础原因，就有可能预知作为它们的总和以及结果的有生命形式。一旦我们将现象的生物学侧面分解为物理—化学的因素，我们将会越过（如果必要的话）生理学和化学本身，我们将会从物质到分子，从分子到原子，从原子到微粒子：我们最终必然会到达某种可以当作天文学中的太阳系之类的东西。如果不承认这一点，你就违背了科学机械主义的根本原则，你就是在武断地下结论：构成生物的材料和构成其他物质的材料是不同的。对此，我们的回答是：我们并不怀疑无机材料与有机材料在根本上的同一性。

唯一的问题是，我们称为生物的那些自然系统，是不是一定就和科学从无机材料中隔离出来的那些人工系统相类似，是不是必定不能将这些自然系统比作整个宇宙的自然系统。我非常认同生命是一种机制的说法。但是，生命是整个宇宙中被人为隔离出来的那些部分的机制，还是这个真实整体的机制呢？我们认为，这个真实的整体很有可能是一个不可分割的连续体。确切地说，我们从中切割出来的那些系统，很可能根本就不是部分，而是关于整体的局部视角。并且，将这些局部视角头尾相接放在一起，你甚至连重建整体的一个头都开始不了。就好像把某个物体的一千个不同侧面的照片都叠放在一起，你也不能重新制造出这个物体一样。对于生命，就是如此；对于你竭力去化约的物理—

化学现象，也是如此。无疑，分析会将有机体的创造过程分解为数目众多且不断增多的物理—化学现象，自然，这恰恰是化学家和生理学家需要做的唯一事情。但是，这并不意味着化学和生理学随之将理解生命的钥匙交给了我们。

弧线上一个微小的元素非常接近于直线，并且，这个元素越小，它就越接近直线。在极限情况下，它既可以被当作弧线的一部分，也可以被当作直线的一部分，随你决定，因为这个元素上的每一点都和切线重合。同理，在任何一点上，在每一点上，“生命力”都是物理力和化学力的切线。不同的是，这些点其实只是大脑做出的一些观察点，这些观察点是大脑在生成圆弧的运动的各个瞬间上，想象出的一些停顿点。事实上，生命由物理—化学元素构成，一如圆弧由直线构成。

一般说来，一门科学所能达到的最突破性的进展，就是用现有成果去建构一个整体的新方案，通过其与整体的关系，沿着一种运动的持续性，不时将这些结果变成共时性的静止视点。比如，现代几何学与古代几何学的关系就是这样的例子。古代几何学是纯静态的，它运用的是一成不变的图形，而现代几何学则研究函数的变化，也就是说，研究描绘图形的那种连续运动。无疑，为了更加严谨，一切关于运动的考察都可以从数学过程中删除。但是将运动引入到图形的生成中，却是现代数学的源头。我们相信，如果生物学能像数学那样接近研究对象，它与研究有机体的物理学和化学的关系，原本也可以变成现代数学证明出来的其与古代几何学那样的关系。物理学和化学所研究的物质与分子全然表面化的移位，通过其与内在生命运动（这种运动是形态改变，而不是位置移动）的联系，就会变成相当于运动物体的位置与其空间运动那样的关系了。况且，据我们所知，我们从某个生命行动的确定过程过渡到它暗含的物理化学事实，这个过程会近似于从函数过渡到其导数，从弧线方程（即圆弧得以产生的那个连续运动的规律）过渡到赋予圆弧瞬时方向的切线方程。这样的一门科学将是一门形变的力学，对于它来说，我们的移位的力学就将成为一种特殊情况，一种简化，一种在纯粹数量层次上的预测了。就像函数的无限性具有同样的差一样，这些函数也通过一个常数彼此区别，因此，对正常生命行动进行物理—化学元素的整合或许只能决定该行动的一部分——这个部分遗留给不确定性。但这样的整合只能是梦想，我们也并不指望这个梦想会变为现实。我们只是试图通过在尽可能大的范围内做出某种比较，以表明我们理论的在哪些观点上与纯粹的机械论同路而行，而又在哪里两者分道扬镳。

然而，用无机物质来模仿有机体的方法运用得还不错。不仅化学家制造有机合成物，我们也已经成功地用人工方式重新造出了有机体某些方面的外在表现，例如细胞间接分裂和原生质循环。显而易见，细胞的原生质影响着细胞膜内的各种运动。另外，细胞间接分裂是一些异常复杂的操作的结果，有些涉及细胞核，另一些则涉及细胞质。后者首先经历中心体的复制，也就是细胞核周围的球状小体。两个中心体因此向两极移动，吸引着两端不连续的细丝（这些细丝主要是组成原有细胞核的成分），并和它们一起形成两个新的细胞核；在这两个细胞核周围，两个新的细胞就形成了，它们将替代之前的那个细胞。现在，就细胞的大致轮廓和外在表现而言，至少一部分此类操作，人们已经能够成功模仿了。如果将一些糖或者食盐磨成粉，混入一些存放很久的食油，取一滴这样的混合物，放到显微镜下面观察，就可以看到一种泡沫状的蜂窝结构。根据一些理论的说法，这种构造和原生质的构造很相像，并且其中发生的运动则与原生质的循环明显相似[①]。在同样的泡沫体中，如果抽去蜂窝里的空气，就可以看到形成了一个有吸引力的圆锥体，就像是导致细胞核分裂的两个中心体形成的圆锥体[②]。即便是单细胞有机体的外部运动——至少变形虫的外部运动，有时也能做出机械学的解释。一滴水中的变形虫，其位置移动，就好像在一个通风的房间里尘埃的往复运动。变形虫的团块物一直在吸收周围水中的可溶物质，并向水中排出其他物质。这些持续不断的交换，就像被滤纸隔开的两个容器之间的交换一样，会在这小小的有机体周围形成一个持续变化的涡流。至于变形虫似乎形成的临时延伸或伪足，却并不像受到周围媒介的吸力或吸引那样容易形成。[③] 通过同样的方式，我们或许可以进而解

---

① 伯奇利，《显微泡沫及原生质研究》，莱比锡，1892 年，第一部分。
② 隆伯勒，“关于细胞及细胞核分裂机制的解析”，《洛克斯杂志》，1896 年。
③ 贝尔特霍德，《原生质机制研究》，莱比锡，1886 年，第 102 页。

释纤毛虫用振动的纤毛做出的较为复杂的运动；另外，这种纤毛可能仅仅是固定的伪足。

然而，对于这类解释和图式的价值，科学家们还远远不能认同。化学家们已经指出，即便是在器官中（还远未扩大到有机体），除了生命活动产生的废物，科学迄今为止什么也没有制造出来，特别活跃的可塑材料也一直无法合成。在当代最著名的自然学家中，有一位已经强调过，在观测到的有生命组织的现象中，存在着两种对立的秩序：前进演化和倒退演化。一方面，前进演化的能量，其作用是通过吸收非有机物，将次级的能量提高到机体自身的层次。这种能力构成机体组织。而另一方面，生命的实际功能（当然，除去吸收、生长和繁殖之外的功能）则具有倒退演化的秩序，显现出能量的衰退，而不是提升。物理—化学所研究的对象，正是具有倒退演化秩序的事实——总之，就是研究无生命的现象，而不是有生命的现象。[①] 当然，还有另外一类事实，也似乎无法进行物理—化学分析，尽管这些事实不具有前进演化（仅就这个词的本义来说）的性质。至于对原生质外在表现的人工模仿，在原生质的物理结构问题尚未解决的时候，我们有必要给这个问题赋予真正的理论重要性吗？我们还远远无法以化学的方式来合成原生质。最后，在许多曾仔细观察过这些初级有机体的人看来，对变形虫的运动做出物理—化学的解释，甚或对纤毛

---

① 寇普，《器官进化的基本因素》，芝加哥，1896 年，第 475~484 页。

总体看来，对细胞的研究，似乎是扩大了而不是缩小了哪怕是最低等的生命形式与无机界之间存在的巨大鸿沟。

The study of the cell has, on the whole, seemed to widen rather than to narrow the enormous gap that separates even the lowest forms of life from the inorganic world.

虫的行为做出物理—化学的解释，这似乎是不能成立的。即便是在这些最低等的生命表现中，他们也发现了一种有效心理活动的踪迹。① 不过，最具有启发性的事实是：对组织学现象的深入研究，毋宁说是削弱而不是加强了用物理学和化学去解释一切的倾向。组织学家威尔逊在他那部真正的杰作中，对细胞发育做出了如此的结论："总体看来，对细胞的研究，似乎是扩大而不是缩小了哪怕是最低等的生命形式与无机界之间存在的巨大鸿沟。"②

综上所述，那些仅仅关注生物的功能活动的学者，往往认为物理学和化学能够给我们解开生物过程之谜。③ 事实上，他们主要研究的是生物中不断重复的那些现象，也就是在化学曲颈瓶里发生的现象。从某种程度上看，这就是生理学带有机械论倾向的原因。相反，在那些将注意力集中于生命组织的微观结构、集中于其起源和进化的学者当中，不仅有组织学家，还有胚胎发生学家，他们关注的是曲颈瓶本身而不仅仅是曲颈瓶里发生的现象。他们发现，这个曲颈瓶，通过真正构成一段历史的那种独特的系列行动，创造出了其自身的形式。正因如此，组织学家、胚胎发

① 摩帕斯，"纤毛虫研究"，《动物学实验档案》，1883 年，尤其参看第 47 页、第 491 页、第 518 页和第 549 页。维农，《上皮普通细胞学研究》，巴黎，1902 年，第 655 页。近期，詹宁斯对原生质运动进行了深入研究，并对趋向性概念进行了非常透彻的批评，见《低等有机体行为研究》，华盛顿，1904 年。根据詹宁斯的界定（见该书第 273~252 页），这些低等有机体的"行为类型"无疑具有心理秩序。

② 威尔逊，《发育与遗传中的细胞》，纽约，1897 年，第 330 页。

③ 达斯特，《生与死》，第 43 页。

生学家以及自然学家，都远远不如生理学家那样乐意相信生命活动的物理—化学特征。

实际上，这两种理论中，无论哪一种，对于以化学方法制造初级有机体的可能性，不管是肯定还是否定，都不能声明其实验的权威性。两者都无法被证实，前者不能被证实，因为科学尚未在生命物质的化学合成上起步；后者不能被证实，则是因为缺乏一种可信的方式来通过实验证明事实的不可能性。不过，我们认为，我们已经给这种说法确立了理论上的原因，因之，我们不能拿生物这种由自然封闭起来的系统和被我们的科学隔离出来的那些系统进行类比。我们也清楚，对于变形虫这种几乎不进化的初级有机体而言，这些原因的说服力不那么强。不过，当我们去考察那些经历了形态改变的规则循环的复杂有机体时，这些原因的说服力就增强了。生物越多被绵延标上印记，有机体与纯机械物质之间的区别就越是明显。对于纯机械物质而言，绵延仅在表面掠过，并不穿透其中。当绵延运用于生命整体的进化过程，从最低等到最高等的生命形式，由于这种进化，通过支持进化的有生命材料的联合与连续，建构了一段不可分割的单一历史，此时，这些原因才最具有说服力。这样看来，进化论者的假设和机械论的生命概念似乎并没有通常设想的那样亲近。当然，对于这种机械论概念，我们并不断言能够提供数学上的最后反驳。不过，我们基于对真实时间的考虑而提出来的反驳，在我们看来也是唯一可能的反驳，越是严谨，越是有说服力，进化论的假设就越显得坦率真诚。对于这一点，我们还必须多花些时间认真分析。不过，现在让我们首先弄清楚生命这个概念，这是我们现在正要做的。

我们说过，对于被我们的思维人为地从整体中分离出来的那些系统而言，机械论的解释是站得住脚的。但是对于整体本身，以及这个整体之内的那些系统，它们似乎又模仿了整体，我们却不能先验地承认它们能够得到机械论的解释。因为如果这样的话，时间就会一无所用，甚至非真实的时间也是如此。实际上，机械论的解释，其本质就在于把未来和过去都视为当前的函数加以计算，并因此宣布一切都是给定的。在这种假设之下，在能够进行这种计算的超人智力看来，一眼看去，过去、当前和未来就能了然于胸。确实，那些相信机械论的解释具有普遍性和完美客观性的科学家，不管是有意识还是无意识，全都在这种假设下进行研究。拉普拉斯高度精确地阐明了这种假设："一种智力，如果在给定的瞬间，知晓了赋予自然以生命活力的全部力量，知晓了自然得以形成的诸种生物各方面的情形——假设这里所说的智力广博到足以能够对这些资料进行分析——那么，它就能够在一个公式里涵盖宇宙中最巨大天体的运动和最微小原子的运动：对于这样的智力而言，就不存在任何不确定的东西，不论是未来还是过去，都如同现在一样，被它看得一清二楚。"[①] 杜·布瓦-雷蒙德说："我

① 拉普拉斯，《可能性分析理论导论》，《拉普拉斯全集》第7卷，巴黎，1886年。

们可以想象关于自然的知识达到了一个点，在这个点上，世界的全体过程或许就能借助于一个共时性微分方程的巨大系统，用一个数学公式表达出来，由此可以计算出在每一个时间点上，世界上每个原子的位置、方向和速度。”[①] 赫胥黎用一种更具体的形式表达了同样的思想：“如果进化论的这个基本前提是正确的，而整个世界，无论是有机界还是无机界，都是构成宇宙原始星云的各种分子的力量按照确定的规律相互作用的结果，那么我们也同样能够确定：现存世界就潜藏在宇宙原始气体中，必然就会有足够的智慧能够根据关于原始气体分子特征的知识，预言出 1896 年大不列颠动物群的状态。其确定的程度，就像是说到在寒冷的冬天，人们呼出的水蒸气处于何种状态一样。”这种学说仍旧提到了时间。然而，人们虽然说出了时间这个词，想的却并不是时间，因为时间在这里丧失了效力。如果时间的所作所为不是“无”，那么它本身就是“无”。激进的机械论暗含一种形而上学，其中，真实的整体完全以永恒性作为基本条件，而事物身上显而易见的绵延仅仅表明我们思维的一种弱点，即我们的大脑无法在同一时刻知晓一切。但是，对于我们的意识而言，或者说，对于我们最无可争辩的经验而言，绵延却是极不相同的东西。绵延被我们感知为一股我们无法逆它而行的水流。它是我们存在的基础，并且，就像我们感觉到的一样，它是我们生存于其中的这个世界的根本

① 杜·布瓦–雷蒙德，《论自然知识的界限》，莱比锡，1821 年。

实质。在我们眼前展开一幅全能数学的困惑前景毫无意义，因为我们不能为了满足一种系统的需求来牺牲经验，这就是我们不接受激进机械论的理由。

七、激进目的论

然而，基于同样的理由，我们也不能接受激进目的论。目的论学说，就其极端形式而言，就像我们在莱布尼兹的学说里看到的那样，意味着物体与生命仅仅是在实现一个预先安排好的计划。但是，如果一切都能够被预见，如果宇宙中不存在任何发明与创造，那么，时间再次变得毫无意义。和机械论的假设一样，这里也假设一切都是给定的。这样来理解目的论只不过是机械论的倒置。它具有相同的假设，唯一的不同之处就在于，在我们有限的智力沿着连续的事物进行的运动里（其连续性被缩减为纯粹的表面现象），目的论在我们面前，而不是背后，举起了一盏明灯，声称来引导我们前进。它用未来的吸引力代替了过去的推动力。但是，连续性在这里仍旧是一种纯粹的表面现象，一如运动本身也确实如此。在莱布尼兹的学说里，时间被减缩为一种令人困惑的知觉，这种知觉与人们所处的位置相关，而对于处在事物中心的人而言，这种知觉就会像一团升腾的迷雾那样消散。

不过，目的论学说和机械论一样，并不具有严格的固定纲领。它容许我们随心所欲地进行变通。机械论的哲学既可以运用，也可以抛弃：而一旦有哪怕是最小的尘粒偏离了机械论预见的路径，显示出最微弱的自发性，这种哲学就必定会被抛弃。相反，终极原因的学说却永远不会遭到明确的驳斥。一种形式失灵了，它就会采取另一种形式。它的原则异常灵活，本质上是心理学的。目的论极具扩展性，因而极具综合性，以至于只要一个人拒绝纯粹的机械论，就会转而接受目的论的某些方面。因此，我们在本书中提出的理论，必然会在一定程度上带有目的论的色彩。基于这一点，明确告知读者我们准备接受目的论的哪些东西、放弃哪些东西，就十分重要了。

首先，我们要指出，对于我们来说，将莱布尼兹的目的论打碎，变为无数的碎片，从而使之变得比较浅显，这种做法似乎走错了方向。这恰恰是目的论学说的倾向。它充分认识这一点：如果作为整体的宇宙是在实现某个计划，这无法通过经验予以证实。甚至仅在有机界本身，要证实全部的和谐性也几乎不会更容易一点，因为同样会有事实来完美地证明相反的东西。生物被大自然安排在一起，并非彼此和谐。无论哪里它安排了秩序，就同时安排了无序；无论哪里展现出进步，就同时展现倒退。但是，尽管目的性无论是在物质的整体上，还是在生命的整体上都得不到证实，目的论者还可以说：就单个的有机体而言，目的性难道不是真实的吗？在有机体的各个组成部分当中，不是存在着神奇的劳动分工吗？不是存在着惊人的合作吗？在无限的复杂综合体中，不是也存在着完美的秩序吗？每一个生物，难道不是在实现其本质中固有的计划吗？——归根结底，这种理论就在于将目的性的原初概念打得支离破碎。它不接受，实际上，它嘲笑关于外部目的性的说法。按照这种说法，生物是根据相互间的关系来排序的：它假定青草生而为牛，羊生而为狼——所有这些都被认为是荒诞不经的。但是我们又被告知，还有一种内部目的性：每个生物都生而为己，它的各个组成部分都是为了整体的最大利益而共同协作，并且，为了实现这个目的，各个组成部分都被明智地组织起来。这就是长久以来经典的目的性的概念。目的论已经缩减到一个点上，再也不能在同一个时间涵盖一个以上的生物。通过自身的缩减，目的论大概以为自己会少暴露一些遭受攻击的表面。

然而，实际情况却是，它暴露的受攻击之处大大增加了。尽管我们的理论也许显得很激进，然而涉及的目的性要么是外部的，要么就根本不存在。

让我们来考察最复杂同时也最和谐的有机体吧。我们知道，一切要素都是为了整体的最大利益而共同协作，这一点很不错。但是，我们不要忘记，这些要素中的每一个，其自身在特定的情况下，都可能是一个有机体，而只有在这个小有机体的存在从属于那个大有机体的生命时，我们才接受这个外部目的性的原则。所以说，“目的性永远是内部的”是一种不攻自破的说法。一个有机体由各种组织构成，而各个组织又都为了自身而活着；构成这些组织的细胞也同样具有一定的独立性。严格说来，如果个体的所有要素对于个体本身的从属都实现了，我们或许就认为它们并非有机体，而将有机体这个名称仅仅留给这个个体，同时只能辨认出外部的目的性了。但人人都清楚：这些要素或许具有真正的自治性。不用说噬菌细胞，其独立性发展到了攻击滋养它的有机体的程度；也不用说胚芽细胞，它沿着体壁细胞拥有自己的生命；单是再生现象就足以表明：一个或者一组要素突然在此显示出（无论它正常的生存空间和功能何等有限）它偶尔也能够超越它们，在某些情况之下，它甚至可能被看作整体的对等物。

这里存在着诸种活力理论的障碍。我们不应该像一般人那样责难这些理论，用问题本身来回答问题："活力原则"或许确实不能提供什么解释，但它至少为我们的无知贴上了标签，在机械论诱使我们忽略那种无知的时候，它不时来给我们一点提醒。[①] 在自然界里，既不存在纯粹的外部目的性，也不存在绝对清晰的个体性，用这一事实来传达活力论的观点却十分困难。构成个体的有机要素，其自身就具备一定的个体性，如果个体自称具有自己的活力原则，那每个要素也都会要求这种原则。不过，另一方面，个体自身的独立性并不充分，不足以完全脱离其他物体，也不足以使我们将"活力原则"赋予它自身。像高级脊椎动物这样的有机体，是所有有机体当中最具个体性的。然而，如果我们考虑到，

① 在当代新活力论里，其实有两条路线可循：一方面，断言纯机械论并不充分，这种见解被诸如德理希和莱茵克这样的科学家们提出来时，便带有了极大的权威性；另一方面，假定这种活力论与机械论相重合（德理希的"生命力"以及莱茵克的"支配性因子"等等）。在这两个部分当中，前者或许更有趣一些。

高级脊椎动物也只不过是由一个作为其母体一部分的卵子和一个属于其父体的精子发育而成的，而卵（即受精卵）则是两个祖先之间的连接环节，因为它具备父体和母体两者的性质，我们就能够懂得：每一单个的有机体，即便是人，也只不过都是由其父母联合体的萌芽发育而成。那么，个体的活力原则究竟从哪里开始，又会在哪里结束呢？我们会被一步步地带回过去，回到个体最早的祖先那里：我们会发现该个体与这些祖先息息相关，与原生质胶体的那一小块物质息息相关，而原生质胶体大概就处于生命系谱之树的根部。在某种程度上，作为这个原始祖先的后代，它也与这个祖先其他方向的全部后代息息相关。从这个意义上可以说，每一个体都始终由看不见的纽带将其与全部生物联系起来。所以，试图将目的性限制在生物的个体性上，没有任何意义。假若生命的世界里存在目的性，那么这种目的性就把全部的生命都囊括在一起。毫无疑问，所有生物都拥有的这种生命，呈现出众多隔阂和不一致，它仍旧不是能由数学计算的一个整体，这样的整体不能容许任何生物具有一定的个体化程度。不过，它还是形成了单一的整体。我们不得不做出选择，要么彻底否定目的性，要么提出一种假说，不仅能够将有机体的各个部分与其自身协调起来，而且还能将每一个生物与其他所有生物的全体都协调起来。

即使将目的性碾成粉末，也不会使它更容易被人接受。对于生命固有的目的性这个假设，要么我们全盘否定，要么必须对它进行一些处理，但却绝不能是将它碾成粉末。

我们是天生的几何学家，也是天生的艺匠；事实上，我们之所以是几何学家，完全因为我们是艺匠。

We are born artisans as we are born geometricians, and indeed we are geometricians only because we are artisans.

八、生物学与哲学

激进目的论所犯的错误，也正是激进机械论所犯的错误，在于过分扩大了我们智力中的某些天然概念的应用范围。最初，我们思考仅仅是为了行动。我们的智力被注进行动的模型。当行动成为必然的时候，沉思便成了一种奢侈。现在，为了行动，我们从一开始构想出结果；我们制订一个计划，接下来继续构想实行该计划的机制的细节。只有我们清楚能依靠何物，才有可能进行第二步操作。因此我们必须设法从自然当中提出相似物，这样我们才能预见未来。所以，无论是有意识还是无意识，我们都必定要利用因果规律。不仅如此，我们头脑中有效因果性的思想越是敏锐，它就越会采用机械因果性的形式。反过来，这种方式由于表达了更为严格的必然性，因而更具有数学性。这就是为什么只要顺从我们思维的倾向，我们就会成为数学家。但是，这种天然的数学，只不过是潜藏在我们意识的一种顺从习惯底下的僵化的无意识框架而已，这种习惯总是将同样的结果归结到同样的原因上。而这种习惯的通常目的，就是指导由意图激发的行动，或者用另外一种表达方式，是指导一些运动，这些运动旨在与一种模式的重构相结合。我们是天生的几何学家，也是天生的艺匠；事实上，我们之所以是几何学家，完全因为我们是艺匠。人类的智力，鉴于其是为了满足人类行动的需要而形成，因此它的展开同时还借助于目的，借助于计算，借助于调整手段来实现目标，借助于构想越来越多的几何形式的种种机制。无论是将自然设想为一台由数学规律控制的巨型机器，还是将它设想为一个计划的实现，看待自然的这两种方式都只不过是人类思维两种倾向的结果，这两种思维倾向彼此补充，并且两者的根源都同在生命的必然性之中。

由于这个原因，激进目的论的许多观点都和激进机械论极为接近。这两种学说都不情愿看到，在事物的普遍进程中，或者仅仅在生命发展的过程中，存在着不可预见的形式创造。在考察现实方面，机械论只关心事物中相似性的或重复的方面。因此，在机械论学说中，占据主导的是这样一条规律：自然中仅仅存在"同类相生"。机械论越是强调几何学，就越难以承认有什么东西是创造出来的，即便纯粹的形式也是如此。于是，因为我们是几何学家，我们便拒绝不可预见的东西。当然，我们确实也有可能接受它，因为我们同时也是艺匠，而艺术的生命就是创造，艺术也对自然的自发性暗含着一种潜在的信仰。但是，完全无功利的艺术，却是一种奢侈品，一如沉思作为奢侈品。我们是艺匠，却还远远没有成为艺术家，而我们所有的作品，不管有多么粗糙，全都依赖于相似和重复。好像作为支点的自然几何学一样。我们依照模型来制造物品，即便有所发明，也是或者它自认为也是，在对各种已知的元素进行重新组合而已。其原理就是"我们必须使同类相生"。简言之，对目的性原理的严格运用，正如对机械因果性原理的严格运用一样，都只能得出一个结论："一切都是给定的。”这两个原理用各自的语言表达了同一个意思，因为它们都对应于同一需求。

这是它们一致抛开时间的又一原因。真正的绵延是，这种绵延一步步吞噬事物，并在其上留下自己的齿印。如果一切都是即时的，一切都在内部发生变化，那么，同一个具体的现实绝不会再度出现。因而，重复的只可能是抽象的现实：重复出现的只能是被我们的感觉，尤其是我们的智力，从现实中挑选出来的某些侧面，而这恰恰是因为我们的行动（我们智力的全部努力其指向就在行动）只能在重复中进行。这样，我们的智力，将注意力集中于那些重复的东西，只忙于将相同的东西连接在一起，它的目光就从时间身上移开了。它不喜欢流动的东西，它将接触到的一切都固定住。我们并不思考真正的时间，但却生活着真正的时间，因为生命超越智力。我们对自身进化的感觉，对纯粹绵延中所有事物进化的感觉，合在一起形成了智力概念周围的那种可以被恰当地称为消退到黑暗中的模糊边缘。机械论和目的论达成一致，仅仅关注在中央地带闪耀的明亮核心。它们忘记了，这个核心乃是由其余部分凝结而成；它们也忘记了，为了能把握生命的内在运动，整个全体都必须被运用起来，其中那些流动的东西，和那些凝结的东西一样重要，甚至更为重要。

的确，如果这个边缘确实存在，那么，无论它多么纤细，多么晦暗，都比它围绕的那个明亮核心更具有哲学上的重要意义。这是因为，正是由于它的存在，使我们确认了那核心是个核心，确认了纯粹智力是一种更广泛的力量经过凝聚而来的缩略形式。并且，正因为这种模糊的直觉对于我们作用于事物的行动毫无帮助，而这种行动只能发生在现实的表层，我们才可能设想它不仅可以在现实的表层发生，还深入现实内部。

一旦我们走出了激进机械论和激进目的论桎梏我们思想的重重包围，现实就像某种新事物的泉流源源不断地涌现出来。它刚一造成当前，就已经滑落到过去，正是在这一瞬间，它落在智力眼前，而智力的双眼却始终向后观望。这已经是我们内在生命的情形了。对于我们的每一个行动，我们都能轻易地发现它之前的行动，可能从某种意义上说，这个行动就是先前行动的机械结果。这样的说法也同样很好：每个行动都是一个意图的实现。在这个意义上，在我们行动的进化过程中，机械作用无处不在，目的性也无处不在。但是，如果我们的行为涉及我们的整个个人，真正是我们自身的行动，那么，它就不能被预见，纵使这个行动刚一结束就被先前的行动解释了，也无法被预见。况且，尽管这个行动实现了一个意图，但它作为当前的和新的现实，却和那个意图有所不同。而除了再度开始或者重新安排过去之外，这个意图从来都没有其他任何目的。因此说，机械论和目的论在这里只是我们行动的外部视角。它们提炼出我们行动中的智力性，但我们的行动在它们之间滑动，并远远伸展出去。这仍然不表示自由行动变化无常、毫无道理可言。任性而为就是在两个或两个以上的现成选择中间摇摆不定，而最终也没有选择其中之一，这种行为既不是内心状态的真正成熟，也不是真正的进化，它只不过是对模仿智力机制意志的屈从；不管这个论断看起来显得多么矛盾，情况就是如此。与此相反，一个真正属于我们自己的行为，则出自一个并不试图伪造智力的意志，这种意志始终保持自身，也就是说，它一直在演进，逐步成熟，最后发展为行动，而智力将能够把这些行动无限地分解为微小的元素，但却从未实现过这个目标。自由的行为与这种观念无从比较，但其“合理性”却必须由这种无从比较的性质来界定，这种性质容许我们发明任意数量的不可理解性。这就是我们自身进化的特征，同时也无疑是生命进化的特征。

我们的理性一贯傲慢专横，竟然以为自己根据天生的或争得的权利，自然而然地或者通过学习掌握了通晓真理所需要的全部基本素质。尽管如此，它还是承认，它并不了解呈现在眼前的对象，它相信自己的无知仅仅在于它不知道在它久负盛名的分类盒中，哪一个盒子适用于这个新的对象。我们应该把这个新对象放进哪一个准备拉开的抽屉里呢？我们应该给它穿上哪一件已经裁好的衣服呢？是这个，是那个，还是另外一个？而无论是“这个”、“那个”还是“另外一个”，都总是些我们已经构想出来的、已经知晓的东西。为了这个新对象，我们必须创造出一个新的概念，或许一种新的思维方式，这种想法使我们深感不快。然而，哲学的历史就在那里向我们昭示系统之间的永恒冲突，它向我们表明，将我们现成的概念穿在现实身上，永远不可能令人满意，因而表明了制造衡量尺度的必要性。不过，我们的理性并没有走向这个极端，而是怀着骄傲的谦逊，一劳永逸地宣称，它仅仅研究相对的事物，而绝对的事物不在它的研究范围之内。这番事先声明，使它能毫无顾忌地运用其一贯的思考方式，因此，它以不触及绝对为借口，对一切事物做出绝对的判断。柏拉图首先建立了“了解真实就是要找到其理想型”的理论，也就是说，要了解真实，就要将它强行装入事先存在的、任由我们随意支配的框架之内——好像我们确实具备了普遍知识一样。然而对于人类的智力而言，有这个信念十分自然，实际上，它总是好像忙于确定应当将新对象放在哪个已有的标题下面，或许可以说，在某种意义上，我们生来全都是柏拉图主义者。

这种方式的不足之处在种种关于生命的理论中表现得最为突出。生命在普遍地朝向脊椎动物进化的过程中，在专一地朝向人类和智力进化的过程中，已经不得不沿途放弃众多不适应这种特殊组织模式的元素，不得不（正如我们将要表明的）把这些元素交付给其他发展线路。那么，为了要把握生命活动的真实本质，我们必须重新发现并将其与智力本身重新结合起来的，正是这些元素的全部。为此，我们还可能要借助于那种环绕在我们明确的（也就是智力的）表达周围的朦胧直觉边缘。进化原理并未缩减成我们组织的特定形式，作为这种原理的一部分，这种无用的边缘恰恰无欲无求地围绕其周围，难道不是这样吗？这正是原因所在。于是，我们必须从这里寻找一些线索，来扩展我们思想的智力形式，必须从这里吸取必要的动力，来提升我们自身。要形成生命整体的观念，就不可能是将一些简单的概念结合起来，这些简单概念是由生命本身在其进化过程中遗留在我们身后的。部分怎能等同于整体？内容怎能等同于形式？生命运作的副产品又怎能等同于运作本身呢？然而，当我们把生命进化定义为“从同质性到异质性的过渡”时，或者，当我们把智力的碎片排列起来，从中找出一些概念来界定生命进化时，我们的错觉就这样产生了。我们把自身置于进化发展顶端的一个点上——这个点无疑是主要的，但不是唯一的。在这个点上，我们甚至不需要使用全部的发现，因为我们只从智力中保留一两个用于自我表达的概念。而恰恰是这个局部中的局部，被我们宣称为整体的表现，被宣称为某种实际上超越了具体整体的表现，这个整体也就是我所说的（这个“整体”仅仅指当前状态的）进化运动的表现！事实上要表现这一点，我们全部的智力可能都不嫌太多——不，应该说还嫌不够。我们可能还需要加上一些从其他一切进化终点所得的发现。我们必须把这些多种多样的元素看作众多的摘要，这些摘要以其（至少是曾经以其）最粗陋的形式出现，并相互补充。只有此时，我们才有可能对进化运动的真实性质略有把握。即使这样，我们也无法彻底把握它，因为我们还是只能把握那些进化的事物（它们是进化的结果），而无法把握进化本身，而它是这些结果得以产生的行动。

这就是我们将要引入的生命哲学。它声称要超越机械论和目的论。不过，正如我们在开始时已经说过的，比起机械论，这种生命哲学更接近目的论。现在来讨论这一点正是时候，我们将更加精确地表明这种生命哲学和目的论的异同之处。

我们的哲学，就像激进目的论一样，将有机界描述为一个和谐的整体，尽管其形式较为模糊。但这种和谐远非生命哲学宣称的那样完美。它允许大量不和谐的存在，因为每个物种，甚至每一个体，都保留着些许冲动，这些冲动来源于普遍的生命冲动，并且倾向于为了自身利益使用这种冲动。这种自身利益包含着适应。因此，每个物种和每个个体都仅仅考虑它们自己——它们与其他生命形式之间的冲突就可能由此而生。所以说，和谐其实并不存在，宁可说只是原则上存在。这就意味着，原始冲动是一种共有的冲动，我们沿生命之流追溯得越高，不同倾向之间就越会显得相互补充。因此，大风虽然在街角分成了不同的方向，但它们还都是同一阵风。和谐，或者说是"互补性"，只有在群体中才能显示出来，只能在倾向而不是状态中才能显示出来。尤其是，与其说和谐在我们前面，不如说它在我们背后（这一点一直被目的论严重误解）。和谐来自于共同的冲动，而不是共同的期望。尝试给生命标上一个终点（就这个字对于人类的意义来说）毫无意义，说到终点，就是想象一个事先存在、有待于实现的模式。因此，设想终点的存在，也就是假定一切都是给定的，假定未来能够从当前解读出来。设想终点的存在，就是认为生命在其运动和其整体性中，像我们的智力一样运作。而智力的运作不过是对生命进行的静止的、局部的观察，因而自然位于时间之外。生命与之不同，它在时间中前进和延续。当然，在我们走完过一段路程之后，我们能够回顾生命，标记出它的方向，用心理学术语标示出来，把它说成是在追寻一个终点。我们就应当如此表达自身。然而，对于将要走上的道路，人类的大脑却可能无可言说，因为那条路是走路的行为同步地创造出来的，它恰恰就是这个行为本身的方向。于是，进化在每时每刻都必须承认一种心理学的解释，从我们的角度来看，这种解释是最佳的解释；但是，除了用于反思，这种解释既没有什么价值，甚至也没有什么重要性。目的论的解释（比如我们将要提出的那种）绝不能被当作对未来的预期。它是一种参照当前来观察过去的特定模式。简言之，目的性经典概念的推论既太多又太少，其推论既过分宽泛又过分狭窄。用智力来解释生命的时候，它过多限制了生命的意义，智力（比如，至少是我们在自己身上发现的智力）在发展过程中已经通过进化形成；它被从某种更大的东西上切割下来，或者说，毋宁说它仅仅是一种投射，是具备起伏及深度的现实在某个层次上所必需的投射。正是这种更具综合性的现实，是真正的目的论应当重构的，或者，毋宁说（如果可能）是应当在一个视角中囊括的。但是，正是因为那种把相似的东西连接起来，观察并且制造出复制品的能力超越了智力，这个现实才无疑是创造性的；也就是说，这个现实在其诸种效应里扩张并且超越了其自身的存在。因此，这些效应就不是事先给定的，所以它就无法把它们当作终点。尽管这些效应一旦产生，就会容许一种理性的解释，一如那些复制模型的物品容许出现的理性解释。总之，终极原因的理论如果把自己局限于仅仅将智力归因于自然，那它走得还不够远；而如果它假定，在当前存在着以观念形式出现的、预先存在的未来，它又走得太远了。而第二种理论，它错在过度，是第一种理论的结果，而第一种理论又错在欠缺。我们必须用更具综合性的现实，来替换智力本身，而对于更具综合性的现实而言，智力不过是一种缩略形式而已。于是，未来就呈现为过去向当前的扩展：未来并不会以所谓的终点的形式包含于当前之中。而未来一经实现，就会对当前做出解释，这种解释将和当前对它的解释一样多，甚至更多。必须尽量把未来看作一个终点，甚至是一个结果。我们的智力有权用惯常的视角来抽象地考察未来，并且智力本身就是对其存在原因的一种抽象视角。

确实，这样一来，原因可能就好像超出了我们的掌控能力。生命目的论已经巧妙地避开了一切精确的证明。如果我们超出了它的某个方向，又会怎样呢？实际上，在我们岔开主题，做了一些必要的讨论之后，又在这里回到了被我们视作根本的那个问题上：事实能够证明机械论的不足吗？我们说过，只有坦诚地接受进化论的假设，才有可能证实这一点。我们现在必须表明，如果机械论不足以解释进化，那么，证明这种不足之处的办法，就不是停留在目的性的经典概念上，更不是将它消减浓缩，恰恰相反，是要走得更远。

我们现在就提出我们的证明原则。我们说到生命，它从起源开始，就是同一冲动的延续，分成了各种不同的进化路线。通过一系列的附加物，某些事物得以成长，某些事物得以发展，而这些增添就是众多的创造物。这种发展造成了各种倾向的分离，这些倾向如果不是变得互不相容，其成长就不能超越某个点。严格说来，没有什么能够阻止我们去设想，生命的进化有可能借助于遍布数千世代中的一系列变形，发生在一个单一的个体上。或者，如果不是单一的个体，也可以是设想出来的任何数目，这些个体在一个直线发展的序列上彼此相继。对于这两种情况，进化都可以说仅仅具有一个维度。然而，实际上，进化发生在数百万的个体上，发生在多种多样的线路上，每个线路都结束于一个岔口，而从这个岔口又放射出一些新的线路，如此发展下去，没有穷尽。如果我们的假设得以证实，如果这些不同线路运作的原因其本质是心理学的，那么，这些原因就必定保留了某些共同的东西。它们结果各异，就好像久别的校友共同保留着对童年时期的记忆一样；道路或许会分岔，或者开辟出新的旁道，那些被分散的元素可能会沿着这些支路独立进化。尽管如此，使各个部分的运动得以继续仍然需要借助于整体的原始冲动。所以说，整体的某些东西必定一直存留于部分当中，而这种共同的元素将会以某种方式呈现在我们面前，这种方式或许就是相同的器官出现在千差万别的有机体中这一事实。比如，假设机械论的解释是正确的，那么，进化就必定通过一系列彼此相加的事件而发生；对于每一个新事件而言，如果有利于当前生命形式表现的那些先前有利事件的总和，那它就会通过选择而被保留下来。但是如果将两个全然不同的事件系列加在一起，使两种全然不同的进化得到相似的结果，这如何可能呢？两条进化路线的差别越大，偶然的外部影响或者内部变化在它们身上造就同样器官构造的可能性就越小。尤其是在路线分歧原本不存在这种器官时，那就更是如此。但与此相反，在我们这样的假设里，两个创造物之间的这种相似性却是自然的，甚至在最新的路线里，冲动中的某些东西也来自源头。因此，纯粹机械论将被驳倒，而目的性（就我们理解的特定意义而言）如果能证明在进化的不同路线上，生命可能通过不同的手段制造出相似的器官，那么它的某个方面将会得到证实。而证据的说服力，将随着如此选择出来的路线的差异性增大而增加，也会随着在它们当中发现相似结果的复杂性的增大而增加。

九、对标准的探究

可以说，结构的相似性，可以归因于生命进化总体条件的相似性，而这些永恒的外部条件，会使形成这种或那种器官的力量朝同一方向发展，无论短暂易变的外部影响和偶然的内部变化是多么丰富多彩。当然，我们并非没有对适应这个概念在当今科学中所发挥的作用视而不见。生物学家对这个概念的使用自然并不全都相同。有人认为，外部条件能够借助于有生命物质中引起的偶然的变异，无论多么微小，都意味着大量物理的和化学的微小原因的运作。

An accidental variation, however minute, implies the working of a great number of small physical and chemical causes.

物理—化学变动，直接导致有机体朝一个明确的方向变化，作为例子，这就是埃莫尔的假说。而另一些人则更忠实于达尔文主义的精神，他们认为外界条件的影响只是间接发挥作用。在为生存而进行的竞争中，这些影响有助于那些其生存机会已经最佳地适应了环境的物种代表。换句话说，对于一些物种来说，外部条件的影响是积极的，因而这些影响实际上引发了变异；而对于另一些物种来说，这些条件仅仅具有消极的影响，因而只能消灭变异。不过，这两种情况都假定外部条件能使有机体对其环境做出精确的调整。因此，这两种说法都企图用对相似条件的适应去机械地解释结构的相似性，而结构的相似性正是我们反对机械论的最有力的论据。所以，在进一步讨论细节之前，我们必须马上进行总体的说明：为什么我们认为用“适应”来做解释是不充分的。

首先，我们要指出，上述的两个假设，后者才是清晰明确的一个。达尔文主义的思想：适应是通过自动淘汰不适者实现的，这一假设简洁而清晰。不过，正因为这个说法认为制约进化的外部原因仅仅具有消极的影响，它在解释复杂器官（比如我们将要考察的那些）的进化，及其（可以说是）直线发展时便困难重重。在两条截然不同的进化路线上，两种极端复杂的器官却具有相似的结构，要解释这一点，这个说法遇到的困难何其大也！偶然的变异，无论多么微小，都意味着大量物理的和化学的微小原因的运作。因此，偶然变异的积累（比如必然会产生复杂结构的那种积累）就必然需要几乎无数个极其微小的原因来发挥作用。这些完全是偶然的原因，怎么会在不同的时空点上，以同样的次序重现同样的东西呢？没有人认为会出现这种情况，而达尔文主义者本身也只是声称：相同的结果也可能来自于不同的原因，到达同一地点的路径不止一条。可是，我们绝不能被一个比喻糊弄住。已经抵达的地方，并不会给出通向它的路径的形式。而一个有机结构却恰恰是那些微小区别的累积，这种累积正是进化为了达到它而必须经历的。要解决这部分问题，生存竞争和自然选择可能毫无用处，因为在这里，我们关心的不是已经消失的东西，我们必须要解释的，是那些存活下来的东西。现在我们看到，通过结果的逐渐积累，进化的不同路线上形成了相同的结构。那些偶然原因以偶然的顺序发生，它们怎能被设想成能够反复地造成同样的结果呢？何况原因无限多，而结果又无限复杂。

机械论的原理是"同样的原因产生同样的结果"。当然，这个原理并不总是意味着同样的结果必定有同样的原因。但在特殊情况下，这个结论也成立。这个特殊情况就是，那些原因在其造成的结果中依然可见，并且实际上成了结果的组成要素。两个步行者从不同的地方出发，随意游逛，最终相遇，这并不值得大惊小怪。不过，如果在全部行程中，他们居然能描出两条精确地相互重合的曲线，这才是完全不可能的。这些路线越是复杂，这种不可能性就越大；如果这些路线曲折到无限复杂，那就完全不可能了。在一个器官里有着千万个不同的细胞，每个细胞自身又都是一种有机体，它们按照明确的顺序排列着，与器官的这样复杂性相比，那些曲折路线的复杂性又算得了什么呢?

那么让我们看看另外一个假设，看看它又是如何来解决这个难题的。这个假设是，适应并不仅仅是淘汰不适应者，由于外部条件的积极影响，有机体塑造了其自身的形式。这一次，相似的结果可以由相似的原因来解释。表面上看来，我们得坚持纯粹的机械论。不过，如果我们仔细观察，就会看到，这不过是字面上的解释，我们又一次被词句糊弄了。这个答案的把戏就在于，它同时使用了“适应”这个词语的两个完全不同的含义。

假设我向同一个杯子里轮流倒入水和酒，这两种液体就会具有相同的形式，而形式的统一来源于内容对容器适应的统一。这里，适应的真正含义是机械调整。原因是，这里存在着一个现成的形式，使物质去适应，它将自身的形状强加在物质上。然而，在有机体适应它不得不生存于其中的环境的过程中，那个事先存在、等待物质去适应的形式又在哪里呢?环境并不是可以向其中注入生命的模具，不能让生命去适应其形式，这一点的确很容易被一个比喻掩饰掉。根本就不存在这样的形式，生命必须为自己创造出一个形式，来适应为它而设的环境。生命只能尽量充分地利用这些环境，取其长补其短——总之，就是建立一种与外部行动不同的机能，从而对外部行动做出反应。这样的适应不是重复，而是回应，是一种完全不同的东西。如果说适应依然存在，那么它就在这样的意义上存在：比如说，它适应环境，就像一道几何题的答案。我当然也承认，这样来理解的适应解释了不同进化过程产生相似形式的结果——相同的问题当然要求相同的答案。但这样一来，就必须像解答几何题一样，引入一种智力活动，或者至少引入一个有同样行为的原因。这样就再一次引入了目的性，而这一次，目的性却比以往更加具有人性化的元素。总之，如果适应是被动的，如果它仅仅是在环境赋予的模具空间上一再重复，它就无法造就任何试图使它造就的东西。而如果适应是主动的，如果它有能力针对条件提出的问题，经过计算得到答案，以此做出回应，那它就超过了我们最初指定的方向——在我们看来，实际上它走得太远了。然而，实际情况是，在适应的这两种含义之间，存在着一条秘密通道，将两者连接起来，每当你运用它的第二种含义，马上就要被当场拿获时，这条秘密通道就会带你逃向第一种含义。其实，通常的科学实践所使用的正是第二种含义，但是通常为其提供哲学基础的，却是第一种含义。无论何种特殊的情况，一个人将适应过程说成是有机体做出的一种努力，建立一种能够最大限度地利用外部环境的机能，于是，这个人就把一般的适应过程，说成是一种冰冷的物质被动地接受来自环境的真正印记。

十、对实例的考察

不过，还是让我们举例说明吧。这里，首先在总体上比较一下植物和动物，将会很有意思。这两者在性别方向上完成了平行的进化，这不能不让人感到惊讶。在高等植物和动物当中，受精作用本身是相同的，因为它在两者那里都是两个细胞核的结合。在结合之前，它们的特征和构造不同，而一旦结合，就立即变成彼此相同的了。不仅如此，双方性元素的准备也是在相似的条件下进行的：其本质都在于染色体数目的减少和一定量染色物质的排出。[①]然而，植物和动物在不同的线路上进化，受益于不同的环境，也面临不同的障碍。进化的路线上分化出两个大系列。每一条线路上，都有千千万万的原因联合起来决定着形态和功能的进化。然而，在两个系列中，这些无限复杂的原因却分别造就了同样的结果。并且，这种结果几乎不能被称为一种适应现象，那么，适应在哪里？外部环境的压力又在哪里？性别的发生没有明确的用途，学者们对此的解释千差万别，一些十分敏锐的研究者甚至将植物的性别看作（至少是）自然分配给植物的一种奢侈品。[②]不过，我们并不打算讨论这些莫衷一是的情况。一些较为简单的事例就能较为清晰地强调“适应”这个词的模糊性，强调超越机械因果论观点和拟人目的性的必要性。目的性学说始终强调感觉器官所具有的奇妙结构，把大自然的造化比喻为能工巧匠的杰作。现在，人们发现，这些器官以一种初级的形式出现在低

① 盖兰，《显花植物授精过程的实际知识》，巴黎，1904年，第144~148页。参见德拉日，《遗传学》第二版，1903年，第104页以后。

② 缪比乌斯，《植物繁殖学说概述》，耶拿，1897年，尤其是第203~206页。参看哈陶“论繁殖现象”，《生物学年鉴》，1895年，第707~709页。

等动物身上，由于在最简单有机体的色素斑和脊椎动物无比复杂的眼睛之间，大自然还为我们提供了许多处于中间状态的形式，因此，或许得出这样的结论更好：自然选择自动完善了这个器官，并因此带来了这样的结果。总之，如果存在一种情况，似乎被证明能够引发适应，那这个特殊的情况就是自然选择。因为尽管对于性别发生此类过程的功能及意义，其发生条件的相关方面会引起种种讨论，但是眼睛和光的关系却是显而易见的；当我们把这种关系称为适应的时候，我们必须清楚自己在说什么。于是，如果我们能够表明在这个特殊情况中，这两个学说援引的原理都不充分，那么，我们的论证即刻就能获得高度的概括性。

让我们考察一个目的论者一直使用的例子吧，这就是诸如人眼此类器官的构造。目的论者轻而易举地证明了，在人眼这种极其复杂的器官里，所有组成元素都奇迹般地协调合作。在一部讨论终极原因的名著中，作者指出，为了行使视觉功能，“巩膜组织必须使其表面的一点变为透明，这样光线才能穿透它……角膜精确配合眼窝开口……这个透明的开口后面，必须有折射介质……暗室底端必须有一个视网膜[①]……必须有无数个透明圆锥体垂直于视网膜，只允许光线沿着轴线到达视神经膜”，[②] 等等。作为回答，终极原因论者喜欢使用进化论者的假设。确实，如果

---

① 保罗·雅奈，《终极原因》，巴黎，1876年，第83页。
② 同上，第80页。

谁去考察人类的眼睛，发现单是一种功能就包含了数千个元素的协调运作，他肯定会认为一切都是奇迹。然而，看看这个功能的原始状态吧：在纤毛虫身上，这个功能被简化为纯粹是色素斑的可感光性（这几乎是纯化学的反应）。这个功能，起初或许仅仅是一个偶然事件，或许是由器官稍加复杂化造成的，而这种复杂化又引起了功能的改进。这个过程既有可能是通过某种未知的机制直接完成的，也有可能只是通过给生物带来有益影响，因而在自然选择中得以坚持下来。这样，对于和人眼一样的这种眼睛的发展成型，就可以这样解释：在功能与器官之间，有着数不清的作用和反作用，除了机械原因之外，没有任何其他原因的介入。

的确，如果像目的性学说和机械论自身的做法那样，把这个问题直接摆在功能和器官之间，它便很难得到解决。这是因为，器官和功能这两个术语的性质不同，并且它们紧密地互为前提。因此不可能先验地说，在表达他们的关系时，我们是应该像机械论那样从一个术语出发，还是应该像目的论要求的那样从另一个出发。不过，我们认为，如果我们从比较两个性质相同的术语入手，来比较器官与器官，而不是比较器官和功能，那么，这个讨论的结果就会完全不同。这样的话，就有可能使讨论一点一点地向前推进，得出越来越有说服力的结论，而我们越是坚决坚持进化论的假设，就越有机会得出正确的结论。

让我们把脊椎动物的眼睛和软体动物的（比如普通的扇贝）眼睛放在一起比较。在两种眼睛上，我们都发现了相同的基本组成部分，是由相似的元素构成。扇贝的眼睛具有视网膜、角膜，以及类似于人眼细胞结构的晶状体。扇贝的视网膜元素甚至还有特殊的倒置现象，这和一般的非脊椎动物并不一样。软体动物的起源目前或许还是个有争议性的问题，但是，不论我们持有哪种观点，我们都会一致认为在扇贝这样复杂的眼睛出现以前很久，软体动物和脊椎动物就已经从它们共同祖先的主系上分开了。那么，它们眼睛的结构又怎么会类似呢？

关于这一点，让我们针对进化论解释中两个对立的体系来分别提问：其中一个假设纯粹的偶然变异，另外一个则假设受外部条件影响的定向变异。

十一、微小变异与突然变异

第一个假设，人们都很清楚，目前有两种不同的提出形式：达尔文提及由自然选择积累起来的微小变异。他并未忽略突发变异这个事实，但他认为，这些突变（这是他的说法）只是一些无法使自身持续存在的畸形，并且他把物种的产生归因于无法察觉的变异的积累。[①] 许多自然学家还仍然坚持这个观点。然而，这种观点却往往会被一个对立的思想所取代：随着几种新特征的同时出现（这些特征或多或少都与先前的不同），一个新物种突然

---

① 达尔文，《物种起源》，第 2 章。

诞生了。这个假设，许多作者都已经提出过，其中最著名的是贝特森在一个杰作里提出的。[1] 这个假设由于德伏莱斯进行的著名实验而更具有深刻意义，并且获得了强大的说服力。这位植物学家研究月见草属植物，经过几代培养之后，获得了一些新种类。他从实验中得到的理论最有意思：物种交替经历稳定期和变形期。在“易变期”到来时，会突然朝不同方向产生大量意想不到的形式。[2] 这个假设和“微小的变异”的假设，我们并不想偏袒任何一个。的确，这两个假设也许都有部分正确性。我们只想指出，这些被引发的变异如果只是偶然的，那么，无论这种变异是大是小，都无法解释我们所说的那种结构相似性。

首先，让我们采用达尔文“微小变异”的理论，并且假定，微小差异的产生来源于机会和持续的积累。还需要时刻牢记，有机体的所有组成部分都必然协调合作。至于功能究竟是器官的结果还是器官的原因，这并不重要；但有一点是确定的，如果器官不发挥功能，那它就没有用处，也不会成为选择的契机。如果视觉中枢和视觉器官本身的几个部分没有与视网膜同时发展，那么，无论视网膜的微观结构怎样发展，无论它变得怎样复杂，其进展都有可能妨碍视觉，而不是有利于视觉。如果变异是偶然的，那

---

① 贝特森，《变异研究材料集》，伦敦，1894 年，尤其是第 567 页以后。参看斯考特，“变异和转变”，《美国科学杂志》，1894 年 11 月。

② 德伏莱斯，《转变理论》，莱比锡，1901~1903 年。参看同一作者所著《物种与变种》，芝加哥，1905 年。

么，它们又如何能够在同一时间里发生在器官的各个部分，并使器官继续行使功能呢？达尔文非常明白这一点，这正是他认为变异是无法察觉的理由之一。[①] 如果在视觉器官的一个点上偶然产生的变异是非常微小的，那就不会妨碍这个器官的功能；因此，从某种意义上说，这些初始的偶然变异有待于一些补充性变异的积累，才能使视觉更加完善。假若如此，只要那些补充性变异尚未产生，这个微小的变异就既不会妨碍也不会帮助眼睛发挥功能。在这种情况下，自然选择如何能够保留这些变异呢？这样的学者可能会不自觉地解释说，微小变异是有机体设立的基石，为建立以后的结构打下基础。这个假设（与达尔文的原理完全不搭调）面临的困难太多，甚至连说明一个器官的变异也难以回避，而这个器官沿着进化的单一主线发展，也就是脊椎动物的眼睛。不过，等我们观察到脊椎动物和软体动物的眼睛之间的相似之处时，这个假定就绝对让我们不得不相信了。如果这些变异纯粹是偶然的，那么，在进化的两条独立路线上，怎么会以相同的顺序产生不计其数相同的微小变异呢？分开来看，如果这些微小变异个个都毫无用处，那么，它们又是怎样被选择所保留，怎么在这两个路线的进化中按照同样的顺序积累起同样的东西呢？

现在，让我们转向“突然变异的假定”，看它能否解决这个难题。它确实减少了在一个观点上遇到的困难，却使另外一个观

① 达尔文，《物种起源》，第 6 章。

如果视觉器官的所有组成部分都突然变化了，那么它们怎么会仍旧保持良好的协调合作，而使眼睛继续行使其功能呢？

How do all the parts of the visual apparatus, suddenly changed, remain so well coordinated that the eye continues to exercise its function?

点遇到的困难增加了。软体动物和脊椎动物的眼睛，如果是由于为数不多的几次突然跃进而发展到现在的形式，那么，我在理解这两个器官的相似性时遇到的困难，就会比理解其相似性来自于连续获得无数极小相似性时遇到的困难要少一些。无论哪种情况，发挥作用的都是机会，不过，在第二种情况下，却并不要求机会能造出像它在第一种情况下必须造出的奇迹。我不仅能更好地理解需要增加的相似性数目何以稍稍缩减，而且能更好地理解每个相似性如何保留下来而与其他相似性共存。因为元素的变异现在已经足以被视为有益于生物了，因而使得其自身成为选择的对象。但是，这里又引发另外一个同样难以解决的问题，这个问题就是：如果视觉器官的所有组成部分都突然变化了，那么它们怎么会仍旧保持良好的协调合作，而使眼睛继续行使其功能呢？因为哪怕仅仅是一个部分的改变都会破坏视觉，除非这种变化是绝对无限小的。这样，各个部分必须同时改变，并相互参照。我同意这种说法，即在那些运气较差的个体身上，可能确实已经产生了大量不协调的变异，自然选择可能已经淘汰它们，而只有那些适合延续的、能够保留和改进视觉的变异联合体才能存活下来。尽管如此，这样的联合体也依旧必须被产生出来。假设有这样一次机会助其实现，在一个物种的历史进程中，机会一再重复同样的助益，以便每个时刻都同时产生新的综合体。这些综合体奇迹般地相互参照，相互调整，并且紧密联系着先前的综合体，朝着同一方向继续前进——我们能够认同这一点吗？尤其是，我们怎能假设一系列纯粹的“偶然”造成了这些突然出现、有着同样顺序的相同变异呢？——在两条独立的进化路线上，这些变异都包含使越来越繁多、越来越复杂的元素之间的完美和谐。

这里自然要引入相互关联的规律，达尔文本人就援引了这个规律。[①] 该规律认为，变化并不只是在有机体的一个点上，它对于其他的点也会发生反弹。达尔文引述的例子依然很典型，比如蓝眼白猫一般都耳聋，无毛狗的牙列都不完整等等，这些都毫无疑问。但是，我们现在还是不要在“相互关联”这个词上玩文字游戏吧，联合变化的集合整体是一回事，而互补变化的系统是另外一回事；互补的变化协调进行，能够维持甚至改进器官在更为复杂条件下的功能发挥。毛发系统的异常和牙列的异常一同发生，这种情况，我们不去援引特殊的解释原理也完全可以想象。因为毛发与牙齿有相似的构造，[②] 阻碍毛发生成的胚芽，其化学变化也可能同样阻碍牙列的生成，蓝眼白猫的耳聋也可能是同样的原因。在这些不同的例子中，“相互关联”的变化仅仅是一些联合变化（更不用说它们实际上只是机能损伤，也就是说，这些是机能萎缩或者抑制，而不是增加，这两者有很大区别）。但当我们说到眼睛不同组成部分突然发生的“相互关联”的变化时，我们使用的其实是这个词的全新含义：这里发生着一整套的变化，不仅在

---

① 达尔文，《物种起源》，第 1 章。

② 关于毛发和牙齿的相似性，参看布兰德，“论毛发与牙齿的假想的同一性”，《生理学核心期刊》，第 18 卷，1898 年，尤其参看第 262 页以后。

时间上一致，不仅都被原初的共同体紧密联系在一起，而且彼此之间很好地协调合作，使器官继续行使原来的简单功能，甚至改进那些功能。发生在胚芽中的变化既影响视网膜的生成，又可能同时影响了角膜、虹膜、晶状体、视觉中枢等的生成。如果有必要，我承认，这些结构其原初性质之间的差别，大于毛发和牙齿之间可能存在的差别。但是，要说所有这些同步的变化居然能够通过这样的方式改进甚至哪怕仅仅是维持视觉，根据突然变异的假设，我是不能接受的。除非有某种神秘的规律参与其中，致力于专心维护功能的利益。但这将会抛弃“偶然”变异的思想。实际上，在生物学家的头脑里，“相互关联”这个词的两种含义经常被交替使用，就像“适应”这个词的两种含义经常被交替使用。对于植物学而言，这种混淆几乎是合法的。在这门科学中，物种通过突然变异而生成的理论，有着最可靠的实验基础。在植物那里，形式和功能的联系远不如在动物那里密切。即使是形态上的深刻区别，比如叶片形状的变化，也对功能运作根本没有明显的影响。因此，植物要继续适于生存，也并不需要一整套的互补性变化。但是在动物身上，尤其是像眼睛这样结构异常复杂、功能异常精微的器官上，情况就不同了。这里，不可能将简单的联合变化和那些同时也是互补性的变化同等对待。“相互关联”这个词的两种含义必须仔细区分开来，如果把其中一种含义当作推理的前提，而把另一种含义当做结论，那就大错特错了。现有的做法，正是用相互关联的原理来解释细节，以作为互补性变异的原因，这样，普通意义上的相互关联就被说成是胚芽的随便一个变异所造成的任何一组变异。因此，在当前的科学中，相互关联这个概念的使用，首先就像目的论者理解的那样：这仅仅是表达自我的唯一一个方便的途径，在解释这些原理的本质以及从科学转向哲学时，一个人就会纠正这个概念，回到纯粹机械论上来。于是，这个人就的确回到了纯粹机械论。不过，他借助的唯一方法就是赋予“相互关联”这个词一个新的含义，但这个新含义却使它无法用在要它解释的细节上。

总结来看，如果导致进化的偶然变异是无法察觉的，那么就必须有一些好的基因（也就是未来物种的基因），将这些变异保留和积累下来，因为自然选择不会考虑到这一点。相反，如果偶然变异是突发的，那么，为了使原有的功能继续下去，或者为了让新功能代替原有的功能，同时发生的所有变化就必须是互补的。这样，我们又回到了好基因这里，而这一次，是为了获得同时发生变化的集合，一如之前是为了确保接连发生的变异具有连续性的方向。然而，无论哪种情况，在不同的进化路线上，同样的复杂结构平行发展，都不会来源于偶然变异的纯粹积累。于是，在我们必须考察的两大假设之中，我们就需要面对第二个假设：假设变异并非来源于偶然的内部原因，而是来源于外部环境的直接影响。让我们来看看，根据这种假设，我们应该顺着哪条路来解释两个系列中眼睛结构的相似性；而这两个系列，从种系发生学的角度来看，是彼此独立的。

软体动物和脊椎动物尽管是各自独立进化的，但是它们同样受到光线的影响。光线作为一种物理原因，造成了某些明确的影响。光线的行为是连续的，它能在固定的方向产生连续的变化。脊椎动物和软体动物的眼睛，自然不可能是通过纯粹机遇使然的一系列变异形成的。即使把光线作为选择装置，仅仅允许有益的变异留存下来（即便从外部进行监控），机遇的操弄也不可能在两种情形中以同样的方式把相互协调的元素排列成同一种形态。不过，如果假设光线直接作用于有机物质，改变其结构，并将这种结构转变为自身的形式，那结果就大相径庭了。如此一来，两种结果的相似性就可以用原因的一致性来解释。越来越复杂的眼睛，就像是光线在物质上越来越深的印记一样，而光线照在其上的这种物质是有机的，而且具有接受光线的特殊倾向。

然而，有机结构能够比喻为一个印记吗？我们已经强调过“适应”一词的含糊性。一个日益适应外部环境的模具，其形式逐渐复杂化是一回事；而一个从环境中越来越多地汲取好处的器官，其结构逐渐复杂化，则是另外一回事。前一种情况，物质仅仅接收一个印记，而后一种情况，物质则进行积极的回应，是在解决问题。当一个人说眼睛已经越来越能适应光线的影响时，他很显然是在使用“适应”这个词的第二种含义。不过，我们往往会有意无意地从一个含义转向另外一个含义。并且，纯粹机械论的生物学，也会极力把无生命物质的被动适应，即对环境影响的屈服，等同于有机体的积极适应，而积极适应就是从环境影响中汲取好处从而据为己有。事实上，我们必须承认，大自然本身似乎在诱使我们的大脑去混淆这两种不同的适应，因为它通常从消极适应开始，此后才建立一种积极回应的机制。于是，就目前的情况而言，我们无疑能够在低等有机体的色素斑里，找到眼睛的雏形，这个斑点或许的确产生于物理原因，即单纯的光线行为。而在简单的色素斑和像脊椎动物那样复杂的眼睛之间，还存在着大量中间形态的眼睛。不过，从一个事物逐渐过渡到另外一个事物，并不自然就表示这两件事物具有相同的性质。一个演说家为了操纵听众，首先跟随观众的激情，不能因此说跟随和引领是一回事。现在，有机物要使环境变得有利于自身，除了先从消极适应环境开始之外，别无他法。要引导运动，首先必须适应运动。生命在屈就中前行。色素斑和眼睛之间的种种中间形态全都无关紧要，这些中间形态，无论如何种类繁多，色素斑和眼睛之间的差距，都仍旧像照片和相机之间的差距一样。当然，照片已经逐渐演变成相机了，可是光线这种物理力量，是不是就能完成这个变化，把光线留下的印记转变成使用光线的机器呢？

或许有人会说：在这个问题上考虑实用性完全不合时宜，眼睛不是为了看而生，但我们看却是因为我们有眼睛。器官就是器官而已，不是别的，而“实用性”仅仅是我们使用的词语来标记这个结构的功能效果。不过，当我说眼睛“利用”了光线的时候，并非仅仅是指眼睛有看的能力，同时也暗示了这个器官与运动的装置之间存在着一种精确的联系。脊椎动物的视网膜在一根视觉神经上延伸开来，而这根神经又被与运动机制相连的大脑中枢继续下去。我们的眼睛对光线的利用使我们能够借助反射运动，来利用那些在我们看来有益的对象，躲避那些在我们看来有害的对象。现在，由于光线可能通过物理的方式制造色素斑，那么它自然就能够通过物理的方式规定某些有机体的运动，比如纤毛虫的纤毛对光线的反应。然而，没有人会认为光线的影响通过物理的方式造就了神经系统、肌肉系统、骨骼系统，造就了随着脊椎动物视觉器官延续下来的一切。事实是，当一个人谈及眼睛的逐步形成，甚或当他考虑到与眼睛分别有联系的一切事物时，他就是在谈一种与光线的直接行动截然不同的东西。人们暗地里赋予有机物质某种独特的能力，赋予它一种神秘的力量，而这种力量能建立起极其复杂的机能来利用它面临的简单刺激。

然而，这恰恰就是被认为没有必要的东西。据说，物理学和化学给了我们解释一切的钥匙。在这方面，埃莫尔的伟大成就最具指导意义。众所周知，这位生物学家不遗余力地去证明形态变化来源于同一方向上外部影响对内部的持续作用，而不是像达尔文认为的那样来源于偶然的变异。他的理论建立于最具热情的观察之上，其出发点是对某些蜥蜴外皮颜色变异过程的研究。在此以前，多夫梅斯特尔那些实验已经显示：相同的蝶蛹，依据其对寒冷或者温暖的适应，会产生差别极大的蝴蝶，而这些蝴蝶长期以来被认为是不同的品种：Vanessa levana 和 Vanessa prorsa（红蛱蝶属两种蝴蝶的名称）——中等的温度产生中间的形态。我们可以把这些事实和在一种小型甲壳纲动物卤虫那里观察到的变形归为一类，当它生活的水中盐分增加或者减少的时候，它的形态就会发生巨大的变化。[①] 在这些实验中，外部因素好像是形态变化的原因，但是这里的“原因”一词究竟是指什么呢？我们没有必要对因果关系做彻底的分析，只需要指出一点就够了：这个术语的三个含义常常被混淆在一起。原因可以通过推动、释放或是展开来施行。一个撞球撞击另一个撞球，就是通过推动决定了后者的运动。火花通过释放来引爆炸药。放松发条来驱动唱机则是展开了刻在圆筒上的音乐：演奏的音乐如果是结果，发条的放松如果是原因，那么我们就得说，原因是通过展开来发挥作用的。区别这三种情况的根据是原因和结果之间一致性的强弱。在第一种情况中，结果的数量和性质随着原因的数量和性质的变化而变化。在第二种情况中，结构的数量和质量都不受到原因的数量和性质变化的影响——结果是不变的。在第三种情况中，结果的数量取决于原因的数量，但结果的性质不受到原因的影响：发条驱动圆筒的时间越长，我听到的音乐就越多，但是音乐的性质，或者我听到的那部分音乐的性质，却和发条的运动没有关系。实际上，只有在第一种情况下，原因才解释结果，而在另外两种情况下，结果都或多或少地被事先决定了，而引入的（当然程度不一），

① 从后来的观察看，卤虫变形的现象似乎比最初设想的更为复杂。有关这个题目，请参看萨姆特和海蒙斯，《卤虫变异》，1902 年。

更多是一种契机而不是原因。现在，我们说水的含盐量是卤虫变形的原因，或者说温度决定了某种蝶蛹变成蝴蝶时翅膀的颜色和花纹，这里使用的“原因”一词是不是具有第一种含义呢？显然并不是，这里的因果关系是介于展开和释放之间的一种状态。的确，当埃莫尔谈及变异的“万花筒般的”特征的时候，[①]当他谈及有机物质的变异以确定的方式运作，和无机材料一样按照确定方向结晶的时候，[②]这或许就是他自己的意思。或许也可以认为，皮肤颜色的变化仅仅是一个物理化学过程。不过，如果把这样的解释放大开来，用以解释像是脊椎动物眼睛的逐渐形成，那就必须假设生物的物理—化学过程就是光线的影响导致有机体形成了视觉器官的发展系列。它们全都极其复杂，却都有看的能力，并且越来越好。[③]要造出这样与众不同的物理—化学，最坚定的目的论者还有什么好说的呢？软体动物的卵子不可能具有和脊椎动物卵子一样的化学成分，向这两种形式中第一种演变的有机物，不可能具有和向其他方向演变的有机物一样的化学成分。然而，在光线的影响下，两种情形中形成的同一器官其构造完全相同，如果这些事实摆在机械论哲学面前，它还能遇到更大的困境吗？

---

① 埃莫尔，《蝴蝶的直向进化》，莱比锡，1897 年，第 24 页。参看《物种的形成》，第 53 页。

② 埃莫尔，《物种的形成》，耶拿，1888 年，第 25 页。

③ 同上，第 165 页以后。

每时每刻，就在我们的眼前，大自然都会抵达相同的结果。

Would have furnished us with facts no less cogent. Every moment, right before our eyes, nature arrives at identical results.

我们越是思考这一点，就越是明白，无数微小原因形成了两种不同的积累，却造就了相同的结果，这一事实和机械论的哲学原理是完全相反的。我们讨论的全部注意力都放在了这个来自种系发生学的一个例子上，不过个体发生学也会给我们提供同样令人信服的事实。每时每刻，就在我们的眼前，大自然都会抵达相同的结果；有时在相邻的物种中，通过不同的胚胎发生过程，抵达相同的结构。近几年，对“异质胚芽”的观察成倍增加，[①] 而这必然会反驳胚胎层特异性这个近乎经典的理论。继续对脊椎动物和软体动物的眼睛进行比较，我们可以说，脊椎动物的视网膜是由幼年胚胎的原始大脑扩展而来。这是个规则的神经中枢，并向周边移动。在软体动物身上则不是这样，视网膜直接来自外胚层，而不是通过胚胎脑脊间接形成。所以说，人类和扇贝的进化过程差别巨大，却产生了相似的视网膜。不过，我们不需要深入这一点，没有必要去比较相距甚远的两种有机体，只要看看同一有机体再生的某些奇特异常的事实，也能得出相同的结论。如果把蝾螈的透明晶状体剥除，这个晶状体就会通过虹膜再生。这里，原来的晶状体来源于外胚层，而虹膜来源于中胚层。除此之外，在花斑蝾螈身上，如果晶状体被剥除，留下虹膜，那么，虹膜的上半部分就会再生出晶状体；但如果虹膜的上半部分也被剥除，再

① 萨伦斯基，“异质胚芽”，《第四届国际动物学大会会议记录》，伦敦，1899 年，第 111~118 页。萨伦斯基创造了“异质胚芽”这个词，用以指明这种情况：器官相当，但胚胎学起源不同，这些器官在彼此相关的动物的同样位置上形成。

生就发生在虹膜剩余部分内部或者发生在视网膜上了。[1]因此，有机体的不同部分，其位置不同、构造不同，原本要行使的功能也不同，但在必要时，却能行使相同的功能，甚至能够造出相同的机器部件。在这里，我们确实看到不同原因的结合得到了相同的结果。

无论我们愿意与否，我们都必须引入某种内部的指导原则，才能解释这种结果的一致性。在达尔文，尤其是新达尔文主义关于“微小变异”的理论中，不存在这种结果一致的可能性。在“突发的偶然变异”的假设中，在通过外力与内力的某种机械结合，为各种器官的进化指明方向的理论中，也不可能存在这种结果的一致性。因此，目前需要讨论的，就只有进化论现存形式中唯一的一个形式：新拉马克主义。

十二、系统发生学

众所周知，拉马克把进化归因于生物有能力通过使用或者不使用器官来产生变化，并有能力将这样获得的变异遗传给后代。如今有些生物学家仍持有此类学说。他们认为，导致新物种诞生的变异，不仅仅是胚芽本身固有的偶然变异，也不受制于一种独特的决定机制，这种机制在明确的方向上发展确定的特征，不考

---

① 费歇尔，《论镜下显像》，1898 年，第 373~380 页。

谁都不会否认，器官能够通过锻炼得到加强和成长。

That an organ can be strengthened and grow by exercise, nobody will deny.

虑任何实用性。导致新物种诞生的变异，恰恰来自于生物适应其生存环境所付出的努力。这种努力也许确实仅仅是某些器官的机械运作，由外部环境的压力机械地引发出来。但是这种变异或许也暗含了意识和意志，也就是在这个意义上，它似乎才能被这个学说最杰出的代表美国自然学家寇普所理解。[①] 也正因如此，在进化论的所有后来形式当中，只有新拉马克主义能够承认关于进化的一种内部的和心理学的原理，尽管它并不总是这样。新拉马克主义，在我们看来，也是唯一能够解释进化的不同路线上出现相同器官的进化论。这是因为我们非常容易想象，旨在将相同的环境转变为有利因素的同样努力，可能会产生同样的结果。尤其是当环境提出的问题只承认一种解决方案的时候，更是如此。但是，问题依然存在，无论“努力”这个词的含义是不是有必要进行深入理解，这个词语的含义比任何新拉马克主义者所想象的都更具有心理学的意味。

这是因为，长度的变化是一回事，而形状的变化则是另外一回事。谁都不会否认，器官能够通过锻炼得到加强和成长。不过，这还远非软体动物和脊椎动物的眼睛那样的前进发展。如果把这种发展归因于光线的影响（长期持续，被有机体被动地接受），那么，我们就又回到了我们批评过的那种理论上了。反过来，如果把这种发展归因于内部的活动，那这种活动就必然是某种与我

① 寇普，《最适者的起源》，1887 年，以及《器官进化的基本因素》，1896 年。

们通常所说的“努力”大为不同的东西。因为我们从来就不知道有哪种能力能够使一个器官产生哪怕是最微小的复杂化，也没有哪种努力能够产生无数个完美协调的综合体，并且还能必然地从纤毛虫的色素斑进化到脊椎动物的眼睛。即使我们承认动物界进化过程中的这种概念，我们又怎么能把它用在植物界呢？在植物界，形态的变异好像既不意味着功能的变化，也并不总能造成功能的变化。甚至即使变异的原因属于心理方面，我们也几乎不能将它称作一种努力，除非我们对这个词语的含义进行特别的拓展。实际上，我们必须深入挖掘“努力”这个词语的含义，去寻求更深层的原因。

我们相信，如果希望找到规律性遗传变异的原因，就尤其有必要这样做。这里，我们并不打算加入关于后天特征的遗传性的种种论争，更不打算对这个问题采取太过明确的立场，这不在我们的讨论之列。不过，我们不能再对这个问题彻底冷漠下去。再清楚不过的事实是，现今的哲学家不再满足于模棱两可的概括，而是必须跟随科学家一起去研究实验的细节，和科学家讨论实验的结果。如果斯宾塞从解决后天特征的遗传性这个问题入手，那么，他的进化论无疑会出现截然不同的情况。如果（在我们看来似乎很可能是）个体养成的习惯传递给后代仅仅是些罕见的特例，那么斯宾塞的心理学全部都需要重新建立，而其哲学的一大部分也将土崩瓦解。所以，让我们来看看这个问题对于我们来说是怎么自行出现的，而我们可以从哪里入手尝试解决这个问题。

后天特征的可遗传性被确立为一个教条之后，又以同样教条的方式被否定，因为论证从胚芽细胞的假设本质中引出了一个先验前提。大家都知道，魏斯曼是如何根据种质连续性的假设，将胚芽细胞（即卵子和精子）看作几乎完全独立于体细胞之外的东西。由此开始，众多学者就主张，现在依然还主张：后天特征的遗传是不可想象的。但是，如果实验偶然间证明了后天特征是可以遗传的，那么这就将证明种质并不像人们认为的那样独立于体壁细胞囊以外，而后天特征的可遗传性就因此变得可以想象了。总结起来就可以这样说，这种情况和可想象或者不可想象都毫无瓜葛，仅凭实验就可以解决这个问题。但是，这里却恰恰正是困难产生的源头。我们所说的后天特征，通常是指习惯或者习惯的结果，但是在许多习惯的根源里，则有着天然的倾向。因此，我们永远可以这样提问：遗传下来的果真是个体的体细胞获得的习惯吗？它难道不会是一种先于习惯而存在的天然倾向吗？这种倾向会留在个体自身携带的种质内部，它好像就在个体本身内部，并因此好像来源于胚芽。于是，在另一个例子里，没有证据能够证明鼹鼠失明是因为它养成了地下生活的习惯，它失明或许是因为眼睛萎缩，因此注定只能生活在地下。[①] 要是情况果真如此，

① 居埃诺，“传递性新理论”，《科学总评》，1894 年。参看摩尔根，《进化与适应》，伦敦，1903 年，第 357 页。

儿子比父亲更快成为一个击剑好手，我们并不能因此推论说，父亲的习惯遗传给了儿子。

From the fact that the son of a fencing master has become a good fencer much more quickly than his father, we cannot infer that the habit of the parent has been transmitted to the child.

那么丧失视力的倾向就在胚芽间传递下来，而鼹鼠本身的细胞既没有得到什么，也没有失去什么。儿子比父亲更快成为一个击剑好手，我们并不能因此推论说，父亲的习惯遗传给了儿子。因为在成长过程中，某些天生禀赋可能从生产父体的原生质传到生产子体的原生质，可能借助于原始冲动效应而一路发展下来，因而使儿子比父亲具有更大的顺应性，而可以说并不受父亲所作所为的影响。动物逐渐被驯化的许多例子也是如此，很难说那些使得一些特定物种或者这些物种的特定代表被选择作为驯化对象的，究竟是遗传下来的后天习惯，还是单单某种天生的倾向。事实上，摒除所有可疑的情况和所有不止一种解释的事实之后，几乎就没有任何确定无疑的例子能够证明可遗传的后天特征了。所剩下的就只是布朗·塞格德的大名鼎鼎的实验，而这些实验曾被其他生物学家多次重复并证实。[①] 布朗·塞格德切断了豚鼠的脊髓或是坐骨神经，引起能够传递给后代的癫痫。绳状体和坐骨神经等的损伤，给豚鼠造成了各种各样的麻烦，有时甚至使它的后代获得了相当不一样的形态：眼球突出症、足趾缺损等等。但这并不能证明在这些遗传性传递中，动物的体细胞对种质产生了真正的影响。魏斯曼立刻反驳说可能是布朗·塞格德的手术使豚鼠体内产生了某些特殊的微生物，在神经组织中获得了养料，并透过性

① 布朗·塞格德，“对脊髓质及脊柱神经损伤造成的癫痫的新探索”，《生物学档案》，第 2 卷，1866 年，第 211 页、第 422 页和第 497 页。

细胞将疾病传递下来。[1]布朗·塞格德本人回应了这个反驳，[2]不过，还是可以提出看似更有说服力的回答。瓦桑和彼隆的一些实验表明，如果把病毒注射到动物体内，在癫痫发作之后，病毒消失了，[3]还能引发痉挛症状。在布朗·塞格德制造的神经损伤之后出现的营养失常，也许正和这种导致痉挛的毒素有关。如果情况真是这样，毒素就会从豚鼠体内转到其精子或者卵子中，从而引起胚胎发育过程的总体紊乱。不过，除了对成熟豚鼠的某些点产生了影响之外，却没有其他可见的影响。这种情况所发生的一切，就好像夏尔兰、德拉玛赫和缪苏的实验中的情况一样，孕期的豚鼠如果肝脏或者肾脏受到损害，就会将这些损伤传递给它的子体，仅仅是因为母体器官的损伤会引起特殊的“细胞毒素”，影响了胎儿的相应器官。[4]事实正是这样，就像这几位生物学家那次的观察一样，[5]在这些实验中，受到毒素影响的是那些已经成型的胚胎。不过，夏尔兰的其他研究结果却表明：类似的过程也能对精

---

① 魏斯曼，《遗传论》，耶拿，1892 年，第 376~378 页；《论代际理论》，耶拿，1902 年，第 2 卷，第 76 页。

② 布朗·塞格德，“偶然原因引起的遗传疾病”，《生物学档案》，1892 年，第 686 页以后。

③ 瓦桑和彼隆，“癫痫尿毒症研究”，《神经病学档案》，第 24 卷和第 25 卷，1893 年。参看瓦桑，《癫痫症》，巴黎，1897 年，第 125~133 页。

④ 夏尔兰、德拉玛赫和缪苏，“前代发育受损向后代的传递实验”，《法国科学院院刊》，第 135 卷，1902 年，第 192 页。参看摩尔根，《进化与适应》，第 257 页。德拉日，《遗传学》，第二版，第 388 页。

⑤ 夏尔兰和德拉玛赫，“细胞的遗传”，《法国科学院院刊》，第 133 卷，1901 年，第 69~71 页。

子或者卵子产生同样的影响。[①] 于是，结论就是：布朗·塞格德实验中出现的后天特性的遗传，可以由毒素影响胚芽的结果来解释。这种损伤，无论其定位如何巧妙，损伤的传递都是和（比如）酒精中毒感染一样的过程。然而，所有转变为遗传性的后天特征难道不会通过同样的过程完成吗？

事实上，无论是肯定还是否定后天特征可遗传性的人都会同意这一点：某些影响，诸如酒精之类，既能够影响生物本身，也能够影响其包含的种质。在这种情况下，就出现了缺陷的遗传，结果就好像是父代的体细胞作用于种质，尽管实际上体细胞和胚浆都是受到同一种原因的影响。现在，我们假设体细胞能够影响种质，就像那些相信后天特征可以遗传的学者一样。假设第二种情况发生的一切和第一种情况完全一样，并且体细胞影响的直接后果是种质的总体改变，这难道不是最自然而然的假设吗？如果这种假设是正确的，那么后代的变形和父代的变形一样，就是一种特殊情况了，并且还有某种程度的偶然性。这就像是酒精中毒感染的遗传，从父代传递到子代，每个子代表现出来的形态都不一样，并且每一个都不会和父亲一样。让我们用字母 C 来代表种质的变化，它或是正的，或是负的，用来代表种质的增加或者减少。结果不会是对原因的精确复制，也不会是某部分体细胞的某种改变造成的种质改变，决定新有

① 夏尔兰，“遗传病理学”，《科学总评》，1896 年 1 月 15 日。

机体在成型过程中相应部分的同样变化。除非这个有机体的其他所有新生部分共同对 C 产生某种免疫性，于是在新有机体中相同的部位就遭遇改变，因为恰好只有这个部位的发展受到了新因素的影响。即便如此，这个部位也还有可能以其他方式被改变，而这种方式和改变生产后代的有机体相应部位的方式完全不同。

于是，我们提出，在偏离的遗传性和特征的遗传性之间引入一个区别。获得了新特征的个体，偏离了原有的形式，这个原有的形式是其包含的胚芽（或者更经常是半胚芽）在其发育过程中再生出来的。如果这种变形不产生能够改变种质的物质，或者不对营养造成明显的影响，而使种质失去某些基本元素，那么，它就绝不会对个体的后代造成任何影响。通常的情况或许就是这样。相反，如果产生了影响，那么这很可能是由于它在种质里引发了一种化学变化。特殊情况下，这种化学变化可能会使有机体内再次产生原始的变形（而胚芽正要在其中发育），不过这还需要大量机遇来参与其他的工作。在后一种情况下，新生成的有机体或许会和母体一样偏离正常的类型，只不过偏离的方式大为不同。它继承而来的是偏离，而不是特征。因此，总体来说，个体养成的习惯很可能不会出现在后代身上，而如果后代身上出现了，那么后代的变型可能也与前代没有明显的相似性。至少，这对于我们来说是一种最有可能的假设。无论哪种情况，只要反面的证据还不充分，只要我们还需要一位杰出的生物学家[①]来做一个决定性的实验，我们都必须坚守实际的观察结果。现在，即使我们采用后天特征可遗传性理论中最有力的观点，并假定表面的后天特征（在大多数情况下）不是一种先天性情多少有些延迟的发展，事实仍旧会向我们显示：遗传传递是一种例外，而不是常态。那么，我们怎么能期望它能发展出像眼睛一样的器官呢？当我们想到发生在同一方向上的大量变异，我们就必须假设它们首先要积累下来，然后才有可能从纤毛虫的色素斑进化到软体动物的眼睛和脊椎动物的眼睛。而当我们意识到这一点，我们就无法看到我们观察到的遗传是如何能够确定这些变异的积累的，即便我们假设个体的努力能够分别造成这些变异，也是这样。也就是说，新拉马克主义和其他形式的进化论一样，无法解决这个难题。

十三、变异与遗传

我们把进化论现有的各种形式都交给同一个检验，结果表明，它们全都遭遇到同一个难以逾越的障碍。但如果我们将它们全都加以拒斥，也是不明智的。相反，进化论的每一种形式，其背后都有大量的事实作为支撑，因而必定具有其自身的正确性。每一

① 吉亚德，《关于传递性的争论》，巴黎，1904 年，第 147 页。

个都必定和进化的某个方面相关。为了保持科学性，也就是说，为精细的研究提供精准的方向，一种理论将自身严格局限于特定的观点之上，甚至是必然的需要。不过，这些理论从各自的局部视角来观察的那个现实，却必然会超越它们全部。这个现实是哲学研究的专门对象，而哲学并不会被科学的精确性所限制，因为它根本不考虑实际运用。所以，让我们用简单的几句话来概括进化论现有的三种形式，在我们看来对于解决这个难题所作出的积极贡献，以及他们分别漏掉的东西，并指出这三种努力应该在哪里结合起来，以对进化过程获得更全面的理解，尽管这个概念不会那么明晰。

新达尔文主义者说，变异的根本原因是个体的胚芽中固有的差异，而不是个体生命历程中的经验或者行为，这一说法在我们看来很可能是正确的。而我们不能认同的是，这些生物学家把胚芽中固有的差异看成纯粹偶然的和个别的。我们轻易就能相信的是，这些差异是一种冲动的发展，它在个体之间，从一个胚芽传到另一胚芽，因而，它们不会是纯粹的偶然。而且，它们很可能在同一时间、以同一种形式出现在同一物种的所有代表身上，或者至少是出现在同一物种的某些数量中。事实上，突变论已经在这一点上对达尔文主义进行了深刻的修正。该理论认为，在经历一个较长的时段之后，在某个给定瞬间，整个物种都会受到变化倾向的干扰。因此，变化倾向就不是偶然。诚然，变化本身可能是偶然的，因为根据德伏莱斯的观点，转变作用于物种不同代表的不同方向上。但是，我们首先必须明白，如果这个理论能在大量其他植物上得到证实（德伏莱斯只在月见草属植物那里得到证实）[1]，那么，机遇在植物变异中所发挥的作用就有可能比在动物中大得多（这一点我们还会进一步解释）。因为在植物界，功能并不严格依赖于形式。尽管事实可能如此，新达尔文主义者还是倾向于认为转变的时段是固定的。所以，突变的方向可能也是这样，至少在动物界，并且在我们不得不表明的范围里是这样。

于是，我们就得到了一个埃莫尔式的假设，根据这个假设，不同特征的变异都在一个确定的方向上代代延续。这个假设在我们看来，在埃莫尔本人保有的范围内似乎是可信的。当然，有机界的进化不能被整体地预先决定下来。相反，我们认为，生命的自发性通过前后相继的、持续不断的形式创新体现出来。然而，这种不确定性并不彻底，必留有一部分确定之处。比如像眼睛这样的器官，必然经过定向的持续变化才能形成。不然的话，我们确实看不到有其他的理由来解释拥有不同进化历史的物种，他们的眼睛何以具有类似的结构。我们和埃莫尔的分歧在于，他认为物理和化学的原因结合起来就足以保证结果；与之相反，我们已经通过眼睛的例子，尝试证明了如果这里有“定向进化”，那么心理学的原因就会介入其中。

---

① 不过，一些相似的事实已经被注意到了，它们全都发生在植物界。参看布拉灵海姆，“关于种类的概念与转变理论”，《心理学年鉴》，第12卷，1906年，第95页以后。以及德伏莱斯，《物种与变种》，第655页。

某些新拉马克主义者确实在寻求心理学性质的原因。我们认为，新拉马克主义最坚实的观点之一就在其中。但是如果这个原因仅仅是个体的意识努力，那么它就只能在有限的几种情况下发挥作用——至多在动物界，在整个植物界却完全无效。即便是在动物界，它也只能在意志能直接或者间接控制的某些点上发挥作用。并且，即便在它发挥作用的地方，我们也不清楚它如何能够指导这样一种深刻的变化，能使复杂性不断增加：后天特征被有规则地传递下来，以致叠加在一起，这种情况顶多是可以想象出来的；然而这种传递似乎是一种例外而不是常态。定向的遗传变化持续积累下来，叠加到自身，从而建立起一个越来越复杂的机能，这必定要和某种努力联系在一起。但是这种努力远远比个体的努力更加深刻，也更加独立于环境。这种努力是同一物种的绝大多数代表都共有的，并且内在于它们所携带的胚芽之中，而不是仅仅在它们的实体中，因此，这种努力就必然会传递到后代中。

十四、生命冲动

这样，经过一段多少有点迂回曲折的道路，我们又回到了开始时提出的那个观点，即生命的原始冲动，经由连接代际间隔的成熟有机体，从前一代胚芽传递到下一代胚芽。这种冲动沿着进化的路线存留下来，又被分开，它就是变异的根本原因，至少是那些被规则地遗传下来的变异的原因，这些变异持续积累并且创造新的物种。总体来看，当物种开始从共同的祖先分化出来，它们就在各自的进化路线上强化自身的差异。不过，在某些确定的点上，它们可能又具有同样的演变。事实上，如果接受共有冲动的假设，那么它们必然会这样做。恰恰是这一点，我们必须借助于我们选择的同一个例子，来更加精确地证实。这个例子就是软体动物和脊椎动物两者眼睛的形成过程。通过这个例子，还能够进一步澄清“原始冲动”的含义。

在眼睛这样的器官里，有两个惊人之处：结构复杂和功能简单。眼睛由不同的部分组成，比如巩膜、角膜、视网膜和透明的晶状体等等，其中每一个部分都有无穷的细节。单是视网膜就包含三个神经元素层——多极细胞层、双极细胞层和视觉细胞层，每一层都有自己的独特性，无疑也就是一个非常复杂的有机体。视网膜自身的结构确实异常复杂，不是用简单的几句话就能够描述清楚的。总之，眼睛的机制当中包含了无穷多种机制，每一种都极其复杂。然而，视觉却仅仅是个简单的事实，眼睛一睁开，视觉行动就产生效果。正是因为这个行动简单，大自然在建造这个极端复杂的机器时，哪怕最微小的疏忽都会使视觉失效。器官的复杂和功能的简单两者之间的对立，正是使我们的研究难以继续的原因。

机械论想要向我们表明，在外部环境的影响下逐渐建立起来的机能，或者由于作用于组织被直接干预，或者由于适应得更好被选择下来而被间接干预。但是，无论这种理论采用何种形态，如果用它来解释这些部分的细节，都无法说明这些细节间的相互关联。

接下来看看目的论学说，它认为这些部分为了特定的目的，按照预先的计划结合在一起。这样，目的论就把大自然的劳动比作工匠的工作，这个工匠也是为了实现一个构想，或者为了模仿一个模型把各个部分组合在一起。就这一点来看，机械论指责目的论的拟人特征是正确的。不过，机械论却没能看到它自己也在这样做，而且有点残缺不全。当然，机械论确实摆脱了那个追求的目标，摆脱了那个观念上的模型。但它同样认为，大自然就像人类一样劳作，把各个部分组合在一起。然而只要稍稍看一眼胚胎的发育，就能看出生命的运作和人类的工作方式有多大的不同。生命的进化绝不仅仅是元素的联合和叠加，而是解体与分化。

我们必须超越这两种观点，机械论和目的论归根结底都只是认为，人类的思维以参照人类的劳作为指导。但是，我们能在哪个方向上超越它们呢？我们说过，在分析一个器官的结构时，我们可以把它无限地分解下去，尽管这个器官的整体功能非常简单。器官无限复杂和功能极端简单这两者之间的对立应该会让我们眼界大开。

一般来说，同一对象在一方面简单，而在另一方面无限复杂，这两者方面无疑都同样重要，或者说，两者都具有同等的现实性。在这样的情况里，简单是对象自身的属性，而无限复杂则是我们围绕对象采取的视角，是我们的感觉或者智力展现给我们自己的象征符号。更概括地说，是一些顺序不同的元素，我们用这些元素来人为地模仿这个对象。但是由于这些元素具有不同的性质，因此，它们仍然不能把对象表达出来。一位天才画家在画布上画出一个人物，我们可以用多彩的马赛克方块模仿出来。我们使用的马赛克方块越小，数量越多，色调越丰富，我们就越能把模特的身体曲线和光影再现出来。但是，要精确再现这个人物，则需要无穷多无限小的元素，铺陈无数层色彩。画家把这个模特构想为一个简单对象，希望把它作为一个整体转移到画布上，越是彻底实现，它就越是能使我们将它看成一个不可分割的知觉投射。现在，假设我们的眼睛只能够看到画家作品上的马赛克效果，或者假设我们的智力只能把作品上的人体外观解释为马赛克的组合，这样，我们就只能说这幅画是由许许多多的小方块组成的了。我们也就因此接受了机械论的假设。我们还可能补充说，除了这个马赛克集合的具体性之外，必然还存在一个计划，画家据此进行工作。这样，我们又像目的论者一样表达自身。但是，在这两种情况下，我们都不会对真实的绘画过程做出描述，因为事实上这些集合的方块根本就不存在。被投射到画布上的，是这幅画；这个简单的行为，正是通过这个事实进入了我们的知觉。在我们眼前，它被分解成为千万个小方块，当这些小方块被重新组合在一起的时候，就呈现出一个神奇的排列。因此，我们的眼睛具有神奇的复杂结构，却仅仅运用了简单的视觉行动，为我们分解成许许多多的马赛克单元。它们以神奇的顺序呈现在我们眼前，因为我们把它构想成为一个整体。

如果我举起手从A点运动到B点，在我看来这个运动同时从两个方面发生。从内部感觉，这个运动是个简单的、完整的动作；而从外部来观察，这个运动就是从A到B的特定弧线。在这条弧线上，我们能够区别出任意多个位置点，而这条线可以被定义为是这些位置点的某种相互协调。但是，这些无穷多的点以及它们的连接顺序，都是在我的手从A到B的整体性运动中自动产生的。

这里，机械论只能看到这些点，而目的论会考虑到它们的连接顺序。但是它们都忽略了运动，而这个运动才是现实本身。从某个意义上说，这个运动并不只是位置点和它们的顺序，因为这个运动完整的简单性，就足以确保这些连续的位置点有无穷多个，同时赋予这些点以顺序。在这个运动中，还有另外一种不是顺序也不是位置点却非常重要的方面，这就是运动性。然而，从另外一个意义上来说，这个运动还不足以形成位置点的序列及其连接顺序。因为，要按照一定的顺序来排列这些位置点，首先必须设想出这个顺序，然后才能用这些点来实现这种顺序。这里就必定存在联合的运作，必定存在着智力，而手的简单运动并不包含这两者。这个运动既不是智力（这个词指人类的智力）也不是联合的运作，因为它并不是由元素组成的。眼睛和视觉的关系正是这样，在视觉中，并不是只有眼睛的组成细胞及其相互协调。从这个角度上说，机械论和目的论走得都还不够远。然而，从另一个角度来看，它们又走得太远了，因为它们把赫拉克勒斯最为艰巨的工作都交还给了大自然，它们认为大自然已经把极端复杂的元素所进行的无限运动简化成一个简单的视觉行动。大自然不费吹灰之力就制造出一只眼睛，一如我举起自己的胳膊。大自然的简单行动已经被自动分解为无数个元素，这些元素之间根据一个意念相互协调起来。就像我举手的运动，抛洒出无数个位置点，只是为了满足一个方程式。

我们发现，按照这个思路去看待事物非常困难，因为我们总是忍不住要把有机体想象成无机制造品。然而，制造品是一回事，有机体又完全是另外一回事。无机产品的制造是人类特有的活动，就是把部分材料组装在一起，这些部分是我们切割出来的。而切割的方式，就是让我们能把它们配置在一起，从它们身上得到一个共同的行动。可以说，这些部分被我们重新安排，以围绕一个作为理想中心的行动。制造就是从外围向中心工作，或者像哲学家所说的，是从繁多到单一的工作。而生命的组织则是从中心向外围的工作。它开始于一个点，这个点几乎就是一个数学点，之后围绕着这个点向周围放射出同心的波圈。制造工作使用的材料越多，就越有效率。它依靠集中和压缩来进行。而有机体的形成则与之相反，它多少有点爆发的意味。最开始，它只需要一个微小的空间，寥寥无几的材料，好像组织生命的力量很不情愿地进入其中似的。精子启动了胚胎生命的演变运动，它是有机体最小的细胞之一，并且，真正参与这个启动的，又只是精子的一小部分。

也就是说，制造者在他的产品中看到的正是他投入进去的东西。

I mean that the manufacturer finds in his product exactly what he has put into it.

然而，这还只是表面上的差异，深入下去，我们认为可以找到更深层的原因。

制造出来的产品，精确地描绘出制造它的那个工作的形态轮廓。也就是说，制造者在他的产品中看到的正是他投入进去的东西。如果他想制造一台机器，他就要把这些部件一一切割出来，然后把它们组装在一起。机器制造出来以后，既能够展现各个部件，也能够展现这些部件的组合方式。结果的整体就代表了工作的整体，而工作的每一个部分也对应于结果的每一个部分。

现在，我认识到，实证科学的方式能够，而且应该像解释机器的制造一样来解释有机体的组织。唯其如此，它才能对有机体有所解释。因为它的目的不是为了给我们揭示事物的本质，而是给我们提供对事物做出行动的最佳手段。物理学和化学都是高度发展的学科，仅仅在我们能用物理和化学的过程来处理的范围内，我们才能解决生命物质的问题。因此，如果把有机体类比成机器，那么只能从科学的角度来研究生命的组织。细胞将成为机器的零部件，而有机体就是这些部件的组合，而把这些部件组合起来的工作，就会被看作组织有机体整体的基本因素。这才是科学的观点。在我们看来，这和哲学的观点大相径庭。

在我们看来，有机体机器的整体可能（严格说来）代表了整个有机化的工作（不过这只是个近似的说法），而这部机器的组成部分并不一一对应于这项工作的组成部分。因为，这部机器的实体并不代表所用手段的总和，却代表着所消除障碍的总和：它是对现实的否定而非肯定。因此，就像在我们之前的研究中表明过的，视觉这种能力使我们的眼睛理所当然地获得了它不能接近的无数事物。不过，这样的视觉不应被延续到行动中去，它可能适合于幽灵，而不是生物。生物的视觉，在它能够作用的对象范围内，是有效的视觉。它是一种通道化的视觉，这个视觉器官仅仅象征这种通道化的工作。因此，用组成视觉器官的解剖元素来解释其形成，无异于用岸边的土堆来解释运河的挖掘。机械论会认为，这些泥土是一车一车堆起来的，而目的论则会补充说，这些泥土不是随便堆起来的，运土工是根据同一安排进行工作的。但是这两种理论可能全都是错误的，因为运河是用另外一种方式挖掘出来的。

更精确一点，我们可以把大自然制作眼睛比作我们举手的简单动作。不过，我们首先要假定这只手没有遇到任何障碍。现在，让我们设想这只手不是在空气中运动，而是要穿过一堆铁屑。这些铁屑被压紧，手越是向里去，遇到的阻力就越大。在某个时刻，手就没有力气了，而这一刻，铁屑会聚集起来，以一种确定的方式和被它阻挡的手以及一部分手臂协调起来。如果假设这只手和手臂都看不见，旁观者就会从铁屑本身和其中包含的力量上来寻找这种组合的原因。有些人会认为，每一个碎屑的位置都是由相邻碎屑对它的作用决定的，这些人就是机械论者。而另一些人却倾向于认为，有一个整体的计划在支配着这些碎屑行动的细节，他们就是目的论者。但实际上只存在一个不可分割的完整行动，就是手穿进铁屑的行动，这些铁屑运动的烦琐细节以及它们最终的排列方式，以一种方式从反面表现出这个整体的运动。这个运动是阻力的一种整体形式，而不是基本行为的正向综合体。基于这一点，如果把铁屑的排列定义为“结果”，而把手的运动定义为“原因”，那就的确可以说，原因的整体解释了结果的整体，不过原因的各个部分却绝不能对应于结果的各个部分。换句话说，无论是机械论还是目的论都不适合解释这个问题，我们必须寻求另外一种解释。现在，在我们提出的那个假设里，视觉和视觉器官的关系非常近似于手和铁屑的关系，铁屑跟随着手的运动，把运动通道化，从而限制了手的运动。

手做出的努力越大，插入铁屑就越深，但是无论它停在哪一点，铁屑都会自然而然地自动协调起来，并且找到平衡。视觉及其器官也是如此。依照组织视觉的完整行动进展程度的高低，视觉器官的实体化也或多或少地被相互协调的元素组成，不过其顺序必定是完整的。它不可能是局部的，因为形成它的那个真正进程没有任何局部。这就是机械论和目的论没有考虑到的。当我们惊叹眼睛这类器官的完美结构时，这也同样是我们忽视的东西。使我们最为惊诧的是这样一种观念：这些相互协调的整体中，单是一个部分就能够完成，而整体的实现就是一种特殊的恩惠。目的论者把这种恩惠看成由终极原因同时分配给各个部分的，而机械论者认为这种恩惠是经由自然选择效应的逐步积累而获得的。然而，这两种理论都在这种协调中看到了某个积极的方面，自然也就在结果中看到了某种局部的东西、某种容许在各个程度上被实现的东西。事实上，这个原因，不管在程度上如何，除了造成整体的、彻底实现的结果之外，并不能造成任何其他结果。根据它在视觉方向上的不断进展，它产生了低等有机体的简单色素斑，产生了龙介虫的原始眼睛，产生了浮沙蚕属动物略有分化的眼睛，产生了鸟类神奇的完美眼睛。尽管这些器官各自的复杂程度不同，却都必定会呈现出同样的协调性。基于这个理由，无论两个动物物种相差多大，只要两者朝着视觉方向的进化程度相同，那么它们就会分别形成同样的视觉器官，因为这个器官的形式只是表示既有视觉功能的行使程度。

然而，当我们提及视觉方向的进展，是不是又回到了目的论的老概念上去了呢？如果这种进展需要有意无意到达一个终点，那么我们无疑就是如此。然而，通过生命的原始冲动，这个终点确实发挥了作用。这个运动本身就暗示了这一点，而这也正是我们在进化的不同路线上发现它的原因。现在如果有人提问说，这里为什么以及怎样暗示了目的，我们会回答说，生命比其他任何东西都更具有一种作用于无机物质的倾向。这个行动的方向并没有事前确定，因此，也就无法预料生命在进化时沿途撒下的形式多样性。然而，在某种程度上，这个行动总是带有偶然的性质，它至少暗示了一个原初的选择。现在的选择就涉及几种可能行动的预期概念。因此，行动之前就必须为生物标记出行动的可能性。

视觉不是别的，[1] 实体的可见轮廓就是我们最终作用于实体的实施计划。因此，在差别巨大的动物身上，可以发现不同程度的视觉，只要在它达到了同等程度的地方，它就会以相同的复杂结构表现出来。

我们已经一般性地讨论了结构的相似性，也特别讨论了眼睛的例子，因为我们必须明确我们对待机械论和目的论的态度。这种态度需要更精确的描述。这一点，我们不再从进化的不同结果的相似性方面来描述，而是要从互补性的一面来描述。

① 关于这个主题，参见《材料与记忆》，第 1 章。

无机材料的阻力是生命必须首先克服的障碍。

The resistance of inert matter was the obstacle that had first to be overcome.

第二章　生命进化的不同方向

——呆滞、智力、本能

一、分化的倾向

如果生命绘制的是一个单一进程，就像从炮筒里射出炮弹一样，那么进化运动就是一个简单的过程，我们能迅速判断出它的方向。然而，生命运动却类似于瞬间爆炸的炸弹，迸出无数碎片，而这碎片本身也像炮弹一样，又炸成还会继续爆炸的碎片，如此继续下去，延续漫长的时光。我们所感知到的，仅仅是那些离我们最近的东西，也就是那些粉碎性爆炸的分散运动。我们必须从这里一步一步回到原初的爆炸运动。

炮弹爆炸的时候，其独特的破裂方式既取决于炮弹中包含炸药的爆发力，也取决于金属弹壳的阻力。生命爆发成为个体和物种的方式也是如此。我们认为它有两个系列的原因，一是生命遭遇无机材料时遇到的阻力，另一个是生命自身包含的爆发力，这种爆发力来自于各种倾向之间不稳定的平衡。

无机材料的阻力是生命必须首先克服的障碍。借助于卑微的力量，借助于将自身变得微小顺从，屈从于物理和化学的力量，甚至甘愿和它们同行一段路，就好像铁道暂时走上了一条不同方向的岔道一样，生命似乎已经成功地克服了这些障碍。对于那些最简单的生命形式，很难说它们仍然是物理—化学的现象，还是已经变成了生命现象。于是，生命不得不习惯于无机物质，以便一点一点地把它们拉到（实际上是吸引到）另一条轨道上。因此，最早出现的生命形式非常简单。它们或许只是些几乎未分化的原生质小团，外表类似于今天观察到的变形虫。不过它们拥有可观的内在冲动，会将它们提高到甚至是最高等的生命形式。很可能正是借助于这种冲动，最早的有机体才能生长起来。但是有机物质的扩展有一个限度，很快就会达到，超过了某一点，有机物就不再生长，而要分裂。生命要克服这个新的障碍，或许需要经过漫长世纪的努力和惊人的耐心。它成功引进了越来越多的元素，为分化也为保持完整做好准备。通过劳动分工，它给这些元素拴上了牢不可破的纽带。这些复杂且看似不连续的有机体就这样被用来行使功能，就好像一个只是长得更大的连续有机物质那样。

但是，生命分化的真正且深刻的原因，却来自于生命的最深处。因为，证明就是一种倾向，而这种倾向的本质就是要以集合的形式发展，依靠自身的生长开创出不同的方向，生命的冲动就在这些方向上得到分化。这一点，我们在自己身上就能观察到，在我们称为性格的那种特殊倾向的形成过程中观察到。我们每一个人只要简单回顾一下自己的历史就会发现，自己的童年性格（尽管它是一个整体）本身就融合了各种各样的个性。这些个性之所以能够融合在一起，是因为它们都处于蒙昧的状态，这种朦胧的状态中充满了希望，这就是童年的最大魅力之一。然而，在个人成长的过程中，这些相互交织的个性却变得互不相容，并且，由于每个人只能活一次，我们必然要对这些个性做出选择。在现实中我们不断地选择，同时也不断地放弃许多东西。我们在时间里走过的道路上，布满了我们开始成为自身所抛弃的一切。但是，支配着无数生命的自然，并不一定要做出这样的牺牲。她将生命成长过程中分化出来的那些各种倾向都保留下来，用以开创即将单独进化的各个物种系列。

除此之外，这些物种系列或许并不具有同等的重要性。作家起初在主人公身上安放的许多东西，后来却不得不放弃。也许他会在以后的书中再用到它们，去塑造新的角色。这些角色好像是第一个角色的缩影或是补充，不过，和最初的角色相比，它们总是多多少少显得有点逊色和不足。生命的进化也是这样。进化的道路上分出无数条支路，除了两三条大道之外，其余多是些死胡同。在这仅有的几条大道上，只有一条大道通过脊椎动物走向人类，其宽度足以容许所有的形式发展到全靠空气呼吸的生命形式。例如，当我们把蜜蜂和蚂蚁的社群和人类社会比较时，就会得到这样的印象。蜜蜂和蚂蚁的社群具备惊人的秩序和整体性，但是却一成不变；而人类的社会面向各种进步，却是分化的，而且自身存在着持续不断的冲突。理想的社会应该是不断进步并且总是平衡的，但是这种理想或许永远无法实现：这两种特质并不愿意相互补足，虽然它们在胚胎状态的时候确实是相互补足的，但是一旦长大变强，它们就不愿意共存一体了。如果可以说存在这样一种通向社会性生命的冲动，而不是隐喻，那么，就可以说，这种冲动的冲劲是沿着以人类为进化终点的路线产生的，而其余的冲力则聚集在以膜翅类昆虫为终点的路线上。因此，蜜蜂和蚂蚁的社群就会展现出和人类社会不同的那一面。不过，这只是一种表达方式而已。因为实际上并不存在一个指向社会性生命的特定冲动，仅仅存在着普遍的生命运动，不断地在各条支路上创造新的生命形式。如果社会在两条路线上都出现了，那么它们就应该将路线的分歧同时显示为冲动的共同体。于是，它们就会发展出两个特征等级，而我们能隐约发现它们是相互补充的。

因此，我们对进化运动的研究必须弄清一定数量的分支方向，来评价每一个方向上所发生的事物的重要性。总之，我们必须确定各种分散倾向的本质，估算它们的相对比例。所以，把这些倾向结合起来，我们就能得到一个估计，或者说模仿，来了解产生冲动的那些不可分割的动力原理。这样，进化就会被证明既完全不同于机械论主张的一系列对环境的适应，也完全不同于目的论主张的对整体计划的实现。

二、适应与演进

适应环境是进化的必要条件，这一点我们丝毫不用怀疑。很明显，如果一个物种不能适应它所面对的环境，那它就会灭绝。但是，承认外界环境是进化必须要考虑的一种力量是一回事，而宣布环境是进化的直接原因又是另外一回事。后一种就是机械论的主张，它完全排除了原始冲动的假设。而原始冲动，就是指一种生命自身携有的内在动力，使得生命通过越来越复杂的形式，向越来越高等的终点发展。不过，这种冲动十分明显，只要稍稍看一下化石物种就会知道，物种如果选择了另一种对于它来说更加方便的形式，也就是其原始的胶状物，那么它们根本就没有必要进化，或者只在极其有限的范围内进化。一些有孔虫类自从志留纪开始就没有任何变化，而经历过我们这个星球上无数次巨变的海豆芽属，它今天的样子也和最遥远的古生代时期完全一样。

实际情况是，适应造成了进化运动的曲折蜿蜒，却并不能决定进化的总体方向，更不能决定进化运动本身。[①] 通往小镇的路必须随着山势上上下下，它使自己适应地面的偶然性；但是地面的偶然性却不能形成这条路，也不能指引它的方向。路面的偶然性每时每刻都给路提供一些不可或缺的东西，也就是路上的泥土。但是如果我们考虑路的整体，而不是其中一段，这些偶然性就仅仅是些路障或者延迟的原因而已。生命的进化以及其经历的环境就是这样的关系，区别仅在于进化并不表明一条真实的路线，而

① 关于适应的这种观点，玛尔兰在他讨论物质起源的一篇重要论文中提到过，见“物质的起源”，《科学评论》，1901 年 11 月，第 580 页。

但是，如果说生命进化不是对偶然环境的一系列适应，那么它也不是对某个计划的实现。

But, if the evolution of life is something other than a series of adaptations to accidental circumstances, so also it is not the realization of a plan.

且也没有终点，并且即便是在适应的时候，它也在创新。

但是，如果说生命进化不是对偶然环境的一系列适应，那么它也不是对某个计划的实现。计划是预先给定的，它在被实现之前就表现出来，或者是可以被表现出来的。计划的完全实现或许可以推迟到遥远的未来，甚至是无穷远的未来，计划的思想却可以在当前的时间里用已有的术语表达出来。相反，如果进化是无休止的更新，那么，在进化的过程中，它创造的不仅仅是生命的形式，而且是能使智力理解生命的思想，以及能够表达生命的术语。也就是说，进化的将来流进了当前，而当前不可能用一个思想将它勾勒出来。

这就是目的论犯的第一个错误，它还涉及第二个更加严重的错误。如果生命在实现一个计划，那么，它越是向前发展，就越是应该表现出更大的和谐，就好像随着石头一块块砌起来，房屋应该越来越清晰地展示出建筑师的设计。相反，如果生命的一致性只能在推动其沿着时间发展的冲动中发现，那么，这种和谐就不是在生命的前方，而是在其后方。生命的一致性来源于后方的力：这是一个在初始时给定的推动力，而不是位于终点的吸引力。这个推动力不断地分化，越分越多，并且各种分力之间相互沟通交流。生命随着自身的演进，分散成为种种迹象，它们彼此之间既有相互补充的方面，也彼此对抗，而这些无疑是因为它们都来自于共同的起源。因此，物种之间的不和谐会一直持续增加。的确，我们目前也仅仅是指出了这种不和谐的基本原因。为了简单起见，我们已经假设每个物种都接受了这种推动力，以便将其传递下去，并且也假设在生命进化的各个方向上，这种推动力都是沿直线传递的。但实际上，却有一些物种受到了阻碍，有些物种在退化。进化并不仅仅是前进运动，我们观察到在很多情况下会出现停顿，而偏离和退化更是经常出现。就像我们将要表明的那样，它必然如此，使进化运动得以分化的原因，也常常使生命偏离自身，被其新生成的形式所迷惑。因此就导致了不和谐因素的逐渐增多。进步的含义如果是指沿着原始推动力确定的方向持续前进，那么，进步无疑是存在的。只不过这种进步只是在两三条进化的主线上得以实现，在这些主线上，出现了越来越复杂、越来越高等的生命形式。而在这些主线之间，还存在许多条小路，这些小路则与之不同，出现了偏离、停顿和退化。如果哲学家从制定原则入手，也就是每个细节都和整体的某种计划相联系，那么，一旦他运用这个原则来检验事实，就会不断发现这个原则处处都与现实不符。因为他把所有事情都放在同一等级上，他会发现，由于他不容许结果具有偶然性，他就必须把所有事情都看作偶然的。于是，他必须首先为偶然性留下空间，并且是个非常自由的空间。我们必须认识到，自然中的一切并不全都是连贯的。这样做，我们才能去确定一些中心，而其周边是不连贯的凝结体。这种凝结体自身将会澄清其他一切，进化的主要方向将会呈现出来，生命就沿着这方向运动，同时发展原初的冲动。当然，我们将看不到实现计划的种种细节，而在实现的过程中，大自然比计划更为周全。计划是为某一项工作制定的条件，它把它指定了形式的未来关闭了。与此不同的是，在生命进化之前，未来的大门却是一直敞开着的。借助于一种原初的运动，生命的创造将永远进行下去。这个运动构成了有机界的整体——这个整体富足多产，超越了智力所能梦想到的任何事物，因为智力也仅仅是这个整体的一个侧面或者一个产物。

然而，运用这个方法不像定义它那么容易。只有完全掌握有机界发展的全部历史，才有可能对我们设想的过往进化运动做出完整的解释。情况还远非如此。为研究不同物种而提出的系谱分类通常都有可疑之处。不同的学者基于不同的理论视角启发，提出的系谱并不相同，这些系谱引发了种种争论，而当前的科学尚无法对这些争论做出最后结论。不过只要比较不同的结论就可以知道，这些争论更多集中在细节上，而不是在进化运动的主线上。因此，只要我们尽可能近地沿着这些主要路线，就能保证自己不陷入歧途。另外，对于我们来说，只有这些主线才有意义，因为我们的目的只是要确定不同物种进化的一些主要方向，而不是像自然学家一样，要找出不同物种之间前后承接的顺序。并且，我们也不是对这些方向都同样感兴趣，我们着重关心的是通往人类的那条路线。所以，在我们考察一个又一个方向时，我们不应该忘掉一个事实：我们的主要任务是确定人与动物界的关系，确定动物界本身在有机界整体中的位置。

三、动物与植物

要讨论第二点，我们首先要说明，植物与动物之间并不存在某种明确的区别标志。任何企图严格区分这两个王国的尝试都会一无所获。在某种程度上，没有哪种植物生命的特征不能在某些动物身上找到，也没有哪种动物的典型特征不能在植物界的某个物种或者某个瞬间里找到。自然，那些迷恋清晰概念的生物学家会把这两个王国之间的区别看做人为的。如果生物学也必须像在数学和物理学中那样，必须根据某些属于被界定的对象，而不属于任何其他对象的静态特征来界定概念，那么，这些生物学家就是正确的。但在我们看来，适合于生命科学的那种概念，却和这种概念有很大的不同。没有哪种生命的表现形式不包含大多数其他生命表现形式的基本特征：要么是以一种初级的状态出现，要么就是以隐藏或者潜在的状态出现，所不同的仅仅是比例。但是，如果我们能证明这种比例的差异不是偶然的，并且种群在发展中往往越来越强调这些特征，那么，这种比例的差异就已经足以用来区分种群了。总之，种群必定不能根据是否拥有某些特征来做区分，却可以通过是否拥有强化这些特征的倾向来区分。从这个角度来看，将倾向而不是状态纳入考虑，我们会发现植物和动物可以被精确地界定并区分出来，它们分别对应着生命的两个发展分支。

这两个分支的区别，首先表现在吸收营养的方式上。我们知道，植物直接从空气、水和土壤中吸取维持生命的必需元素，尤其是存在于无机物中的碳和氮。而动物却不是这样，动物能吸收的元素，只能是已经被植物或者那些直接或间接从植物中吸收这些元素的动物固定在器官组织内的元素，因此，归根结底，是植物养育了动物。当然，这个规律在植物界存在众多例外。我们会毫不犹豫地认为茅膏草、捕蝇草和捕虫堇草这些食虫者是植物。另一方面，在植物界分量不轻的真菌却让人感觉像是动物，无论是发酵、腐生还是寄生，它们的营养都来自于已经形成的器官组织。所以说，我们不可能根据这种区别做出任何静态的定义，来自动确定在任何特定情况下的这个问题：我们研究的究竟是植物还是动物？然而，这种区别却可能提供一个起点，我们可以由此对这两个王国做出动态的界定，因为这种区别标记了生命进化的两个不同方向，而动物和植物就沿着这两个方向发展下去。值得注意的是，大自然过分慷慨地将真菌散满整个地球，但真菌却没有能力进化。在有机形态上，真菌并不比一些组织更高级，在高等植物中，这些组织在子房的胚囊中形成，并先于新个体的胚芽发育。[①] 它们可以称作植物界的流产儿。它们的各个物种，就好像是众多的死胡同，好像因为它们放弃了植物吸取营养的惯常方式，就在植物进化的大道上停滞不前。至于茅膏草、捕蝇草和捕虫堇草和一般的食虫植物，它们像其他植物那样，用根部汲取营

① 德·萨博塔和马里昂，《隐花植物的进化》，1881 年，第 37 页。

养。它们也通过叶绿素来固定空气中的二氧化碳。它们捕捉、吞噬以及消化昆虫的能力必定是后来产生的。在极端特殊的情况下，由于土地贫瘠无法提供充足的养分。因此，一般说来，如果我们不那么看重具体特征的呈现，而是更重视这些特征的发展倾向，如果我们把让进化得以无限延续的那种倾向看作基本的倾向，那么，我们就可以说，植物和动物的区别就在于，植物具有从无机物中创造出有机物的力量，这些无机物是从空气、土壤和水中直接吸收的。不过，现在我们还是看看另外一种区别，它比这种区别更为深刻，尽管它们之间不无联系。

动物不能直接固定随处可见的碳元素和氮元素，因而就得四处寻找那些已经固定了这些元素的植物，或者寻找那些已经从植物中摄取了这些元素的动物，作为自己的营养物。于是，动物就必须能够移动。从变形虫（它随意伸出伪足，捕捉分布在水滴中的有机物）到高等动物（它拥有能够确定猎物位置的感觉器官，能够行走和捕捉猎物的运动器官，以及把运动和感觉协调起来的神经系统），动物的生命在总体方向上都以在空间中的运动性为典型特征。在最初级的形式上，动物是一块不起眼的原生质团，至多包裹着一层薄薄的类蛋白膜，这种膜给它充分的自由来变形和运动。而植物则与之相反，它被纤维素膜包围着，注定了无法移动。并且，从最低等的植物到最高等的植物，都存在一种习惯，即越生长越固定。植物没有必要移动，只要在自己的周围，在它所在的空气、水和土壤中，就能找到那些可以直接吸收的无机物。当然，在植物中也能见到运动现象。达尔文写过一本有名的著作，写到攀援植物的运动。他还研究过某些食虫植物（比如茅膏草、捕蝇草）用来捕捉猎物的发明。金合欢属以及诸多敏感植物的叶片运动也是众所周知的例子。此外，植物叶鞘内中发生的原生质循环证明了它和动物的原生质之间的联系，同时，在大量的动物种类（一般是寄生虫）中，也可以观察到类似于植物的固定现象。[①] 因此，宣称固定与运动是两种区别特征，使我们仅仅根据简单的观察就能确定我们面前的是动物还是植物，也是不正确的。不过，对于动物来说，固定性一般被看作陷入了呆滞状态，不再朝某个方向发展，这种状态和寄生现象非常相似，其生命特征又像是植物。另外，植物的运动既不像动物那样频繁，也不像动物那样多种多样。一般来说，植物的运动仅涉及机体的一部分，几乎没有整体都参与其中的。在一些特殊的情况下，植物表现出一种模糊的主动性，我们就仿佛看到通常沉睡的活动偶然苏醒了过来。总之，尽管植物和动物一样同时存在固定和运动两个方面，植物明显偏向于固定的一面，而动物明显偏向于运动的一面。这两种对立的倾向对两个王国的生命进化具有明显的指导作用，以致我们可以根据这两点来区别这两个王国。然而，固定和运动又仅仅只是一些更深层倾向的表层标志。

---

① 关于一般的固定现象和寄生现象，参见胡塞，《形式与生命》，巴黎，1900年，第721~807页。

运动和意识之间存在着显而易见的关系。毫无疑问，高等有机体的意识似乎和大脑的某些安排紧密相关。神经系统越发达，它能选择的运动就越多，也越精确，而伴随着这些运动的意识也就越清晰。然而，无论是这种运动性，或是这种选择，还是意识，全都不是神经系统存在的必要条件。神经系统只在确定的方向上形成通道，把分散在大量有机物质中的那些初级的模糊活动，提升到一个更高的强度。动物的等级越低，神经中枢就越简单，并且，各神经中枢就越分散。最低等的动物，其神经元素会消失，融合在未分化的有机物质中。所有其他器官和所有其他解剖元素也是如此。因为一种动物没有大脑就否认它有意识，就像说它没有胃就不能摄取营养一样荒谬。事实上，神经系统和其他系统一样，来源于劳动分工。它并不创造功能，只是通过为功能提供反射和自主活动两种形式，使功能获得更高的强度和精确度。要完成真正的反射运动，就必须在脊髓或者延髓中建立完整的机制。要在几种明确的行为过程中做出自主选择，就必须有大脑中枢，也就是要有一些交叉道路，通向那些形式各异却同样精确的运动机制。不过，神经元素尚未形成通道的地方（远未集中于一个系统），会存在某些通过分裂产生反射和自主意志的东西。这种东西既没有反射的机械精准性，也没有自主活动的智力。然而，由于这种东西可能参与了些许这两类活动，是一种未决的反应，因而就是一种模糊的意识。总结来说，最低等的有机物，其意识和自由运动的能力成正比。对于运动而言，这里的意识究竟是原因还是结果呢？从某种意义上说，它是原因，因为它必须指导运动；但从另外一种意义上说，它又是结果，因为正是运动维系了意识，一旦运动消失，意识也就不复存在，或者陷入沉睡状态。像根头虫这样的甲壳纲动物从前必定有更为分化的结构，其固定性和寄生性伴随着退化现象，神经系统也几乎完全消失。在这样的例子中，由于有机化进程必定要把所有有意识的活动都安置于神经系统，我们就可以推断，这类动物的意识，甚至比那些未分化的有机体还要微弱，而那些有机体从来不曾拥有神经系统，却一直能够移动。

既然植物被固定在土地上，并且在其生长地寻找食物，那么，它又怎么能朝着有意识活动的方向进化呢？原生质用于包裹自己的纤维素膜，不仅使得最简单的植物不能移动，而且在某种程度上不受外界刺激的影响，这些刺激作用于动物的感觉器官，防止动物沉睡不醒。因此植物是没有意识的。然而，这里我们还必须注意一些根本的区别。“无意识”和“有意识”这两个标签不能机械地联系在一起，一个贴在植物身上，而另一个贴在动物身上。动物有可能退化为寄生物，意识就会陷入沉睡；而植物也可能重新获得运动的自由，其意识就会被唤醒，植物被唤醒的程度和它掌握自由的程度相当。不过，有意识和无意识毕竟标示出这两个王国已经进化的方向，在这个意义上，要在动物界找到有意识的最典型代表，就必须沿着这个序列向上到最高等的动物那里寻找；而要在植物界寻找有意识的最典型代表，就必须向下到这个序列的最底层寻找，比如藻类的游动孢子。更一般地来说，要到那些单细胞有机体那里，因为，可以说它们界于植物和动物的形式之间。从这个角度看，用这种方式来衡量，我们应该用有感觉和有意识来界定动物，而用无感觉和无意识来界定植物。

综上所述，植物直接从无机物中制造有机质，在通常情况下，这种倾向使得植物不需要运动，因而也不需要感觉。而动物不得不到处寻找食物，它们已经向着运动的方向进化，因此具有越来越清晰、越来越丰富的意识。

现在，我们似乎看到，动物和植物的细胞极有可能是从共同的祖先分化出来的，最初的生命有机体在植物和动物两种形式之间摇摆不定，同时具有这两种形式。确实，我们只看到这两个王国中进化的典型倾向，尽管这些倾向彼此不同，却至今仍在植物和动物中共存。唯一的不同之处仅仅是比例。通常情况下，一种或两种倾向遮盖或压倒了其他倾向；但是在特殊的情况下，被压抑的倾向会重新产生，获得失去的地位。植物细胞的运动性和意识并不是一睡不醒，只要环境允许或者需要时就能被唤醒。另外，动物自身保留的那些指向植物生命的倾向往往也会延迟、阻止或者拖住动物界的进化。一个动物物种，无论其活动表现得多么充分，甚至无论多么过剩，呆滞和无意识也会一直潜藏其中。动物只能通过努力，尽全力才能保持其动物性。在动物进化的道路上，存在数不清的缺陷，也存在众多退化的例子，它们通常和寄生习惯有关，这些都是指向植物生命的岔路。所有事实都证明了，植物和动物是从一个共同的祖先传下来的，这个祖先同时具有处于原始状态的两种倾向。

然而，这两种倾向虽然在这种原始形式中相互包容，但当它们发展起来以后，就分道扬镳了。由此出现了具有固定性和无感觉的植物界，以及具有运动性和有意识的动物界。我们无须借助任何神秘力量就可以解释这两个方向的划分。只要指出一点就够了：生物会自然而然地选择最便利的方式，在获取各自所需的碳和氮时，植物和动物分别选择了两种对各自最有利的方式。植物从环境中源源不断地、机械地吸收它们，而动物则依靠其意识和不连续集中于某些瞬间的行动，来寻找那些已经固定了这些元素的有机体。植物和动物的努力方式不同，或者也可以说，它们的偷懒方式不同。因此，我们才怀疑植物中究竟是否存在神经系统，哪怕是原始的。我们认为在植物中，与动物的指向性意志对应的东西，就是一种方向，植物依靠这个方向，打断碳酸中碳元素和氧元素之间的连接，把太阳辐射的能量导入其中。在植物中，与动物的感觉性相对应的东西，就是易感性，非常符合植物的性质，符合叶绿素的感光性。由于神经系统最重要的作用是作为感觉和活动的中介，因此在植物中，真正的“神经系统”似乎就是一种机制或者一种独特的化学过程，作为植物易感性和叶绿素光合过程之间的中介。由此，我们可以得出结论说，植物可以没有神经元素，使动物产生神经和神经中枢的那种冲动，最终必定是在植物上形成了光合作用的功能。①

对有机界的这初次一瞥，使我们能够更精确地证明是什么将动物和植物这两个王国结合起来，又是什么将它们区分开来。

就像我们在上一章提到的，假设生命的源头存在着一种努力，它为物理力量的必然性带来了最大数量的不确定性。这种努力并不能带来能量的创新，或者，即便能带来能量创新，我们的感觉、我们的测量工具，以及我们的经验和科学也无法测量出其数量。因此，这种努力唯一能做的，就是最大限度地利用它能够找到的现存能量。这样，它就发现，只有一种方式能够做到这一点，那就是，确保这种它从物质中获取的潜能，能够随时扣动扳机，释放足够的数量用于行动。这种努力本身就只拥有释放的能力。不过，这个释放的工作，尽管总是小于或等于任何给定的量，但是它投下的重量越大、投掷点越高，或者说，积累起来的可支配潜能的总量越多，这种努力的效率就越高。事实上，地球表面最主要的可用能源就是太阳。因此，问题就在于：太阳暂时性悬浮在地球的各个地方，并持续地输出可用的能量，我们从其中获得的能量，要储存起来一部分，不能使用，放在适当的能量库中，在

① 在某些情况下，植物恢复了蛰伏其中的积极活动机能；同样，在特殊的环境下，动物也能使自己按照植物生命的条件生存，并自动形成一种相当于叶绿素光合作用的功能。确实，马利亚·冯·林顿近期的实验似乎表明：在光的影响下，某种鳞翅目的蝶蛹和毛虫能够固定大气中碳酸里的碳元素。参见林顿，“鳞翅目蝶蛹对碳酸的吸收”，《生物学会年鉴》，1905 年，第 692 页以后。

需要的时候、需要的地点以及需要的方向上能够提取出来。组成动物食物的那些物质就是这样的能量库。这些物质由非常复杂的分子构成，这些分子又包含了处于潜在状态的化学能量，它们像炸弹一样，只需一个火花就能够释放自身储藏的能量。因此，生命极有可能在最初的时候就同时包含了炸弹的制造和爆炸两个方面。这样的话，直接储存了太阳能的有机体，会在空间中自由运动以消耗这种能量。基于这一点，我们必须假定，最初的生命体一方面不停地积累来自太阳的能量，另一方面又通过运动持续不断地、爆发性地消耗这种能量。即便是今天，或许一些含有叶绿素的纤毛虫，比如眼虫藻属，还依然象征着生命的这种原始倾向，尽管是以一种不能进化的、粗陋的方式来进行的。动物和植物两个王国不同方向的发展，是不是与这种被称为对生命另一半过程的遗忘有关呢？或者更有可能的说法是，生命在地球上遭遇的那些物质，其性质使得两种远不相同的倾向不能够在同一有机体中共存。确定无疑的是，大多数的植物都倾向于朝着第一个方向发展，而大多数动物都倾向于朝着第二个方向发展。不过，如果起初大自然在制造炸弹的时候，就是为了让它爆炸，那么，从整体上标明生命进化的基本方向的，就是动物的进化，而不是植物的进化。

因此，动植物两个王国的“和谐”，以及它们表现出来的互补性特征，就可能是由于它们分别发展了最初混为一体的两种倾向。单一的原始倾向越多发展，就越难被整合在同一个生物身上，尽管这两种元素在初始时期彼此融合。因此就出现了一分为二，出现了两种不同的进化方向，出现了时而对立时而又互补的两个系列特征。但是，无论是对立还是互补，它们都保持着一种紧密关联的表象。动物的进化，尽管沿途有各种偶然，越来越能自由地消耗非连续的能量；而植物的进化，则逐渐完善无须移动而积累能量的系统。我们并不打算讨论第二点，只要说明一点就够了：这次轮到植物必然从新的分化中受益了，这种新的分化类似于植物和动物之间的分化。原始的植物细胞必须自己去固定碳和氮，但只要出现了具有这种专门功能的微型植物（它甚至能在这项还要更复杂的事业中进行不同程度的专业化），它就能几乎完全放弃这第二种功能了。固定空气中氮元素的微生物，把氨化合物转化为氮化合物的微生物，以及再把这种氮化合物转化为硝酸盐的微生物，依靠一种与最初的分化相同的倾向分化，给整个植物界提供一种供应服务，这就和植物给动物提供的服务一样。如果要为这种微型植物建立一个专门的王国，那就可以说，在土壤中的微生物、植物以及动物那里，我们发现了生命包含的所有分析，这种分析由生命在地球上支配的那些材料所执行，而在最初，这种分析处于一种相互包容的状态。这是严格意义上的“劳动分工”吗？正如我们所想，这些词语并不能表达进化的准确含义。有劳动分工的地方，就会有努力的联合和集中。既然我们所说的进化从来都不是通过联合而是通过分化来实现的，那么，进化也不会向着联合发展，而是向着努力的分化进行。在我们看来，在进化的过程中，相互补充的条件之间在某些点上的和谐是由相互适应产生的，而与此相反，这种和谐只有在最初才是完整的。它来自于原初的同一性，它来源于这样一个事实：进化过程像一个集束那样展开，随着这两个分支的同时发展，进化过程分化出一些条件，起初它们相互补充，因而具有和谐性。

因此，一种倾向分裂出来的那些元素，其重要性远远不同，或者说，最重要的是，它们的进化能力不同。我们刚刚在有机界区分出三个王国（如果可以这样表达的话）。第一个王国仅仅包括那些处于原始状态的微生物，而动物和植物则搭上了幸运航班。总的来说，这确实就是一种倾向分化之后的样子。在一种倾向产生的分支中，一些能够无限发展下去，而另一些则是多少有点匆忙地结束了它们的旅程。后者并不直接来源于原初的倾向，而是从原初倾向中分化出来的某个元素。它们是一些残余的发展，被那些真正的基本倾向在进化过程中制造并遗留在途中。所以，我们认为，这些真正的基本倾向，都带有可以识别的标记。

这种标记，就像是一个个依然可见的痕迹，标示着原始倾向中代表着基本方向的东西。一种倾向的元素不像空间中的物体那样排列开来，彼此孤立，却更像是种种心理状态，尽管开始时单独存在，后来却彼此参与，因而它本身实际上就包含着它所属的全部个性。我们说，生命的任何一种真正的表现形式都表现出其他表现形式的特征，尽管这些特征处于原始的或者潜伏的状态。与之不同的是，如果我们在一条进化路线上发现动物和植物身上某些深层的相似性大概只有一个原因：有性繁殖之于植物或许仅仅是一种奢侈，而对于动物而言，却是必需的。

Certain deep-seated analogies between the animal and the vegetable have probably no other cause: sexual generation is perhaps only a luxury for the Plant.

了众多其他路线发展出来的形式，那我们就必须得出这样的结论：我们看到的是从同一个原始倾向中分化出来的元素。在这个意义上，植物和动物代表了生命进化的两大分支。植物的固定性和无感觉性使他区别于动物，尽管这样，植物中沉睡的运动和意识还是可以作为记忆被唤醒。然而，除了这些通常沉睡不醒的记忆之外，还有一些处于清醒和活跃状态的东西，它们的活动并不阻碍基本倾向自身的发展。因此，我们可以总结出来一个规律：一种倾向在其发展过程中分裂开来，其中产生的每一种特定倾向，都保留并发展着原初倾向中和它的专门化工作不矛盾的所有一切。这就能准确地解释我们在上一章讨论过的情况，也就是在不同的进化路线上，何以形成了相同的复杂结构。动物和植物身上某些深层的相似性大概只有一个原因：有性繁殖之于植物或许仅仅是一种奢侈，而对于动物而言，却是必需的；那么，植物的有性繁殖必定是来源于那种促使动物进行有性繁殖的同一冲动，这种原始冲动出现在动物和植物的分离之前。植物朝着日益复杂的方向发展的倾向也是如此。这种倾向对于动物来说是个基本的倾向，动物王国始终都在忙着为此扩大范围、增加效率。然而，植物注定了固定不动并且没有感觉，它之所以表现出复杂化的倾向，完全是因为它最初接受的是同一冲动。近期的实验表明，“转变”期来临的时候，植物能够产生各种随机变化，而我们则认为，动物必须沿着更加确定的方向进化。不过，我们并不想回到这个关于生命形式的老话题，还是让我们来看看动物的进化吧，我们对这个话题尤其有兴趣。

四、动物生命

我们说，构成动物性的是这样一种机能：它能够利用释放的原理，把储存的潜能尽可能多地转化为“爆炸”行动。开始的时候，爆炸是偶然发生的，并没有选择方向。变形虫就是这样，它同时向所有方向伸出伪足。然而，我们观察到，高等动物的身体形式自身已经为释放能量指定了一定量的明确方向。这些方向由众多神经元素链标记出来。因此，神经元素就从大量几乎未分化的有机组织中逐渐产生出来。所以，我们可以这样推测：神经元素一经出现，它和它的附属物中就聚集了一种把逐渐积蓄的能量突然释放的能力。无疑，每个有生命的细胞都在不断地消耗能量，以维持其平衡。植物的细胞从一开始就处于呆滞状态，它完全专注于维持平衡，好像它把原本想必仅仅是手段的东西当成了目的。然而，在动物那里，一切全都指向行动，也就是说，一切都是为了充分利用能量，以便从一个地方移动到另一个地方。的确，为了维持生命，每个动物细胞都要消耗大量的（常常是全部的）能量，但是作为一个整体，有机体竭力把尽可能多的能量吸收到一些点上，用于产生运动。因此，凡是神经系统连同其补充性的感觉器官和运动器官存在的地方，就会出现这样的情况：在有需要的时候，身体的其他部分，其基本功能就是为这些部分做准备，或者把那种释放炸弹的力量传输给它们。

事实上，食物对于高等动物来说，其作用极其复杂。首先，食物被用来修复机体组织；其次，食物为动物提供必需的热量，以便在外界温度变化时尽可能独立地释放这些热量。因此，食物支撑并维持了神经系统坐落其中的有机体，而神经元素也依赖有机体生存。然而，假如有机体没有向神经元素，尤其是向它们控制的肌肉，输送某些用于消耗的能量，那么神经元素就无法存活。由此还可以推测，大体上来说，食物最基本也是最终的目的就是如此。这并不是说，大部分食物都用在这个目的上了。某些时候需要大量的支出才能补充那些消耗，这个总和，在扣除了聚集能量的成本之后，或许并不多，但是这个总和却既是那些消耗的原因，也是用于补充消耗的全部支出的原因。所以说，动物从食物中获取的恰恰就是能量。

众多事实似乎表明，神经和肌肉元素与有机体其他部分之间的关系正是这样。首先来看营养物质在生命体不同神经元素上的分配。这些营养物质可以分为两类，一类是四元物或者说类蛋白，另一类是三元物，包括碳水化合物和脂肪。类蛋白极具可塑性，注定要用于修复机体组织，尽管它也含碳元素，有时也提供能量。然而，提供能量的功能是在第二类物质中得到了特别的发展，这些物质留存于细胞中，而不是构成细胞的一部分。它们向细胞输送一种扩张性能量，这种能量以化学潜能的形式存在，并可以直接转化为运动或者热量。总之，类蛋白的主要功能是修复机体，而另一类物质的功能是提供能量。自然，类蛋白并不应该有特别的使命，因为机体的每一部分都需要它来维护。但对其他物质而言，就不一样了。碳水化合物的分布非常不均衡，而正是这种分配的不均衡性在我们看来才似乎最具启发性。

这些物质以葡萄糖的形式在动脉血液中进行输送，又以糖原的形式存在于构成组织的不同细胞中。我们知道，肝脏的一个基本功能就是储存肝细胞分泌的糖原，以维持血液中葡萄糖含量的恒常水平。因此，在葡萄糖循环和糖原积累的这个过程中，我们就很容易看到，结果似乎是，有机体的全部努力都是为了给肌肉元素以及神经组织元素提供能量。在两种情况中，有机体运作的方式不同，但是却得到了同样的结果。在第一种情况中，它给肌肉细胞提供了大量预先存留的能量，肌肉中的糖原含量确实比其他组织中更高。而神经组织中则不同，其中储存的能量非常少（神经元素的功能仅仅是释放肌肉中的潜能，它从不能同时承担多个任务）。但是，值得注意的是，一旦这个储量被消耗，血液就会立即给予补充，这样，神经里才能一直有潜能的储备。因此说，肌肉组织和神经组织都有自己的特权，前者的特权在于储存大量能量；而后者的特权则在于，在它有需要的时候，能量总会迅速得到补给，并且按照它的要求，一丝不差。

更具体地说，潜能恰恰来自于需要糖原的“感觉—运动”系统，就好像有机体的其他部分单单等着向神经系统以及神经系统控制的肌肉输送力量。诚然，当我们把神经系统（甚至是“感觉—

运动”系统）的作用比作有机生命的调节器，那我们很可能就会面临一个问题：在神经系统和身体其他部分之间的这种良好运作中，神经系统是否实际上就是整个身体都为之服务的主人？然而，当我们考虑到，即使是在静止状态下，潜能在这些组织中的分配，我们就已经倾向于这样的假设了；而如果想到消耗能量和补充能量的那些条件，我们就会完全确认这个假设了。这是因为，如果假设“感觉—运动”系统和其他系统相同，那么它就和其他系统属于同一等级。这个系统遍布整个有机体，却要等到多余的化学潜能供应给它才能开始工作。换句话说，正是糖原的产生才会调节神经和肌肉消耗的能量。相反，如果“感觉—运动”系统是真正的主人，那么，它行为的持续和范围，至少在一定程度上和它的糖原含量无关，甚至和整个有机体的糖原含量无关。“感觉—运动”系统要工作，其他组织不得不尽力做出调整，以便为它提供潜能。不过，实际情况恰恰就是如此，就像莫拉和杜福尔的实验显示的那样。[①] 肝脏分泌糖原的功能，依赖于控制它的刺激性神经的行为，这些神经的行为又从属于那些刺激运动肌肉的神经行为——从这个意义上说，肌肉开始工作时并不做计算，消耗了糖原，耗尽了血液中的葡萄糖，最终迫使肝脏去制造新的糖原，因为肝脏不得不向耗尽糖原血液中补充它储存的糖原。因此，一切都从“感觉—运动”系统开始，一切都向这个系统聚合，我们

① 《生理学学刊》，1892 年。

可以明白无误地说，机体的其他部分都是为这个系统服务的。

我们再来看看长期绝食会发生什么事情。有个值得注意的现象是，人们发现，饿死的动物，它的大脑几乎完好无损，而其他器官却或多或少都减轻了重量，并且这些器官的细胞也发生了深刻的变化。[①] 看起来好像是身体的其他部分为了维持神经系统做出了全部的牺牲，就好像是它们把自己仅仅当成手段，而神经系统才是最终的目的。

总结下来，如果我们同意用“感觉—运动系统”来理解大脑脊髓神经系统及其延伸物感觉器官，以及它控制的运动肌肉，那么我们就可以说，高等有机物本质上其实是一个“感觉—运动”系统。这个系统建立在消化、呼吸、循环以及分泌等系统之上，这些系统的功能就是对它进行修复、清洁和保护，为它营造一个恒常的内在环境，最重要的是给它提供潜能以转化为运动。[②] 事实上，神经功能越是完善，维持它发展的那些功能就必定越多，

---

① 德·玛纳赛涅，“有关完全失眠症影响的几例实验性观察，”《生物学档案》，1894 年，第 21 卷，第 322 页以后。最近，在一个绝食 35 天、死于营养不良的人身上观察到类似的现象。关于这个主题，参见《生物学年鉴》，1898 年，第 338 页，俄国塔拉科维奇和斯查尼论文的摘要。

② 居维叶说：“归根结底，神经系统就是整个动物，其他系统只不过是为它服务的。”《自然史博物馆杂志》，巴黎，1812 年，第 73~84 页。当然，对这个表述必须加上许多限定条件，例如，允许降级和退化现象的存在，神经系统在其中退化到背景中。不仅如此，连同神经系统的还必须包括感觉器官和运动器官，而神经系统是这两者的中介。参看福斯特为《不列颠大百科全书》撰写的“生物学”词条，爱丁堡，1885 年，第 17 页。

当然它们自身也要越来越精确。神经活动产生于原生质，而原生质几乎要将它淹没，因此，它必须在自己周围聚集起所有支持它的活动。这些活动必须依靠其他的活动才能得以发展，而那些其他的活动还需要其他的活动，如此下去，无穷无尽。于是，高等有机体的功能也无穷无尽地复杂化下去。因此，只要研究其中一个有机体，我们就可以了解整个循环圈，仿佛所有一切都是其他事物的手段。不过，这个循环圈还是有个中心，那就是神经元素系统，它把感觉器官和运动器官联系在一起。

这里，我们不讨论这一点，因为在我们以前的书中已经详细讨论过了。还是让我们来回忆一下，神经系统的发展受到两个方向的影响：其一是运动的适应性在增强，其二是生物选择运动的范围在变大。这两种倾向看起来有点冲突，事实也是如此。然而，神经链，哪怕是其最原始的形式，也能够成功地将这两者调和。一方面，神经链在外围的两个点之间标记出鲜明的轨迹，一个点是感觉，而另一个点是运动。于是，它将原本分散在原生质团中的活动变为一个活动。然而，另一方面，构成神经链的元素很可能是非连续性的。无论如何，即便假设它们是网状的，它们也表现出功能上的非连续性，因为每个元素都在一种交叉处结束，而神经流有可能就是在这样的交叉处选择自己的进程。从最低等的无核原虫，到最完善的昆虫，再到最智慧的脊椎动物，这个进程最重要的成就便是神经系统的发展，每个阶段都伴随着发展所需的集体的新结构和复杂化。就像我们在本书开始时所说的那样，不确定性，也就是不可预见性，是指生命在其进化过程中创造的一些形式。

Indeterminate, i.e. unforeseeable, are the forms it creates in the course of its evolution.

生命的任务是为物质注入不确定性。不确定性，也就是不可预见性，是指生命在其进化过程中创造的一些形式。越来越多的不确定性，同时也是越来越多的自由，是一种以这些形式为载体的活动。在神经系统中，神经元一个接一个地精妙排列，每一个神经元的端点都伸展出许多路径，而每一条路径都通向各式各样的问题。因此，神经系统可称得上是一个储存不确定性的仓库。生命冲动的主要能量都花费在创造此类机构上了，我们相信，只要看一眼有机界的整体，就很容易看清这一点。然而，对生命冲动本身还需要做些解释。

五、动物生命的发展

我们绝不能忘记，在整个有机界展开的那种力量是有限的，它总是在寻求超越自身，总是不足以应付它不得不面对的工作。机械论的错误与偏执之处就在于对这一点的误解。它把整个有机世界表述为一个结构，并且这种结构类似于人工的作品。所有的部件都为了最好地发挥机器的功能而装配在一起，每个部件都有存在的理由，有需要发挥的作用，有指定的位置。实际上，所有部件都组合在一起，就像一场音乐会，其中看似不和谐的声音其实都是为了制造出总体的和谐。总之，大自然中进行的一切都像是人类的天才之作，结果或许不重要，但在作品和制造的工作之间至少存在着一种完美的适应。

生命进化中的情形根本不是这样。在生命进化中，工作和结果之间的不匹配相当惊人。从有机界的底层到顶端，我们确实发现了一种伟大的努力，但是这种努力往往不够充分，有时被相反的力量抵消，有时偏离了应有的轨道，被自身正要采用的形式所迷惑，就像被镜子迷惑一样。甚至在它最完美的作品中，尽管它似乎战胜了外来的阻力，也战胜了自身的阻力，它依然得益于它必须具备的物质性。这就是我们每个人都有可能亲身体验到的东西。我们的自由，在确认其自身存在的那些运动本身，就创造出一些日益增长的习惯，而如果这些习惯不能够依靠持续不断的努力更新自身，它们就会压抑自由：自由在前，自主性尾随其后。最有生命力的思想也会在它的表达公式中僵化变硬。词语转而戕害思想，字母扼杀精神。而我们最炽热的激情，一旦被外化为行动，就会自然而然地被冻结为冰冷的利益计算或虚荣，无论是利益计算还是虚荣心都很轻易地转化为对方的形式。如果我们不知道这种死去的感情还在一定时间内保留着鲜活的特征，我们就会把这两种混淆起来，怀疑我们自身的热情，否认自身的善良和爱。

造成这种不一致性的深层原因就在于生命节奏之间存在不可挽回的差异。总体而言，生命就是运动，生命的具体形式不情愿接受这种运动性，总是有所滞后。生命总在向前，它们想要给时间做出标记。总体的进化宁愿直线前进，而每一特定的进化都是像是一个循环。就像尘埃被经过的阵风卷起，形成旋涡；生命也在旋转，而吹起它的则是生命的飓风。因而，生命是相对稳定的。

生命首先是一个通道，生命的本质就是传递生命的那种运动。

The living being is above all a thoroughfare, and that the essence of life is in the movement by which life is transmitted.

生命假装静止，以致我们把每一个个体都看作一个物体，而不是一个过程，忘记了形式的永恒性仅仅是一种运动的轮廓线。然而，有时候，在一个转瞬即逝的幻影里，负载生命形式的无形气息会在我们眼前转化为具体的形象。在某些形式的母爱当中，我们会获得顿悟，它那么惊人，在大多数动物中，还那么感人，甚至在植物对种子的呵护中，也能观察到这种母爱。有些人在这种母爱中看到了生命的伟大秘密，这种爱或许向我们传达了生命的奥秘。它告诉我们，每一代都荫庇下一代。它允许我们一窥真相，生命首先是一个通道，生命的本质就是传递生命的那种运动。

总体生命与其表现形式之间的这种对立，无论何处都呈现相同的特征。可以说，生命倾向于最有可能的行动，但每一物种却只想付出最小的努力。如果从生命本质的构成来考虑，也就是把生命看作物种之间的过渡，那么生命就是一种持续的生长行为。然而生命经历的每一物种，都只按照自身的便利行事。它寻求的是要求最少劳作的东西。物种被其即将采取的形式所吸收，陷入了局部的昏睡之中，忽视了几乎全部的剩余生命。它塑造自己，以便用最少的努力，从直接的环境中获取最大的利益。自然，生命得以向前发展并创造新形式的行动，与新形式得以形成的行动，是两种彼此相异又常常对抗的运动。第一种行动在第二种行动中得到延续，但是如果第一种行动不从自己的方向中转向，这种延续就无法进行。就像一个人要越过障碍起身跳跃，他就不得不把他的目光从障碍物中转移，始终只关注自己。

就其定义本身而言，生命形式就是能够生存的形式。无论用哪种方式来解释有机体对环境的适应，都必然是充分的，因为物种毕竟存活下来了。从这个意义来讲，古生物学和动物学所描述的每一个连续性物种都是生命取得的成功。但是，如果我们提到物种在进化过程中留在途中的运动，而不是它们置身的条件，那么我们得到的印象就大为不同了。这种运动经常偏向一旁，更为经常的情况是，没走多远就停止了。从这个新的视角来看，失败是家常便饭，成功则是偶然，并常常伴有缺陷。我们会看到，动物生命进化的四个主要方向中，有两个是死胡同，而另外两个方向，物种付出的努力和得到的回报远不成比例。

尽管我们还没有足够的文献重构这个历史的细节，但是我们却能描述这个历史的主要脉络。我们已经说过，动物和植物必定很早就从共同的祖先中分离了，植物陷入了静止的沉睡中；而动物则相反，变得越来越清醒，一路向神经系统进军。动物王国的努力，其结果或许就是创造出依然简单的有机体，但却拥有一定的行动自由；并且，最重要的是，它们具有不确定的形状，能够面对未来的任何不确定性。这些动物或许和我们今天看到的某些蠕虫类似，不过两者的区别在于，这些蠕虫（那些可以与这些动物比较的蠕虫）只是一些空洞的固定例证，用以表明具有无穷弹性的形式，它们孕育着无限的未来。它们是棘皮动物、软体动物、节肢动物和脊椎动物的共同祖先。

它们将会面临一个危险，这个危险可能会阻碍动物的上升进化过程。当我们回顾原始时代的动物时，不禁会为一种特殊性所震惊，那就是，动物被囚禁在一个多少有点坚硬的鞘内，这些鞘必然妨碍动物的运动，甚至往往使运动停滞。节肢动物一般都有甲壳，其中大多数是甲壳纲动物，而远古的鱼类则有极其坚硬的骨鞘。[①]我们认为，要解释这个普遍事实，就要到这个倾向里寻找原因：软体动物往往尽力使自己变得不适于被吞食，以便保护自己，不被对方吃掉。每个物种在其形成的行动中，都倾向于最快捷的行动。一些原始有机体拒绝用无机物质合成有机物质，而是从获取现成的已经转化为植物的有机物，于是发展成为动物，而在这些动物物种当中，又有大量的物种得以通过其他动物的生命来生存。这是因为，作为动物的有机体，也就是能够活动的有机体，能够利用自身的运动性猎取弱小的动物，就像它们吃掉动物，就像吃掉植物一样。因此，动物的运动性越强，对于其他动物来说，它就越贪婪和危险。由此就出现了一种情况，整个动物界向运动性越来越强的方向前进的步伐，突然停顿下来。因为棘皮动物坚硬的钙质皮肤，软体动物的外壳，甲壳动物的甲壳，以及原始鱼类的硬鳞状胸甲，或许都源自于一种自我保护、抵御敌人侵害的努力。然而，动物用以保护自己的胸甲，也限制了动物的运动，有时将动物固定在一个地方。如果说植物给自己裹上一

---

① 关于这些不同的观点，参见高德依的著作《哲学古生物学论文》，巴黎，1896 年，第 14~16 页，以及第 78~79 页。

层纤维素组织，从而放弃了意识，那么，这些把自己关在堡垒或者铠甲中的动物，也让自己陷入一种轻度的睡眠状态中。如今这些棘皮动物，甚至还有软体动物就生活在这种呆滞的状态中。节肢动物和脊椎动物也可能受到陷入呆滞状态的威胁，然而，它们最终逃脱了。而它们之所以能逃到这个幸运的环境，是由于生命形式向更高级别的扩张。

事实上，我们看到生命冲动的运动在两个方向上重又获得了新的发展。鱼类的硬鳞状胸甲转化成了鳞片。而很久之前，昆虫就出现了，也摆脱了曾经保护过它们祖先的胸甲。鱼类和昆虫都足够灵活，能够逃避敌人，也使得它们具备攻击性，能够选择对峙的时机和地点。鱼类和昆虫的灵活性弥补了它们体表保护层的不足。在人类装备的进化过程中，我们也看到了类似的发展。最初的冲动是寻求庇护，接着是更为有利的，尽可能变得灵活以便逃跑。而最重要的是便于攻击，因为攻击是最有效的防御手段。正因如此，古希腊的重装备步兵才被古罗马军团所取代；也正因如此，身穿铠甲的骑士才不得不让位于机动性更强的轻装步兵。总体而言，生命的进化，如同人类社会和个体命运的进化一样，最成功的是那些战胜了最大危险的物种。

因此，动物增强自身的运动性，显然正是为了自身的利益。当我们说到一般意义上的适应时，我们说，物种的任何一种变化，都是为了自身的特殊利益。这就是变异的直接原因，不过往往只是表面的原因。变异的深层原因是把生命推进世界的那种冲动，这种冲动把生物分成了植物和动物，它把动物转向了更为灵活的形式。而在特定的时刻，在受到呆滞威胁的动物王国，这种形式至少保证了动物在某些点上唤醒自己，继续前行。

在植物和节肢动物分别进化的两条路线上，发展（除了由于寄生或其他原因造成的退化之外）首先是“感觉—运动”神经系统的进展。进化在寻求运动性和灵活性的同时，也在寻求运动的多样性，尽管经过众多实验尝试，起初也产生了浪费物质和力量的种种倾向。不过，这些寻求本身也在不同的分支方向上产生了。只要看一眼节肢动物和脊椎动物的神经系统，我们就能看到区别所在。节肢动物的身体由一系列长短不同的环节组成，因而其运动就分布在数量不等（有时数量庞大）的附肢上，每一个都具有特殊的功能。而在脊椎动物那里，运动仅仅集中于四肢上，这些器官执行的功能并不受形式的严格限制。[①] 这种独立性发展到人类变得完善起来，人手可以做任何一种工作。

至少，这就是我们看到的情况。不过，在这些可见表象的下面，我们还可以推测出两种力量。这两种力量内在于生命中，最初它们彼此融合，但在发展的过程中，又注定要分道扬镳。

要界定这两种力量，我们就必须考察在节肢动物和脊椎动物的进化中，那些分别标志了终点的物种。怎样来确定这个点呢？在这个问题上，几何的精确性还会使我们误入歧途。在同一进化

① 关于这个主题，参见沙勒，《个体》，纽约，1900年，第118~125页。

路线上，并不存在这样的简单标记，能够使我们判断出一个物种比另一个物种更高等。我们必须在每一种情况下进行比较和衡量大量的特征，才能确认它们在哪种程度上是本质特征，哪种程度上是非本质特征，而又在哪种程度上我们必须将它们纳入考虑的范围之内。

举例来说，衡量优越性最通常的标准无疑是“成功”，在某个意义上，优越性和成功这两个词语是同义的。单就生物而言，成功必须被理解为一种在极端复杂的环境中，克服了无数种障碍，最终占据最大范围的能力。占据了整个地球的物种，就是真正重要的，因而也是最优越的物种。人类就是这样的物种，人类代表了脊椎动物进化的终点。然而，在节肢动物的系列中，昆虫（尤其是膜翅类昆虫）也是这样的物种。有一种说法是，人类是土地的主人，而蚂蚁是土下层的主人。

另外，出现较晚的种群可能是退化种群，不过，这种退化必定是由于某些特殊的原因造成的。按理说，这些物质本应比产生它们的那些物种更优越，因为它们和进化的更高阶段相关。人类可能是最晚出现的脊椎动物。[①] 在昆虫的系列中，膜翅类也最晚

---

① 勒内·冠东对这个观点提出了异议，他认为食肉动物和反刍动物以及某些鸟类出现于人类之后。见冠东，《有机界中的海水》，巴黎，1904年，第435页。在此，我们可以说，我们得出的一般结论尽管与冠东非常不同，但也并非不能与他的结论调和；因为如果进化的确像我们表述的那样，脊椎动物就必定已经做出努力，使自身生存在最有利的活动条件下。的确，那些条件正是生命最开始就选择好的条件。

出现，不过鳞翅类除外，它们或许是退化的物种，寄生在开花植物上。

这样，我们从不同的途径得到了同样的结论。节肢动物的进化在昆虫那里达到了顶点，尤其是在膜翅类昆虫那里，而脊椎动物的进化则在人类那里达到了顶点。本能在昆虫的世界最为发达，在昆虫中，膜翅类的本能又得到了神奇的最大发展。因此可以说，动物王国的全部进化（除了像植物生命的退化之外），在两条分支道路上发生：一条通往本能，而另一条通往智力。

因此，植物性的呆滞、本能和智力，这些就是与植物和动物共同生命冲动相一致的元素。在以最不可预见的形式来表现这些元素的发展进程中，它们各自成长这一事实将它们区别开来。一个肇始于亚里士多德的重大错误，已经败坏了大多数自然哲学。这个错误就是，在植物性生命、本能性生命和理性生命中，只看到了同一倾向的三个不同程度的发展。但实际上，它们却是同一活动的三个分支方向，在各自成长的过程中分裂开来。它们之间的区别并不是强度的不同，或者更概括地说，不是程度的不同，而是种类的不同。

六、智力和本能

深入考察这一点非常重要。在植物和动物的例子中，我们已经看到了两者是如何既相互补充又彼此对抗的。现在，我们必须表明，智力和本能也是如此——既相互补充又彼此对抗。不过，我们还是先解释一下我们为什么会认为智力高于本能，又建立于本能之上。事实上，从本质上来说，这两者并不属于同一个范畴，它们既没有承接关系，也不能认为只是等级不同。

这是因为，智力和本能起初是相互渗透的，保存着它们共同的源头。我们从未发现这两者中的任何一个处于纯粹的状态。我们说过，在植物身上沉睡的那种动物性的意识和运动性可能被唤醒，而动物生命中也始终存在着向植物生命转化的危险。植物性的倾向和动物性的倾向完全融合在一起，以致（首先）这两者之间从未完全隔绝过，它们经常彼此纠缠，处处混合在一起，区别仅仅在于比例的不同。智力和本能的关系也是如此。没有哪种智力中找不到本能的踪迹，更具体来说，没有哪种本能不围绕在智力的边缘。而造成众多误解的，正是这种智力的边缘。本能总是多多少少带有几分智力性，有人因此便得出结论说，本能和智力是同一类东西，两者之间的唯一区别仅在于复杂性或者完善性的程度不同；最重要的是，两者都可以表达彼此。实际上，智力和本能之所以彼此相伴，是因为它们互相补充；而它们之所以互相补充，则是因为它们彼此不同。本能中那些本能性的东西，恰恰是和智力中那些智力性的东西相对立的。

我们不得不对这一点详加讨论。这是最重要的观点之一。

我们要指出，最初我们准备提出的那些区别会显得太过鲜明，这正是因为我们想在本能性的东西中界定什么是本能，在智力性的东西中界定什么是智力。事实上，在所有实实在在的本能当中都混合着智力，而在一切真正的智力当中也都渗透着本能。另外，无论是智力还是本能，都无法做出严格的界定，因为它们是两种倾向，而不是两种东西。同时，我们绝不应忘记，在这一章里，我们把智力和本能看作生命放在其进程中的两种表现形式。因此，在我们看来，一个有机体所表现的生命，就是从物质世界获得某些东西的一种努力。所以，如果正是这种努力的多样性使我们突然想到了本能与智力，如果我们在这两种心理活动的样式中，首先看到的是作用于无机物质的两种不同方式，那就毫不奇怪了。对智力和本能的这种见解尽管相当褊狭，但它却给我们提供了一种区分二者的客观手段。不过，它还只是给我们提供了一个中间位置，普遍智力和普遍本能都始终在这个中间位置上下徘徊。因此，读者一定期望看到，随之而来的只是一种图表式的描绘，其中智力和本能各自的轮廓线都比实际更为清晰，而两者之间的过渡层次则被忽略了。这些过渡层次源自两者的不明确性，也源自两者的彼此渗透。在一种如此混沌的物质中，我们不必过分追求清晰。事后去柔化轮廓，纠正几何味过浓的线条——总之，就是用生命的灵活性去取代图表的僵硬性，总是比较容易的。

人类究竟是哪一天出现在地球上的？是第一批武器、第一批工具被制造出来的时候。人们还没有忘记布歇·德·彼尔特在主格农磨房采石场的发现所引起的争论，争论的焦点是，他发现的究竟是真正的石斧，还是只是偶然破碎的小石块。不过，如果他发现的就是真正的石斧，那我们就的确看到了智力的出现，更具体地说，是人类智力的出现。对此，谁都不会有丝毫怀疑。现在，让我们来看看有关动物智力的一些趣事。我们会看到，除了许多明显是模仿或者形象联想的行动以外，还有一些我们会毫不犹豫地称之为智力的行动。其中最重要的是那些带有某种制造意味的行动，不论是动物自己做成一件粗陋的工具，还是动物使用人类制造的工具为自己谋福利，都是如此。在智力方面仅次于人类的动物是猩猩和大象，它们有时能够使用人造工具。智力稍次于猩猩和大象的，是那些能够识别人造物的动物，比如狐狸，它很清楚什么是陷阱。毫无疑问，凡是能推理的动物都具备智力，不过，推理就是沿着当前经验的方向曲折地利用以往的经验，这已经是发明的开端了。一旦发明被人造工具表达出来，发明就实现了。动物智力一旦指向发明，就会指向观念。尽管这种智力通常还无法成功制造出工具，也无法利用工具，但它却借助大自然赋予的本能做出种种变通，为此做出准备。人类的智力有一个特点人们还没有充分注意到，那就是，机械发明从一开始就是人类智力的基本特征。即便是在今天，我们的社会生活也围绕着人造工具的制作和使用展开，而遍布于进化之路的那些发明创造也为它指引了方向。我们几乎没有意识到这一点，因为我们改变自身所花费的时间，远比改变我们的工具所花费的时间更长。我们的个体习惯甚至社会习惯所持续的时间，也要比养成这些习惯的环境所持续的时间更长。因此，一项发明的最终影响，要等它已经失去新奇性时，才能被人们注意到。蒸汽引擎的发明至今已有一个世纪了，我们才刚刚开始感受到它给我们造成冲击的强度。然而，它带来的工业革命却彻底地打破了人们之间的关系。新思想不断产生，新感觉也正在绽放。数千年的时间里，我们远远看去，只能看到当前时代的粗略轮廓，而那些战争与革命会显得无关紧要，哪怕假设它们被记住也是这样。然而，当我们提到蒸汽引擎以及与之相伴的各种发明时，或许会像提到史前时代的青铜石器一样：它是一个划时代的标志。[①] 如果在界定人类这个物种时，我们能够摆脱自己的全部骄傲，并严格对待历史以及史前时期向我们表明的人类及其智力的那些稳定特征，我们或许就不会把人类称作“智人”，而是称为“制造工具的人”了。总之，从似乎是其原始的特征来看，智力就是一种制作人造对象，尤其是以工具制作工具的能力，就是一种对制造品进行无限变化的能力。

那么，没有智力的动物是否也拥有工具或者机器呢？当然，它们也有，只不过它们的工具就是身体的一个组成部分，而且，与这个工具相对应的，动物还有一种本能，知道如何使用这个工具。诚然，我们不能因此认为，一切本能都是一种天然能力以运用天生的机能。这样的定义不适用于罗曼尼斯所说的那些“继发的”本能，并且有不止一种“原发的”本能也不能被这个定义囊

① 保罗·拉贡曾经强调过伟大发明对人类进化的重大影响，见《作为科学的历史考察》，巴黎，1894 年，尤其参看该书第 168~247 页。

括进来。不过，像我们暂时派给智力的那个定义一样，这个定义至少为本能所能达到的范围划定了一个观念上的极限。我们经常指出这一点，即大多数的本能确实只是器官工作自身的延续，或者说是这种工作的完成。本能的活动始于何处？又终止于何处呢？我们无从知道。从幼虫到蛹飞再到成虫的变形过程中，往往需要在幼虫阶段做出适当的行动，需要具备某种开创性，在动物本能和有生命物的组织工作之间，并不存在一条截然分明的界限。只要我们愿意，就可以这样说：要么是本能把它要使用的工具器官化了，要么就是器官化的过程在本能当中得到了延续，这个本能必须使用这种器官。昆虫所具有的那些出色本能没有别的目的，仅仅是为了把这种特殊的结构发展成为运动。确实，社会生活在不同的个体间进行劳动分工，因而赋予它们不同的本能，因此我们能观察到相应的结构差别：蚂蚁、蜜蜂、黄蜂以及某些伪脉翅虫，都是人所皆知的例子。因此，如果我们仅仅考虑那些可以观察到完美发展的智力和本能的典型，我们就会找到两者的根本区别了：完善的本能是一种使用、甚至是制造有机器官的能力；而完善的智力，则是制造和使用无机工具的能力。

这两种活动方式的优缺点是显而易见的。本能找到了最合适的便利工具，这种工具可以自我制造、自我修复，和大自然所有的工作一样，既呈现出细节的无限复杂性，又呈现出奇迹般的功能简洁性。如有需要，则会立刻开始工作，毫不费力，其完美之处常令人惊叹。同时，这种工具还保持着几乎不可改变的结构，开始的时候，人造工具和天然工具各有千秋，很难预言哪一个能够保证生物更好地驾驭自然。

At the outset, the advantages and drawbacks of the artificial instrument and of the natural instrument balance so well that it is hard to foretell which of the two will secure to the living being the greater empire over nature.

因为结构一旦改变，物种就会发生变化。所以说，本能必定是专门化的，它仅仅是利用一种物种工具来达到这个物种的目的。相反，智力参与制造的工具就没有那么完善了。这需要付出努力。在使用这种工具的时候，也会有麻烦。不过，由于它是用无机材料做成的，因而它能够采用任何形式，服务于任何目的，从而将生物从种种新出现的困境中解脱出来，并赋予生物无限的力量。尽管在满足直接需求的方面，它比不上天然的工具，但当需求不那么紧迫的时候，它的优点就远远多于天然工具。最重要的是，这种工具适应了制造它的那个生物的本性，并且，由于它召唤制造者去行使新的功能，这可以说给制造者添加了更多的器官，因为它作为一个人造器官扩展了原有的天然器官。它满足了所有的需求，又创造出新的需求。于是，它非但没有封闭行动圈（动物往往在这里无意识地移动），反而为活动敞开了无限广阔的领域，它在其中越走越远，创造出越来越多的自由。然而，智力对本能的这种优势却只能在靠后的阶段显示出来，致力于建造更高级的机器。开始的时候，人造工具和天然工具各有千秋，很难预言哪一个能够保证生物更好地驾驭自然。

我们可以这样推测，智力和本能起初相互渗透，原始的心理活动同时包括这两者。如果我们回溯得足够久远，就会发现一些比昆虫的本能更接近智力的本能，也会发现一些比脊椎动物的智力更接近本能的智力。在这种原始的条件下，智力和本能都是物质的囚徒，它们都还不能控制物质。如果生命固有的力量是无限的，那么，它也就会使本能和智力在同一个有机体上不受限制地同时发展。但一切都似乎在表明这种力量是非常有限，它刚刚表达出来，就立刻消耗殆尽了。它很难同时向几个不同的方向发展：它必须做出选择。于是，它在加诸物质世界的两种行动方式中做出了选择，它既可以创造有机器官去直接影响这个行动，也可以通过有机体去间接影响这个行动，而这个有机体并没有所需的天然工具，而是亲自用无机物质做了一个工具。于是，智力和本能各自发展，日益分离，但它们却从未与对方彻底决裂。一方面，如果仅仅是选择地点、时机和结构材料，那么，昆虫最完善的本能当中也含有些许智力的微光，例如，蜜蜂偶尔在露天筑巢，就会发明一些新的、真正智慧的蜂巢结构，使自己适应这种新环境。[①] 但另一方面，智力对本能的需求，比本能对智力的需求还要多，因为使原材料成型的那种力量已经涉及更高的有机化程度，动物如若不借助本能的双翼就无法达到这个高度。因此，大自然直接让节肢动物朝着本能的方向进化，而在几乎所有的脊椎动物身上，我们都能观察到对智力的奋力争取，而不是智力的扩展。构成脊椎动物心理活动基础的，仍旧是本能。但智力也一直存在，并企图取代本能。智力还没能成功发明工具，但至少它在尝试，它想取代哪种本能，就尽可能多样地去使用那种本能。智力只在人类身上完善了自己，它的成功正是由于人类没有掌握足够的天

① 布维耶，“露天蜂群的筑巢”，《科学杂志》，1906 年 5 月 7 日。

然手段来抵御敌人、寒冷以及饥饿。如果我们想要衡量人类的这种无能，其价值不亚于史前文献，这种无能恰恰就宣告了智力和本能的分离。不过，毫无疑问，大自然在这两种心理活动的模式之间进行选择时，必定犹豫不决——本能可以确保即时成功，但效果有限；智力则要冒险，不过一旦它获得独立，就能获得无限的发展。毕竟，要获得最大的成功就必须冒最大的风险。所以说，本能和智力是生物在面临同一问题时，所使用的两种不同方法，尽管两者同样适用。

当然，此后，本能和智力的内部结构就产生了深刻的差异。我们将只讨论与我们目前的研究相关的差异。因此，我们认为，本能和智力从根本上来讲涉及两类不同的知识。不过，对于这个问题，我们必须首先对一般意义上的意识做出解释。

有人问，本能在多大程度上是有意识的？我们的回答是，本能中所含的意识，差别巨大，程度也各有不同。在一些情况下，本能或多或少都具有意识，但在另外一些情况下，本能则完全没有意识。我们会看到，植物具备本能，但这些本能不可能伴随着感觉。甚至在动物那里，也几乎没有哪种本能是有意识的，至少在某个部分的运动中。不过，我们这里必须指出这两种无意识的一个区别，这种区别经常会被人们忽视：一个状态是没有意识，而另一种状态是意识失效。这两种无意识状态相当于零，但前者的零表示没有，而后者的零表示正负两个等量抵消中和。落下的石头没有意识属于前一种情况，石头根本感觉不到它在下落。本能的无意识也是这样吗？在极端情况下，本能的无意识也是这样吗？我们机械地做出一种习惯性动作，梦游者在梦中自发地行动，这些无意识或许是绝对的。但这仅仅是因为行动自身的执行抑制了行动的表现，行动的执行和行动的意念极其相似、完全贴合，以至于意识无法在两者之间找到容身之所。表现被行动阻塞了。证据就是，如果行动的实现被障碍物遏止或者阻挡，意识就有可能出现。意识是存在的，但它被已经实现继而填充表现的那个行动抵消了。障碍物并没有创造出任何积极的东西，它只造就了虚无，移走了阻塞。表现之中的这种行动匮乏，恰恰就是我们这里所说的意识。

如果我们更深入地考察这一点，就会发现，意识就是播撒在那个可能行动或潜在活动周围的光线，而潜在活动则围绕着生物真正做出的行动。这意味着犹豫或选择。哪里显示出众多同等可能的行动却没有出现任何真正的行动（比如没能得出结论的沉思），那里就会出现强烈的意识。哪里的行动仅是唯一的可能（比如梦游或更广义的自发活动），意识就在那里被减为零。如果我们发现，一整套系统化运动中的最后一个已经在第一个中被预示出来，并且，假如意识一遭遇到障碍物就会从运动中闪现出来，那么，表现和知识就依然存在着。据此，可以把生命的意识定义为潜在活动与真实活动之间的数学差。这个数学差测量出表现与行动之间的距离。

由此可以推论，智力往往指向意识，而本能则往往指向无意识。这是因为，假如要使用的工具已经被自然制造成器官，材料也由自然制造出来，将要获得的结果也符合自然的意志，那么，凡是出现这种情况的地方，就几乎没有什么选择的余地。表现中的固有意识无论何时想通过行动——这个行动与表现完全相同，并且构成了表现的抗衡力量——来解放自身，都会因此而被抵消。无论意识出现在哪里，它都不能像照亮影响了本能的障碍物那样，照亮本能自身。正是本能的缺陷以及行动与意念之间的距离变成了意识，所以说，这里的意识仅仅是一种偶然。从本质上来说，意识只是强调了本能的起点，而一整套的自发运动就是从这个起点释放出来的。相反，本能的缺陷才是智力的常态。在困难之下劳作，才是智力的真正本质。它原本的功能就是制造非器官化的工具，因此，它必须排除万难，为这项工作选择时间和地点，选择形式和材料。智力永远不能完全满足自我，因为每个新的满足都会创造出新的需求。总之，既然本能和智力都有相关的知识，那么，知识在本能那里被执行且无意识，而在智力中，知识被思考且有意识。不过，这个区别与其说是种类不同，不如说是程度不同。如果我们只关心意识，那么，我们就无法从心理学的视角看到本能和智力的真正区别。

要理解这种本质上的区别，我们绝不能仅仅只对这些内部活动的模式做些多少有点辉煌的透视，而必须一直深入到本能和智力各自指向的两种客观对象上，这两种对象之间存在深刻的差异。

马蝇将自己的卵产在马的肩上或者腿上，它好像知道自己的这种知识向外反映在实际运动中，而不是向内反映在意识里。

It is reflected outwardly in exact movements instead of being reflected inwardly in consciousness.

幼虫必须在马胃里才能发育，也知道马在舔自己的身体时，会将这些幼虫带进消化道。毒蜂叮咬昆虫身上的某些点，而这些点恰好就是神经中枢的位置，这样，毒蜂既麻痹了昆虫，又不杀死昆虫。它的行为就好像是博学的昆虫学家和熟练的外科医生的合体。但是，对于人们经常提到的小甲虫的故事，我们又该怎么说呢？这种昆虫把卵产在一种毛花蜂掘出的地道的入口处。甲虫的幼虫长期守候，等到雄毛花蜂飞出地道口的时候，就跳到它身上，紧紧抓住它，一直附在它身上，等到雄蜂举行“飞行婚礼”的时候，它就乘机从雄蜂身上转移到雌蜂身上，静心等待雌蜂产卵。之后，甲虫的幼虫就跳到卵上，浸在蜂蜜中的蜂卵就是它的食物。不出几天，甲虫的幼虫就吃光蜂卵，然后留在卵壳上，开始第一次变形。此时，它的器官已经形成，可以漂浮在蜂蜜上了，以蜂蜜为食，变为蛹，然后再变成虫。所有这一切都好像是从甲虫的幼虫从孵化出来的那一刻起，它就知道雄毛花蜂会首先从地道中出来，它就知道那个“飞行婚礼”会使它有机会从雄蜂身上转移到雌蜂身上；而雌蜂会把它带到一个有蜂蜜的地方，并且蜂蜜的量多到足以在它变形之后维持生命。而在变形之前，它可以一点一点吃掉蜂卵，这样，它既能养活自己，又能让自己浮在蜂蜜表面上，还能消灭蜂卵中孵化出来的竞争对手。同样，所有这一切又好像是连小甲虫自己也知道，它的幼虫知道所有这些事情。如果这里存在着知识，那么，这种知识就完全是昆虫本身固有的。这种知识向外反映在实际运动中，而不是向内反映在意识里。同样正确的是，昆虫的这种行为涉及，更准确地说，是发展出一种思想，即在确定的时间和空间里，存在着或正在产生着确定的事情。这一点，昆虫无须学习就能知道。

所以，如果我们从同一个视角来考察智力，就会发现智力同样无须学习就知道某些事情。不过，这两种情况下涉及的知识却颇为不同。在这里，我们千万要小心不能再引发关于先天理念问题的哲学争论。所以，我们只把讨论限定在各方都一致认同的那个观点上，即孩子轻易就能理解的事物，动物永远也无法理解。从这个意义上说，智力和本能一样，是一种固有的功能，因而也是一种先天的功能。然而，这种先天的智力，虽说是一种理解能力，却并不知道特定的对象。新生儿第一次寻找母亲乳房的时候，就显示出他知道一个从未见过的东西（无疑这是无意识的）。而这正是因为这种知识是一个明确的对象，因为这种知识属于本能，而不属于智力。所以，智力并不意味着对任何对象都有先天的了解。不过，如果说智力除了天性之外一无所知，那它就没有任何先天的东西可言了。那么，如果智力什么都不知道，那它又知道些什么呢？除了事物之外，还有关系。一个新生儿，只要它有智力，即使他不知道确定的对象，也不知道对象的确定属性，但是，只要稍稍长大，他就会听到人们用一个名称去称呼一个实物，他就会立刻知道这个名称的含义。因此，幼儿就自然而然地掌握了名称与实物之间的关系。可以说，同样的情况也会发生在由动词表示的一般关系上，大脑能够迅速设想出这种关系，以致不必用语言就能够理解，最初的语言中原本就不存在动词就是一个例证。因此，智力自然地利用了种种关系，比如相似关系、内容与形式的关系，以及因果关系等等。所有存在主语、定语以及动词的短语，无论是表达出来的，还是理解到的，都暗示了这些关系。我们能不能说，对于这些特定关系中的每一个，智力都具有先天的知识呢？这些关系究竟是不可化约的，还是可以融进更具普遍性的关系中，这是逻辑学家的工作。不过，无论我们怎样分析思维，我们都会获得一个或几个一般范畴，而大脑对这些范畴具有先天的知识，因为大脑自然地运用了它们。所以，我们说，在本能与智力那里，无论先天知识是什么，它都首先针对物体，其次针对关系。

哲学家对我们知识的材料和形式做出了区分。材料是感知能力提供给我们的，它处于初级状态。形式则是为了构建系统的知识，在材料之间建立的关系的整体。没有材料的形式也能作为知识的对象吗？是的，这一点毫无疑问，除非我们占有这种知识不像我们养成习惯那么牢靠——占有知识，与其说是一种状态，不如说是一种指向：如果我们愿意，可以说它就是注意力的某种天然倾向。小学生知道老师要让他听写一个分数，在他知道分子和分母是什么之前，他就画出一条线，因此说，他脑子里已经出现了这两个数字之间的一般关系，尽管他还不知道这是什么数字。那些先于我们的经验而存在，而经验将要注入其中的那些范畴也是如此。因此，让我们来采用经过使用认定的词语，为智力和本能的差异制定一个更加精确的公式：智力，仅就其先天意义而言，是一种关于形式的知识，而本能则是关于材料的知识。

从这第二个观点来看，也就是从知识的观点而不是从行动的观点看，总体来说，生命固有的力量好像又是一个有限的原则，两种原本不同甚至相互分离的理解模式共同存在，并彼此掺杂在一起。第一种模式能够即刻把握确定的对象，把握其本身的物质性，它说它是什么它就是什么。而第二种模式不把握任何特定的对象，它完全是一种把对象与对象、部分与部分以及侧面与侧面联系在一起的天然力量，也就是说，它就是一种根据前提做结论的天然力量，是一种从已知求出未知的天然力量。它不说“这是什么”，而是说“假如条件是这样，那么这就是结论”。总之，第一类知识，即本能的知识，可以用哲学家称为“类别”的命题来表述；而第二类知识，即智力的知识，则总是要以假设的方式来表述。对于这两类知识而言，前者初看上去比后者更适于应用。事实上，如果这类知识能够扩展到无限多的对象上，确实会这样。然而，实际情况是，它只适用于一个特定的对象，确切地说，它只适用于那个对象的一部分。至少，它对这个对象非常熟悉，完全了解，它隐含在这个业已完成的行动之内，而不是之外。相反，智力的机能只是天然地拥有一种外部的空洞知识，但它因此具备了一个优点，就是它能够运用一个框架，让所有的对象都可以轮流在其中找到位置。它似乎是在生命形式中发展的一种力量，并且，作为一个有限的力量，它不得不在自然或先天知识领域中的两种限制中做出选择：一种限制适用于知识的扩展，而另一种限制则适用于知识的强化。在前一种情况下，知识可能足够丰富，但它却因此被限定在一个特定对象上；而在后一种情况下，知识不再受到对象的限制，但这是由于这种知识不包括任何东西，仅仅是一种没有实体的形式而已。这两种倾向最初互相渗透，但为了发展，它们又不得不同彼此分离。它们都在寻求现世的好运，最终转变成为本能和智力。

这就是知识的两种不同模式，我们必须以知识来界定本能和智力。也就是说，我们必须从知识的角度，而不是从行动的角度来界定二者。但是，这里所说的本能和智力，只是同一个机能的两个侧面。其实，我们很容易明白，第二种定义只不过是第一种定义的新形式而已。

七、智力的功能

如果本能首先是使用器官化的天然工具的机能，那么，它就必定和这种工具及其作用对象两者的先天知识相关（无论这种先天知识是潜在的还是无意识的，它都是真实的）。所以说，本能就是关于物体的先天知识。但智力却是制造无机（也就是人工的）工具的机能。假若大自然出于自身的利益考虑，不给生物赋予那些可能为其服务的工具，那么，生物就必然会按照环境来改变自身的结构。因此，智力的基本功能就是，无论在哪种环境中，都找出逃离困境的方法，针对遇到的问题，找出最合适最好的答案。从根本上说，智力作用于既定环境与运用环境的手段之间的关系。因此，智力中的天然成分就是建立关系的倾向，而这个倾向包含着某些非常普遍的关系的天然知识。它是这样一种东西，每个具体智力的活动都会把它再切割成一些更具体的关系。所以，只要活动指向制造，知识就必然作用于关系。然而和本能的物质知识相比，智力的这种形式知识具有相当的优越性。正因为形式空虚，所以随意填充进任何数量的东西，甚至可以填充进无用的东西。因此，形式知识就不仅仅限定在实用的东西上，尽管这种知识是因为实际用途才出现在世界上的。有智力的生物自身就具有超越其天性的手段。

然而，它对自身的超越，还达不到它的期望，也达不到它以为自己能做到的程度。智力的纯形式特征，使它丧失了稳定力量，而这种力量使它能够在对象身上稳定下来，这个对象能够引起最强烈的思辨兴趣。而与此不同的是，本能虽然具有必要的物质性，却不能到远处寻求其对象。本能无法思辨。这样，我们就得出了与目前的考察最相关的一个观点。我们将要阐明本能和智力之间的区别，这就是我们的全部分析所要得出的结果。我们的结论是：有这样一些东西，智力可以独自去寻找，但它永远都找不到；而本能可以独自发现这些东西，但它却从不去寻找。

在这里，我们有必要考察一下有关智力机制的一些前提性细节。我们说过智力的功能是建立关系，那么，就让我们更为精确地确定这些关系的性质。关于这一点，只要我们还把智力看作一种旨在纯粹思辨的机能，我们理解的这种区别就必然是模糊的，或者是过于武断的。为此，我们把范围缩小，只考虑某种绝对的、不可化约的和难以理解的事物的一些普遍框架。这种理解力及其形式，必定全是天然形成的，就像我们每个人生来就有脸一样。当然，这种形式可能是确定的，但仅此而已，无法追问它为什么原本就是这样，而不是那样。于是，可以这样说，智力的功能本质上就是统一，智力的全部运作其共同目的，就是为多种多样的现象诸如此类的东西引进某种统一性。不过，首先，“统一”的含义有些模糊，它还不如“关系”，甚至是“思想”的含义那么清晰，也不包含更多的意义。其次，还可以这样提问：智力的功能会不会是分割大于结合。最后，如果智力由于希望结合，就进行结合，并且如果智力只是因为需要结合才去寻找结合，那么，我们的全部知识就变成了与思维的某种要求相关的东西，而与知识本身截然不同了——为不同的智力而形成的知识也必然不同。智力不再依赖任何事物，但所有事物却都变得依赖智力，就这样，我们过分抬高了理解力，其结果自然是过分贬低了理解力给予我们的知识。一旦智力被视为绝对，知识就变成了相对。恰恰相反，我们认为，人类的智力关系到对行动的需求。从这里，我们可以推论出假想的行动和智力的真正形式。因而这种形式既不能化约，又难以解释。况且，正因为它不独立，所以不能说知识要依赖它：知识不再是智力的产物，从某种意义上说，知识变成了现实的重我们正在追问，我们的智力尤其适应的那个物质世界所占的比例有多大。

We are asking what is the portion of the material world to which our intellect is specially adapted.

要组成部分。

哲学家们会回答说，行动是在一个有序世界里产生的，这种秩序本身就是思维，我们用行动（行动已经事先假设了智力）来解释智力就是在证明这个问题。我们在本章提出的观点如果是最终的观点，那么，他们的回答就是正确无误的。这样一来，我们就像斯宾塞那样，被错觉愚弄。斯宾塞认为，智力足以解释物质的普遍特征给我们造成的印象，好像物质的固有秩序并非就是智力本身似的。然而，至于这个问题的范围，以及哲学通过哪种方法才能追溯智力和物质的真正起源，我们将在下一章加以论述。我们此刻关注的问题属于心理学的范畴。我们正在追问，我们的智力尤其适应的那个物质世界所占的比例有多大。要回答这个问题，我们无须选择什么哲学体系，用常识就可以做到。

因此，我们不妨从行动入手，设定智力的首要目标就是制造。这种制造完全是用无机材料进行的，在这个意义上，即便使用有机材料，它也像处理无机材料那样去处理有机材料，完全不考虑它们身上的活力。在无机材料当中，制造也仅仅涉及固体材料，其余的材料由于其流动性而不在制造的范围之内。因此，如果智力的倾向是制造，我们或许就能发现：现实中所有流动的东西都不在制造的范围之内，生物中一切有生命的东西也全都不在制造的范围之内。我们的智力一旦逃出了自然的掌心，就把无机固体物作为其最主要的作用对象。

当我们回顾智力的功能时，我们就看到智力从不会安享闲暇，从不会彻底放松，除非它正在摆弄无机材料，更具体地说是正在摆弄固体材料。物质世界最普遍的特征是什么呢？是扩展性，它为我们展现对象之外的对象；同时，在这些对象内部，还有局部之外的局部。无疑，从我们下一步的操作看，把每个对象都看作可以被任意分割成碎片，而每个碎片还可以再次被任意分割，如此继续，无穷无尽，这对我们来说是有意义的。然而，为我们目前的操作起见，首先必须将眼下的真正对象，或是将我们已经从其中分解出来的真正要素，暂且当作最终的对象，并且将它们视为众多的单位。在谈到物质扩展的持续性时，我们指的是这种可能性：以我们喜欢的任何一种方式，把材料分解成尽可能多的部分。不过，这种连续性，正如我们看到的，并非其他，恰恰就是我们的能力，而物质允许我们运用这种能力去选择其中必然会被发现的非连续模式。实际情况总是这样，只要我们选择那种非连续模式，我们就会把它看成实际存在的模式。而它之所以引起我们的注意，正是因为它规范着我们的行动。所以说，非连续性仅仅为自身考虑，它只能思考自身；而我们则依靠思维的积极行动，形成了非连续性的概念。如果连续性的智力表现是否定性的，那么，从本质上来说，这只是我们的大脑在没有获得任何既定的分解系统时，拒绝把它视为唯一可能的表现而已。单是非连续性本身，就能让智力形成清晰的概念。

另外，我们行动的作用对象当然是可移动的物体。不过，有一件重要的事情我们必须清楚，就是这个可移动的物体要移动到哪里，在它移动的任意一个时刻，这个对象又在哪里。换句话说，我们的兴趣首先指向对象的实际位置或将来位置，而并不指向对象从一个位置移动到另一位置之间的进程，而这个进程就是运动本身。在我们的行动（系统化的运动）中，我们的头脑所关注的是运动的目标或者运动的意义，是一个整体的运动图式，也就是执行运动的那个静态计划。只有在整体可能被中途的任何偶然因素加速、延缓或停止的时候，我们才会对行动中真正移动的那一面产生兴趣。我们的智力远离了运动性本身，因为它和运动性打交道，一无所获。如果智力注定要构成纯粹的理论，那它就会在运动中找到自己的位置，因为运动就是现实本身，而静止却仅仅总只是表面的、相对的而已。然而，智力还有着全然不同的其他意义。除非智力自己反对自己，否则它会采取相反的进程；它总是从静止开始，仿佛这就是终极的现实——智力试图形成运动的概念时，它就把静止的东西放在一起，以构成运动。这种运作在思辨领域不合逻辑且危险（这一点我们稍后再讨论。它没有出路，只能人为地引起无法解决的哲学难题），但如果我们把这种运作和恰当的目标联系起来，就能轻易证明它了。天然状态的智力，其目标是实用目的。智力将静止组合起来取代了运动，它并不假装自己真的按照运动原来的样子进行重构；它不过是用实用的等价物替换了运动而已。哲学家把一种原本为行动服务的思维方式搬进了思辨领域，这正是其错误所在。不过，我们以后再讨论这一点。现在我们只要说，我们的智力凭着天然的本性去喜爱那些稳定的、不可改变的事物。智力只能对静止的事物形成清晰的概念。

因此，制造就是从材料当中雕刻出对象的形式。其中最重要的是那个即将获得的形式。对于材料，我们选择那些最容易得到的，不过，为了选择这些材料，也就是说，为了在众多材料中找出这些材料，我们必须进行尝试，至少得进行想象，把构想的形式赋予每一种材料。换句话说，旨在进行制造的智力，既不停留在物体的真实形式上，也不会把这种形式当作最终的形式。恰恰相反，它把所有材料都看成是能够随意雕琢的。柏拉图把优秀的辩证家比作技巧高超的厨师，他们切割动物却不会碰坏骨头，因为他们遵循着大自然在动物身上标出的清晰结构。[①]智力一贯如此行事，终将真正指向思辨。但是行动，尤其是制造行动，却需要与此相反的精神倾向：它要求我们把物体的每一种实际形式，甚至是天然物体的形式，都看做人为的、暂时；它让我们的思想舍弃感知对象（甚至是有机的、有生命的对象）的外在轮廓，这种轮廓从外部标记了它的内在结构。总之，它使我们把对象的材料看作和它的形式不同的东西。物质整体在我们的思维中就像是一块大布料，我们可以任意剪裁，并将它重新缝合在一起。我们要注意，我们说存在一个“空间”，也就是说，存在一个同质性的空虚媒介，它是无限的，且无限可分，中立于任何一种分解模

① 柏拉图，《斐德若》。

式。当我们说到这样的空间时，就是在证实我们任意裁剪缝合的能力。这样的媒介从不能被感知到，只能被构想出来。我们能感知得到的，是具有扩展性的颜色和阻力，它们是由轮廓线分割出来的，而这轮廓线则把真实的物体或者它们的真实元素标记出来。但是，当想到我们对材料的这种能力时，也就是说，当想到我们随意分解和重组这种材料的能力时，我们就把所有这些可能的分解与重组，投射在了真正的空间扩展性背后。这种空间扩展性处于同质空间的形式中，空虚而客观，并且假定潜藏在所有这些分解与重组之下。因此，这种空间首先就是我们可能加诸物体之上的行动计划，尽管物体实际上也的确有进入这种框架的天然倾向（这一点我们会进一步解释）。这是思维采取的一个视角。动物极有可能对此毫不知晓，即便它们能像我们一样感知到扩展性的物质。这个观念象征了人类智力的制造倾向。不过，我们现在绝不能再次逗留过久。总结这一点就够了：智力的典型特征就是，按照任意法则分解材料的无穷力量，以及把材料重组为任意系统的无穷力量。

到目前为止，我们已经列举了人类智力的几个基本特征。不过，我们考察的仅仅是孤立的个体，还不曾考察过社会生活。实际上，人是一种社会性生物。如果说人类的智力旨在制造一个事实，为增加这句话的正确性，也为了其他目的，我们还需要加上一句话：这种智力还联系着别种智力。很难想象有哪个社会的成员不依赖符号进行交流。昆虫社群大概也有某种语言，这种语言必定也像人类的语言那样，适用于共同生活的必然需求。只有借助语言，共同行动才有可能。但是，蚂蚁王国对共同行动的要求和人类社会完全不同。昆虫社群常常存在同质异形的现象，劳动的次级分工是天然形成的，每一个体都因其结构被固定在它行使的功能上。无论如何，这些昆虫的社群都是建立在本能的基础上，因此，它们也建立在多少依赖器官形式的某些行动或制造活动的基础上。举例来说，如果蚂蚁拥有语言，那么，构成这种语言的符号数量就必定很有限。因为物种一旦形成，每一个语言符号就始终联系着某个对象或某种操作，符号和它表达的事物紧密相连。人类社会则恰恰相反：制造和其他行动的形式多种多样，每一个体还都必须学习自己的行动，因为他的自身结构并不预先赋予他行动的能力。因此他就需要一种语言，以便不断地从已知走向未知。必须有这样一种语言，有无穷多的符号，并扩展到无穷的事物上。人类语言的特点是，其符号总是能够从一个对象转移到另一个对象上。这种特点在刚开始说话的幼儿身上就能看得到。他能够将他学到的词语含义，直接而自然地扩展开来，用最偶然的关联或最遥远的类比，把符号从原先的对象中分离出来，用到其他对象身上，而那些符号其实也不过是他听人们谈到某一个特定对象时学来的。“任何事物都指代其他任何事物”，这就是幼儿语言的潜在原理。这种特点总是会被错误地混同于概括的机能。动物自身就能概括，不仅如此，一个符号，哪怕是本能的符号，在某种程度上也代表着一个类属。然而，人类语言的特点，不在于其概括性，而在于其运动性。本能的符号是固定的，而智力的符号是运动的。

因此，词语的运动性使得它们能够从一个事物转移到另一个事物，也能使它们从事物扩展到概念。智力完全外化，不能返回自身，语言当然不可能将反射机能赋予智力。能够反射的智力，从一开始就拥有多余的能量用于消耗，这种消耗已经超越了实用的努力。它是一种虚拟的、重新征服自我的意识。不过，虚拟的必须得转变为真实的。没有语言，智力大概一直会集中关注它感兴趣的物质对象上。没有语言，智力大概还处于梦游状态，忘却了自己，沉迷于自己的工作。语言在很大程度上解放了智力。词语就是要从一个事物转移到另一个事物，实际上，它天生就是可转移的和自由的。因此，词语不仅能从一个感知对象延伸到另一个感知对象，甚至能从一个感知对象延伸到对这个对象的回忆上，从一个确切的回忆延伸到一种更加短暂的表象上。最后，它还能从这个短暂的表象（尽管依然是描绘出的形象）延伸到描绘表象的那个行动上，也就是说，可以延伸到观念上。这样一来，词语就向智力展示了一个完整的内心世界，即对自身工作的沉思，迄今为止总是向外界展示。智力渴求的就是这个机会，而语言最终提供了这个机会。它受益于一个事实，即词语是外在的东西，智力可以牢牢把握词语，同时又能把握一种非现实的东西，借助于这个东西，智力甚至能够进入自身工作的最深处。智力的首要工作的确是制造工具，但是，其使用的特定工具，不在于切合对象的精准尺度，而是要超越这个尺度，因而使智力得以增补。也就是说，允许智力进行无私的工作，这种制造才可能进行。智力反映着自身的活动，当它把自身视为观念的创造者，或是视为普遍意义上的表现机能时，它就希望将概念赋予一切对象，即便是那些与实际行动没有直接关系的对象。这就是为什么我们说某些东西只能通过智力去寻求。的确，智力只为理论烦心，其理论乐于包罗一切——不仅包括它天然就能把握的无机材料，甚至还包括生命与思维。

我们很容易就能猜到，智力是依靠哪种手段、借助哪种工具，总之，是使用哪种方法来解决这些问题的。最初，智力的形成是为了适应材料的形式。能把智力扩展到其操作领域里的语言，原本是用来标记物体的，并且只标记物体，这仅仅是因为词语是运动的，因为词语从一个事物跳到另一个事物，而智力早晚必定会寻求它的帮助。这时，智力便悬置起来，不再固定在任何物体上，而将语言运用在不是物体的对象上。这种对象此前一直被隐藏着，等到词语来临，将它们从黑暗送进光明。但是，指代了这种对象的单词，却再次把它转变成物体。因此，即便当智力不操作它自己的对象时，它还是按照其操作习惯行事：智力所使用的形式，其实就是无机材料的形式。智力天生就是为了做这样的工作。也只有做这样的工作，智力才能充分满足。当智力表明，只有这样它才能把握明确性与清晰性时，它所表达的正是这个意思。

因此，为了明确而清晰地思考自身，智力就必须以非连续性的形式来感知自身。事实上，概念和空间里的物体一样，彼此之间是外在的，同时，概念也和这种对象一样，其塑造过程具有稳定性。概念结合在一起，就构成了一个“可被智力把握的世界”。这个世界的基本特征和固体世界非常相似，只是它的元素更轻更透明，它的形象比具体物体的形象更易于用智力处理。实际上，它们不是物体的概念自身，而是智力加诸物体之上的行动表现。所以，概念不是形象，而是象征。我们的逻辑学就是在运用象征符号的时候必须遵守的一整套规则。这些象征来源于对固体的考察，将这些象征结合起来的规则，也只能表达出固体之间最一般的关系。因此，我们的逻辑学在以实体的固体性为研究对象的科学中取得了成功，这个科学就是几何学。我们不久就会看到，逻辑学与几何学是相互引发而来的。自然逻辑学正是由某种自然几何学延伸而来，这种自然几何学就暗含在固体身上那些最普遍的、可直接感知到的特征之中；反过来，这种自然逻辑学又产生了科学几何学，它不断地拓展着关于固体外部属性的知识。[①] 几何学与逻辑学仅能用于物质材料，在这个领域，这两门科学游刃有余，并且可以各自向前发展。但是，在这个领域之外，纯粹的推理就必须由常识进行监督，而常识则完全不同于纯粹推理。

因此，智力的全部基本力量都倾向于把物质变成行动的工具，也就是说，把材料变成词源学意义上的器官。生命并不满足于制

① 我们还会在下一章讨论这一点。

造有机体，它很乐意把无生命物质附加在有机体的身上，通过生物的努力，把无生命物质变成一种巨大的器官。这就是生命赋予智力的首要任务。这就是为什么智力的活动看起来就好像是它非常迷恋于研究无机物质。智力就是生命在向外观望，它把自己放置于自身之外，主要采用了无机物性质的种种方式，以便在实际中对这些方式做出指导。因此，当智力转向有生命体并面对有机组织时，它就不知所措了。智力做了力所能及的事情，它把有机物分解成为无机物，因为，智力若是不违逆自己的天性，不自我纠缠，它就无法思考真正的连续性、真正的运动性和对象之间的相互渗透，总之，它就无法思考创造性的进化，也就是生命的进化。

现在来考察连续性。能被智力把握的那个生命侧面（实际上就是感觉能把握的那个侧面，智力是感觉的扩展），就是为我们的行动提供支撑的那个侧面。因此，要改变一个对象，我们必须把这个对象看作可分割的和非连续性的。从实证科学的视角看，有机组织被分解为细胞，就实现了一个无可比拟的进展。反过来，对细胞的研究也表明：越是对细胞进行深入研究，就越会发现细胞这种有机体的复杂性。科学越是进步，就越能看到同质性元素的数量增加，这些元素放置在一起，彼此独立，构成了生物。科学是否就因此更了解生命了呢？相反，当科学深入研究联合局部的细节时，难道没有发现生命体中真正的生命似乎在逐步减少吗？科学家当中确实已经产生了一种倾向，认为有机体的物质是连续性的，而细胞则是一种人为划分的实体。[1]但是，即便这种观念能获得广泛的认可，它也只不过是在更深入的研究之上，带来了一种分析生物的不同模式而已，并因此产生新的非连续性，尽管这种非连续性也许离生命真正的连续性稍近了一点。事实上，只要智力遵循天然的运动，就无法思考这种连续性。智力同时还意味着元素的多样性以及所有元素之间的相互渗透，而在我们能够努力的范围内，因而也是我们智力的范围内，这两种条件几乎不能协调一致。

我们在时间里固定，在空间里隔离。智力本不是为了思考进化——就进化这个词的专门意义而言，是指纯粹运动的变化连续性。这个观点，我们并不打算在这里讨论，后面专门有一章来讨论它。我们只需说明，智力把变化表现为一系列状态，而每一种状态都与本身同质，因而没有变化。我们的注意力能察觉这些状态中的一个发生内部变化吗？我们立刻把一个状态分解成另一系列的状态，而当这些状态重新组合时，却被认为组成了这种内部变化。这些新状态中的每一个都必然是不可改变的，如果我们非得去注意它的内部变化，那么，这种变化也会立刻再次分解成一系列不可改变的新状态，如此继续下去，以至无穷。这里，思考同样也是重构，并且自然是用给定的元素进行重构，因而也就是用静止的元素进行重构。因此说，尽管我们不断运用加法来竭力

---

① 我们还会在第三章讨论这一点。

模仿变化的运动性，但是，恰恰是在我们以为紧紧抓住它的时候，变化自身还是从我们的指缝中溜掉了。

恰恰因为智力总是企图重构，并且用给定的东西重构，它才让一段历史中每一刹那的新东西溜掉了。智力不承认不可预见的东西；智力拒绝一切创造。确定的前件产生确定的结果，而作为前件函数的结果则是可以计算出来的，这些就能够满足我们的智力了。我们同样也能理解，确定的结果需要通过确定的手段来实现。这两种情况下我们都得与已知的东西打交道，而这些已知的东西，也是用另一些已知的东西结合而成；简单来说，就是用重复的旧东西结合起来的。我们的智力对此运用自如。并且，无论遇到哪种对象，智力都进行抽象、隔离和排除，以便在必要时用这些方式产生的事物的近似等价物，来代替对象本身。然而，每个瞬间都是一个新的赐予，新事物不断涌现，刚刚产生的形式（尽管它刚一产生就可能被看作由原因决定的结果）永远不可预见。因为在这里，原因独此一种，它就是结果的组成部分，与结果相伴出现，并且结果相互决定彼此——所有这一切，我们都能在内心感觉到，也可以被他人借助于同情的原理从我们外部凭直觉感觉到。但是，我们既无法思考（就这个词的严格意义来说）它，也不能用纯理解性的术语来表达它。毫不奇怪，我们必须牢记智力本来的功能。智力到处寻找并发现的因果性，就表达了我们努力的根本机能，凭借这种机能，我们不断地把同样的整体分解为同样的局部，我们重复同样的运动，以获得同样的结果。智力最能理解的目的性，就是我们努力的目的性，根据目的，我们用事先给定的模式工作，也就是说，我们使用的是原有的或者是由已知元素组成的模式。然而，说到严格意义上的发明，却是一个和努力自身分离的点。我们的智力无法成功把握发明的蓬勃的发展，即整体性，也无法把握其炽烈的热情，即创造性。对发明做出解释，总是会把这个不可预见的新东西分解成按照新次序排列的旧有元素或已知元素。智力不再承认全新的东西，也不承认真正的变化，也就是说，智力又一次让生命的真正侧面逃之夭夭，好像它原本就不打算去思考这样的对象。

我们所有的分析都让我们得出了这个结论。不过，我们几乎没有必要对智力的运作机制做出如此详细的阐述，只要考察结果就可以了。我们看到，智力在处理无机物质的时候十分娴熟，而一旦接触有生命的对象，它就变得笨手笨脚了。无论智力想处理的是身体的生命还是头脑的生命，它都采用那种死板僵化并且残忍的工具，而那种工具原本就不是为了这个用途造就的。在这方面，卫生学或教育学的历史给了我们不少教训。当我们想到，为了保养身体或提升灵魂而产生的那些重大紧急且持久的需求；想到在这个领域里，赋予我们每个人的那种不断在自己和他人身上进行实验的特殊机能；想到一些明显的损害既暴露了医疗或教育实践的错误，也惩罚了二者；想到这一切，我们就会震惊于这种愚蠢，尤其震惊于这种错误难以消除。我们很容易发现，这些错误的根源就在于我们天生的固执，我们固执地把有生命对象当作无生命对象去处理，并且用界限分明的固体形式去思考全部现实（无论其流动性如何）。只有在处理非连续性的、静止的和僵死的对象的时候，我们的智力才能轻松以对。智力天生就不能理解生命，这就是智力的典型特征。

八、本能的本质

相反，本能却是依照生命本身的形式形成的。智力用机械的方式对待所有事物，而本能则用可以说是有机的方式对待一切。沉睡于本能之中的意识如果被唤醒，如果它紧缩成为知识，而不是放松成为行动，如果我们能向意识提问，并且意识也能回答，那么，意识就会把最机密的生命奥秘透露给我们了。这是因为，意识只能将生命制造有机器官的工作进一步深化，这样，我们往往就无法说清器官化在哪里结束，而本能从哪里开始。小雏鸡用喙啄开蛋壳，这是本能的行为，它只是实施了胚胎生命中天生的那个运动。相反，在胚胎生命自身的进程中（尤其是当胚芽以幼虫的形式自由生活时），许多完成的行动都必定与本能相关。所以说，最基本的原始本能，实质上就是生命进程。伴随其中的潜在意识，通常在行动之初就被现实化，而余下的过程则自行继续下去。这种潜在的意识唯一要做的就是更加广阔地扩展下去，然后完全沉入自己的深处，成为生命的一种生成力量。

我们看到，在一个生命体上，成千上万个细胞为了一个共同目的而工作，分别承担起这个任务，每个细胞都既为自身同时也为其他细胞活着：保存自身、喂养自身、再生自身，并进行适当的防御性反应以应对危险的威胁。此时，难道我们不会想到如此众多的本能吗？不过，这些还都是细胞的天然功能，都是细胞生命力的组成元素。另一方面，我们也看到，蜂巢里的蜜蜂形成的组织体系如此严密，以致没有哪一个个体能够离开其他个体独自存活一段时间，即便有食物和庇护所也是这样。这个时候，我们又怎能不承认那蜂巢实际上（并非比喻）就是一个单一的有机体，对于它而言，每一只蜜蜂都是一只细胞，都被无形的纽带和其他蜜蜂结合在一起呢？因此说，赋予蜜蜂生命活力的本能，和赋予细胞生命活力的本能，两者并无不同；或者可以说，前者只是后者的延伸而已。在这样极端的例子中，本能就等同于器官化的工作。

当然，在同一种本能中也存在着完善程度上的差别。比如，土蜂和蜜蜂之间的差别就很大，我们要经过大量中间形态的蜂种（它们对应于众多复杂的社会生活），才能从土蜂过渡到蜜蜂。然而，在那些多少有点亲缘关系的组织中，其元素的功能也存在着同样的差别。这两个例子都表明同一个主题之下还存在着纷繁多样的变化。不过，主题的恒常性仍十分明显，而变化只不过是在多样的环境下对主题的适应。

在这两个例子中，动物的本能和细胞的生命特征都显示出相同的知识，同时也显示出相同的物质。所有这些，都好像是细胞知道其他细胞，也知道什么和自身相关；好像动物知道其他的动物，也知道它能够利用什么，也就是利用那些尚不明朗的一切。一旦生命和某一物种联系起来，它就好像从其他工作中分离出来了一样，只剩下一两点工作和刚刚诞生的物种的生命相关。此时，生命完全像意识一样运作，完全像记忆一样运作，这难道不是显而易见的吗？我们无意识中把全部过去留在自己身后；我们的记忆全部涌入当前，但只有一两种回忆能够以某种方式完全参与当前的情势。这样一来，一个物种针对另一物种某个特定点的本能知识，便能够在生命自身的统一性当中找到根源。用一位古代哲学家的话来说，这种统一性就是“对自身的整体性感受”。考察那些明显产生于特殊环境的动物和植物的某些特殊本能，就不能不把它们和那些似乎被遗忘了的回忆联系起来，那些回忆会在一种紧迫需要的压力下，突然迸发出来。

无疑，科学能够解释许多继发本能，也能解释许多种原发本能。不过，科学能否以现有的解释方法，成功地彻底分析本能，却令人怀疑。因为本能和智力是同一原理在两个不同方向上的发展，它们有时分别存在于各自的范围内，有时则超出了各自的范围，并且，二者在对无生命材料的运用中相互渗透。这种等级上的差异证实了两者之间存在着巨大的不相容性，同时也指出了一个事实，即智力不能重新吸收本能。不能用智力的术语来表达本能中那些本能性的东西，因此，自然也不能用智力的术语来分析本能中本能性的东西。

所以说，本能同样也是一种远距离的知识。

Now instinct also is a knowledge at a distance.

一个天生的盲人如果生活在其他天生的盲人当中，就无法使他相信，要看到远处的某个物体，根本不需要先看到那个物体和观察者之间的所有物体。然而，视觉却完成了这个奇迹。从某种意义上说，那个盲人是正确的，因为视觉来自光波振动对视网膜的刺激，其实它不是别的，正是视网膜的触觉。这确实就是科学对视觉的解释，因为科学的功能就是用触觉的术语来表达全部知觉。不过，我们已经在另外一本书中说明了，哲学对知觉的解释（如果仍然可以称它为解释的话）必定不同于此。① 所以说，本能同样也是一种远距离的知识。本能和智力的关系，就像视觉和触觉的关系一样。科学只能用智力的术语来表达这种关系，但在表达中，科学并不渗透到本能内部，而是制造本能的仿制品。

任何人只要研究进化论生物学的杰出理论，都能让自己相信这一点。这些理论大致可以分为两类，这两类理论经常相互渗透。第一类理论遵循新达尔文主义的原理，把本能看成是选择保存下来的一系列偶然差异的总和。个体根据胚种偶然的预先配置，自然地采用了这样或那样的有利行为，这些行为已经从这个胚种传给了另一个胚种，等待时机，以便用同样的方式对它做出新的改进。另一类理论则把本能看成是失效的智力，物种或者物种的某个代表发现了一些有用的行动，本想把这些行动生成为习惯，但遗传传递却把这些行动转变成本能。这两类理论中，

① 见《物质与记忆》，第1章。

第一类理论的优点在于它将遗传传递考虑在内而没有引起重大的反对意见，因为这类理论认为本能起初就具有一些偶然变形，并且不认为这些变形是个体获得的，而是胚种中固有的。然而，这类理论却决然无法把大多数昆虫的本能解释为聪明的本能。这些本能当然不可能一下子获得目前这样的复杂程度，它们可能是进化来的。不过，按照新达尔文主义的那类假说，本能的进化却可能完全依靠新本能的逐步叠加来完成，那些新本能借助于幸运的偶然因素，正好和旧本能相适应。很显然，在大多数情况下，本能都不可能通过简单的累积自行完善。每一种新本能，如果不想破坏整体，实际上都要求整体做出彻底的重新配置。单凭机遇，怎么可能做出这样的调整呢？我同意这样的说法，即胚芽的偶然变化可能通过遗传传递下去，以某种方式等待着新的偶然变化来临将其复杂化。我也同意这样的说法，即自然选择可能淘汰了所有那些不适合生存的、更复杂的本能形式。不过，为了使本能的生命得以演进，仍旧必须产生适于生存的复杂性。在某些情况下，只有当新元素的添加造成了全部原有元素相互关系的变化时，这些新的复杂性才能产生。没有谁会认为机会能够造就这种奇迹，我们总是会以某种方式去求助于智力。我们应该假设，正是依靠一种多少有点意识的努力，生物才发展了更高级的本能。但是，这样的话，我们就不得不承认：后天习惯能够转变为遗传性的习惯，这种变化很有规则，足以保证进化。即使婉转一点，这种情况也引人怀疑。即便我们能把动物的本能说成是依靠智力、依靠遗传的传递而获得的习惯，我们也弄不清这种解释如何能扩展到植物界。因为在植物界，努力从来都没有智力的参与，即便假设努力偶尔也具有意识，也是如此。然而，看到攀缘植物以何等惊人的确定性和精确性运用须蔓时，看到兰花以何等神奇的综合谋略，借助昆虫来获得肥料时，[①]我们又怎能不想到这些全都属于本能呢？

这既不表示必须彻底否定新达尔文主义的理论，也并不表示必须彻底否定新拉马克主义的学说。前者主张，进化发生于胚芽之间，而不是发生于个体之间，这或许没错；而后者认为，在本能的根源存在着一种努力（尽管我们认为这种努力和智力的努力大为不同），这或许也没错。但是，新达尔文主义把本能的进化视为偶然的进化，而新拉马克主义把引起本能的努力视为个体的努力，它们就可能是错误的。物种改变其本能也改变其自身的那种努力，必定是一种更为深刻的东西。它既不单单依赖于环境，也不单单依赖于个体。它并不是纯粹的偶然，尽管偶然在其中起了很大的作用；它也并不单单依赖于个体的初创性，尽管其中包含着个体的合作。

现在来比较一下各种膜翅类动物同一种本能的不同形式。我们得到的印象并不总是元素叠加导致复杂性的持续增长，也没有暗示出在同一阶梯逐步上升的意思。至少在许多例子中，我们会

① 参见达尔文的两部著作《攀缘植物》和《兰花借助昆虫的施肥》。

想到一种循环圈，而那些不同的变化便从这个循环圈的不同点上产生出来的。它们全都面向同一个中心，全都朝那个方向努力。但是，每一种变化却都只在自身的范围内接近中心，也在中心已经为它指明的范围内接近中心。换句话说，无论在哪里，本能都是完整的。然而它或多或少被简化了，最重要的是，本能被简化的方式各有不同。另外，我们确实也从一些例子中得到了上升阶梯的印象，好像同一种本能按照一个方向、沿着同一条直线，日益复杂化，尽管那些依照本能排列成直线的物种并不总是具有亲缘关系。这样，近年来对不同蜜蜂科不同种类的社会本能的比较研究就证明，无蛰针蜂的本能，处于大黄蜂依旧粗糙的倾向和真正蜜蜂的绝妙学问之间。然而，蜜蜂和无蛰针蜂之间却没有亲缘关系。[①] 最有可能的情况是，这些不同社群的复杂程度和叠加元素数目的多寡并不相关。摆在我们面前的，好像是一个乐章，作为一个整体，它首先被转变成一定数量的音调；在音调之上，这一整个乐章由不同的变奏曲演奏出来，有些非常简单，另一些又非常精巧。而那个原始乐章，则无处不在，又处处不在。我们要是想用哪个思想的术语来表达这一主题都徒劳无益，从根源上看，它只能被感觉，而不能被思考。从某些毒蜂的麻痹本能中，我们也得出了同样的印象。我们知道，具有这种麻痹本能的各种膜翅

① 巴台·里本，“蜂群种系研究”，《生物学论文汇编》，1903年第23卷，尤其参看第108页。

类昆虫，都把卵产在蜘蛛、甲虫或者毛虫体内。这些昆虫先是遭受毒蜂熟练的外科手术，然后一动不动地继续存活几天，为毒蜂的幼虫提供新鲜肉食。

这些膜翅类昆虫刺伤其牺牲品的神经中枢，以便破坏它们的活动能力，却并不杀死它们。这种做法，可以说已经考虑到它们攻击的猎物在种类上有所区别。土蜂攻击玫瑰甲虫的幼虫，只不过刺中一个点，但这个点却是运动神经中枢的汇集处，并且仅仅是运动神经中枢的汇集处——刺伤其他神经中枢，可能会造成死亡以及尸体腐败，而这是必须避免的。[①] 黄翅泥蜂把蟋蟀选为自己的牺牲品，它知道蟋蟀有三个神经中枢，分别服务于三对腿——或者，至少从泥蜂的行动来看，它好像知道这一点。泥蜂先刺蟋蟀的颈部下端，接着刺它的前胸后端，然后刺胸腹结合处。[②] 阿莫费拉毒蜂，在毛虫的九个神经中枢点上连续刺九下，然后抓住毛虫的头，用上颚咬住它，这样就足以麻痹毛虫又不致死亡。[③] 总的乐章就是“将猎物麻痹而不致造成死亡”，而变奏则要根据猎物的身体结构来定。当然，毒蜂麻痹猎物的手术并非尽善尽美。近期的研究表明：阿莫费拉毒蜂有时杀死了昆虫，而不是麻痹了毛虫，有时则没有完全麻痹。[④] 然而，由于本能和智力

① 法布尔，《昆虫记》，巴黎，1890 年，第 1~69 页。
② 法布尔，《昆虫记》，第一系列，巴黎，1894 年，第 93 页以后。
③ 法布尔，《新昆虫记》，第三系列，巴黎，1882 年，第 14 页以后。
④ 佩克海姆，《毒蜂：单独的和成群的》，威斯敏斯特，1905 年，第 28 页以后。

一样，也可能出错，由于本能也表现出个体的背离，因此就绝不能认为阿莫费拉毒蜂的本能得自（像某些人声称的那样）智力的试验性尝试。即使我们假设，阿莫费拉毒蜂在时间的进程中通过试验性的尝试，逐渐学会识别猎物身上的那些神经中枢点（毒蜂必须叮咬那些点，才能使猎物麻痹），也学会了那种特殊的处理方式刺中猎物头部，使其麻痹而又不死亡，我们又怎能想象，如此精确的知识中如此专门的要素，都是通过遗传而逐个地、规则地传递下来的呢？如果我们目前的所有实验中，曾经有过一个能证明此类传递的确凿例证，那就不会有人对后天特征的遗传提出质疑了。事实上，养成习惯的遗传传递，如果真的曾经发挥作用的话，其发挥作用的方式既不规则，也远非精确。

但是，全部困难都起因于我们想用智力的术语来表达膜翅类昆虫的知识。正是这一点，迫使我们拿阿莫费拉毒蜂和昆虫学家来做对比，昆虫学家了解毛虫，也了解其他所有事物——他置身局外，他对毛虫的了解，并不会有自己的特殊目的或者重大的利益参与其中。我们设想，阿莫费拉毒蜂必定和昆虫学家一样，逐一学会识别毛虫的各个神经中枢点，至少必须通过尝试被刺伤的效果，来获得关于这些位置的实际知识。然而，如果我们假设，在阿莫费拉毒蜂和它的猎物之间存在着一种同情（就这个词的本义而言），它从内部为毒蜂提供了所需的知识，也就是毛虫的弱点，那么，我们就没有必要采取上述的观点了。对毛虫弱点的感觉或许与外部知觉毫无关系，但可能源自阿莫费拉毒蜂与毛虫两者的共同存在，此时，它们不再被视为两个有机体，而是两种活动。这会以具体的形式来表达两者之间的关系。诚然，科学理论不能诉诸这种考虑。它绝不能把行动置于器官化之前，也绝不能把同情置于知觉和知识之前。但是，要么哲学在此一无所见，要么哲学只能在科学结束的地方发挥作用，二者必居其一。

不论是把本能看作一种“综合的反射”，或是一种智力地形成的习惯——这种习惯已经转变为自动的，或者是由选择积累并固定下来的一些偶然性优势的总和——科学都主张把本能彻底分解为智力的行动，或是逐步建立起来的种种机制，就像由我们的智力联合起来的那些机制一样。在对本能问题缺乏真正分析的情况下，科学用智力的术语把这个对象翻译给我们。然而，科学本身也因此促使哲学按照另一种方式看待事物，这不是显而易见的吗？如果我们的生物学还是亚里士多德的生物学，如果我们的生物学把生物的系列看成是沿直线发展的，如果我们的生物学向我们表明，整体生命都在朝向智力演化，并且为了这个目的，经历了感觉与本能，那么，我们这种智力生物转向生命较早的，因而也是较低级的那些表现形式，并因此主张不毁坏它们的形式，而把它们装入我们理解的模具之中，这就应该是正确的。但是，生物学最明确无误的成果之一却表明，进化是沿着分离的线路发生的。正是在其中两条主要线路的端点上，我们发现了形式几近纯粹的智力与本能。那么，本能为什么应当被分解为智力的元素呢？甚至可以问，为什么本能应当被分解为纯粹的智力术语呢？

在这个问题上，想到智力，或是想到绝对能够被智力把握的东西，就是回到亚里士多德的自然理论上，这难道不也是显而易见的吗？无疑，即便是回到亚里士多德的自然理论，也比在本能前面短暂逗留一下要好，就像是在玄妙的奥秘前面短暂地逗留一下那样。不过，尽管本能不属于智力领域，却也不在思维范围之外。在感情现象中，在我们自身体验到的未经反思的同情与反感之中——尽管其形式非常朦胧，并且其中之一过分渗入到智力中——却存在着那种凭本能行动的昆虫意识中也必然要产生的东西。为了把最初彼此渗透的元素发展到底，进化的确将它们分开了。更准确地说，智力首先是一种把空间中的各个点连接在一起的机能——一种把各种物质对象联系在一起的机能；智力运用于所有事物之上，却始终处在所有事物之外，并且，由于某种深层的原因，智力只能感知到并列发生的结果。不论哪种力量造成了毛虫神经系统的起源，在我们看来，在我们想来，它都仅仅是神经和神经中枢的并置。事实上，我们就因此看到了这种力量全部的外在影响。毫无疑问，阿莫费拉毒蜂只能识别这种力量的极小一部分，仅仅是和它自身相关的那一小部分。不过，至少它是从自身内部进行识别的，这种识别和知识的过程截然不同——它依靠直觉（存活的直觉，而不是被表现的直觉）来识别，这和我们所说的“直觉性同情”极为近似。

极为明显的事实是，关于本能的科学理论，在两种理论之间摇摆不定，一种把本能看作智力，而另一种则把本能看做完全可以凭智力来理解的东西。或者可以说，这些科学理论要么把本能和一种“失效的”智力联系起来，要么就把本能化约为一种纯粹的机能。[①] 这两种解释体系都成功地批判了对方：第一种体系向我们表明本能不可能是纯粹的反射，以此批判第二种体系；另一种体系则声称本能是某种不同于智力，甚至是陷入了无意识的东西，以此批判第一种体系。这只能表明它们是两种象征系统，某些方面能够被两种同等接受，而另一些方面则同样都不足以作为对象，除此之外，还能有什么其他的含义呢？具体的解释将不再是科学的解释，而是形而上学的解释，这种解释必须沿着另一种不同的道路去寻求，不再沿着智力的方向，而是沿着“同情”的方向。

本能即同情。这种同情如果能扩展其对象，反思其自身，那它就会把理解生命运作过程的钥匙交给我们，这就好像是高度发展并且训练有素的智力把我们引向了物质一样。这是因为（无论我们怎样重复都不过分），智力和本能转向两个对立的方向，智力指向无生命物质，而本能指向生命。智力借助于科学（智力的工作就是科学），越来越完整地向我们揭开物理运作的奥秘；但对于生命而言，智力只能把它翻译成无生命的术语给我们。智力总是围绕生命活动，采用尽可能多的外部视角，将生命拉进自身，而不是进入生命内部。然而，直觉却把我们引向生命的最深处。

① 在近期的著作中，特别参见贝斯，“我们能否记述蚁群和蜂群的生理属性”，1898 年；以及弗莱尔，“比较心理学概论”，《心理学年鉴》，1895 年。

所谓直觉，我指的是一种本能，它已经变得中立，具有自我意识，能反射到它的对象上，并无限地扩展这个对象。

这样的努力并非不可能，这种努力在人类身上得到了证实，因为人类除了拥有正常的知觉之外，还具备审美机能。我们的眼睛所观察到的生物特征，都是集合的特征，而不是彼此有机化的特征。生命的意图，即经由几条生命路线的那种简单运动，把这几条路线结合在一起，并赋予其意义的那种运动，却无法被我们的眼睛观察到。这种意图，正是艺术家力图重新获得的东西。借助某种同情，艺术家把自己重新放置在对象当中，他凭借直觉的努力，打破空间在他和模特之间设置的障碍，就是要重新获得这种意图。当然，这种审美直觉就像外部知觉一样，只能抵达到个体。但我们可以设想一种探询，转向艺术的同一方向，它把总体生命当作对象，就像物理学遵循外部知觉指引的方向，最终把个体事实延伸为普遍规律那样。无疑，这种哲学所获得的知识对象，无法与科学所获得的知识对象相比。智力仍然是发光的核心，本能在它周围（甚至是被扩大和纯化为直觉的本能）只形成了模糊的星云。但是，在缺乏适当知识（它保留为纯粹的智力）的情况下，直觉却有可能让我们得以把握智力未能提供的东西，并指明补足智力的手段。另一方面，直觉也会运用智力机制本身，以表明智力模具是如何终止了其严格的实用价值。还有，通过自身的运作，直觉至少会向我们暗示出模糊的感觉，也就是什么东西必将取代智力模具。这样一来，直觉就也许会使智力认识到，生命我们会看到，从这个视角来看，知识的难题伴随着形而上学的难题，这两者本是一体，且两者都依赖于经验。

We shall see that the problem of knowledge, from this point of view, is one with the metaphysical problem, and that both one and the other depend upon experience.

既不能被完全纳入“众多”的范畴，也不能被完全纳入“单一”的范畴。无论是机械因果关系还是目的论，都无法对生命过程做出充分的解释。于是，直觉就在我们和其他生物之间建立了同情沟通，扩大了它带给我们的意识，从而把我们引领进生命自身的领域。这个领域彼此渗透，进行着无穷无尽的创造。然而，尽管直觉因此超越了智力，但却正是从智力中产生了使直觉上升到其应有水平的推动力。没有智力，直觉就仍然保留着本能的形式，被固定在其实用目的的特定对象上，并且被这个对象外化为动力运动。

稍后我们会尝试说明，关于知识的理论为什么必须考虑智力和直觉这两种机能，由于未能对智力和直觉做出足够清晰的区分，知识的理论何以会陷入种种无法解决的困境，造成概念的错觉，这些错觉又和种种困境的错觉紧紧相连。我们会看到，从这个视角来看，知识的难题伴随着形而上学的难题，这两者本是一体，且两者都依赖于经验。一方面，如果智力随着物质改变，本能随着生命改变，我们的确需要紧紧挤压两者，才能从中获得各自的精华，因此，形而上学就依赖于知识理论了。但另一方面，如果说意识已经因此分裂成了直觉和智力，那也是出于这种需要：意识在追随生命之流的同时，也必须把自己应用在物质上。于是，意识的这种双重形式就来源于现实的双重形式，而知识理论又需要依赖形而上学了。事实上，这两条道路彼此相通，它们形成了一个圆圈，这个圆圈唯一的中心就是对进化的经验性研究。意识穿透物质，在其中消失，又在其中重新找到自我、分解自我又重构自我，正是看到这种情况，我们才形成一种概念，即这两组术语互相对立，或许也有相同的源头。但在另一方面，进一步研究这两种要素的对立性和两者起源的同一性，我们就有可能更清楚地表明进化本身的含义。

这就是下一章的目标。不过，我们刚刚提及的事实，想必已经向我们暗示了这样的意思：生命要么和意识相关，要么和某种类似于意识的东西相关。

九、生命与意识

我们说过，贯穿整个动物王国领域的意识似乎和生物的选择能力成正比。意识照亮的那个潜能区域围绕着行动。意识填充了已完成和要完成之间的间隔。从外部来看，我们也许会把意识看作对行动的简单协助，看作由行动点燃的灯火，看作从真实行动与可能行动的摩擦中迸发出来的、转瞬即逝的火花。然而，同时，我们必须指出，如果意识不是结果，而是原因，那么，事情的发展也同样如此。我们可以假设意识（即便是原始动物的意识）天然就覆盖一片广阔的范围，但事实上它却被挤压进某个夹缝中——神经中枢的每一个优点，都使有机体能在更多的行动中做出选择，从而造就了一些能够围绕真实（行动）的潜在可能性，因此夹缝被扩大，意识就能够自由通行了。在第二个假设里，和人不仅仅能再度表演自己过去的生活，还能够表现和梦想过去的生活。

He is not limited to playing his past life again; he represents and dreams.

在第一个假设里一样，意识仍然是行动的工具，但如果说行动是意识的工具，那就更接近真实。因为被囚禁的意识自行获得自由唯一可行的方法，就是用行动把行动复杂化，用行动对抗行动。那么，我们如何在这两个假设之间做出取舍呢？如果第一个假设是正确的，那么，意识必定每时每刻都精确地反映着大脑的状态，心理状态和大脑状态就严格并行（在可以被感知到的范围内）。相反，根据第二个假设，实际存在于大脑和意识之间的是一致性和相互依赖性，而不是平行性——大脑变得越复杂，它给予有机体的可能行动选择的范围就越大，意识也就越有可能超出它的实际载体。因此，如果知觉相同，那么，狗的大脑和人的大脑对同一个场景的回忆或许就会以同样的方式变化，尽管在人的意识和狗的意识里，这种回忆必定差别极大。对于狗来说，回忆仍然是知觉的俘虏，只有在相似的知觉再现了相同的场景时，回忆才会被带回到意识中；之后，它通过对当前知觉的认知（不是被思考，而是被执行），而远远不是通过回忆本身的真实再现被显示出来。相反，人却能根据自己的意志随时唤起回忆，而不依靠当前的知觉。人不仅仅能再度表演自己过去的生活，还能够表现和梦想过去的生活。与回忆相连的大脑，其自身的改变在人和狗身上都一样，这两种回忆在心理学上的区别，不可能是两者大脑机制细节的特定区别，而是各自作为整体的大脑之间的区别。在设置更多数量的机制以相互对抗方面，两个大脑中更加复杂的那一个，已经使意识脱离全部限制，达到独立了。事情必定会以这种方式发生，我们必须选择这两个假设中的第二个，这就是我们以前的书中已经证明过的观点。那本书研究一些最能说明意识状态与大脑状态之间关系的事实，研究正常认知和病态认知（尤其是失语症）的一些事实，以此证明这个观点。[①] 然而，即便不用事实证明，也可以通过纯粹的推理来证明这一点。我们已经表明，大脑状态等同于心理状态的假设，不论其假设条件是何等的自相矛盾，对两种互不相容的象征体系的混淆又达到了何种程度。[②]

从这个观点来看，生命的进化尽管无法归入任何切实的概念，却具备了更为清晰的含义。生命进化就像是一条广阔的意识之流渗进物质，它像所有的意识一样，负载着大量多样又相互交织的潜在力量。它把物质有机化，但它的运动却无限迟缓，又无限可分。一方面，意识确实不得不陷入睡眠状态，就像茧中蛹一样正准备长出翅膀。而另一方面，意识所包含的多重倾向，已被分配给有机体的各个分支系列；况且，这些倾向是在运动外部得到表现，而不是在内部得到表现。在这个进化过程中，一些生物睡得越来越沉，而另一些生物越来越清醒，某些生物的呆滞迟钝服务于其他生物的活动。不过，有两种方法可以造成清醒。生命，也就是说投入物质中的意识，要么把注意力集中于生命自身的运动

---

① 见《材料与意识》，第 2 章和第 3 章。

② “心理—物理平行论”，《形而上学评论》，1904 年 11 月。

上，要么把注意力集中于生命正在穿透的物质上；这样，它要么转向直觉，要么向智力。乍一看，直觉好像比智力更受欢迎，因为在直觉中，生命和意识仍然在自身之内。但是，只要看一眼生物的进化，就能明白，直觉走不了太远。意识如果转变为直觉，那它就会发现自己受到外壳的严格限制，以致直觉不得不缩减为本能。也就是说，它仅能把握使它感兴趣的极小一部分生命，并且只能在黑暗中来把握——它能触及，却几乎不能看到。在这个方向上，视野很快就被封闭。与此相反的是，如果意识把自己转变为智力，也就是说把自己首先集中在物质上，那么就好像是把自身外部化了。不过，恰恰由于意识因此使自己适应了来自外部的对象，它才能成功游移于这些对象当中，才能超越这些对象为它设置的障碍，从而为自己打开无限广阔的天地。此外，意识一旦得到自由，它就能转向自身内部，唤醒依然沉睡其中的直觉潜能。

从这个观点来看，意识不仅表现为进化的动力原则，同时，在有意识的生物当中，人类也占有优越的位置。人和动物之间的区别，已经不再是程度的区别，而是种类的区别。在下一章里，我们将会说明这个结论是怎么得来的。现在，我们则要说明之前的分析如何暗示了这一点。

发明的成果和发明本身格外地不成比例，这是个值得注意的现象。我们说过，智力以物质为模型而成，并且首先指向制造。然而，它是为了制造而制造，还是不自觉地，甚至是无意识地追求某种全然不同的东西呢?制造就是将材料塑形，使材料弯曲顺从，把材料变成工具，供人类支配。这种支配权给人类带来的益处，甚至远远超过了发明本身带来的物质成果。尽管我们和所有智力动物一样，从制造的成品中获得直接利益，尽管发明者所追求的也仅仅是这种利益，但是和发明可能在各个方面引发的新感觉相比，这种直接利益就微不足道了。仿佛发明成果的精华所在，就是提升我们自己，扩大我们的视野。结果和原因之间，比例失衡如此严重，以致很难把原因看作结果的生产者。原因释放结果，同时也在实际上决定了结果的方向。所有发生的一切都似乎是智力掌握物质的主要意图，就是让某种东西穿过物质的隐藏。

当我们比较人的大脑和动物的大脑时，也会得到同样的印象。起初，两者的区别看起来好像只是体积和复杂程度的区别。但是，如果考察两者的功能，就会发现，除了体积和复杂程度不同以外，肯定还有其他的差别。在动物身上，大脑成功建立起来的运动机制（或者换句话说，那些自愿养成的习惯），其唯一目标就是完成由这些习惯标记出来的、储存在这些机制里的那些运动。但是，在人类身上，运动习惯却可能具备一个次级结果，它和初级结果不成比例：它可以抑制其他运动习惯，并因此克服自发运动，从而解放意识。我们知道语言在人脑中所占据的区域是何等广大。和词语相关的大脑机制所占的区域尤其广大，以致可用于控制其他的机制（比如那些对应于物体自身的机制），甚至可用于各种机制的相互制约。同时，意识被保留起来，并且被解放；而在行动的完成过程中，意识却可能被阻截，并淹没其中。[①]

所以说，这种差别肯定要比那些肤浅的实验使我们认为的要明显得多。这种差别存在于吸引注意力的机制和注意力转向的机制之间。按照纽克曼的设想，最初的蒸汽引擎，需要专门雇一个人开关阀门，以使蒸汽进入汽缸，或者向汽缸中喷入冷水雾，凝聚蒸汽。据说有个男孩被雇来做这个工作，他很讨厌这样做，于是想出一个办法，用铁丝把阀门手柄绑在引擎的横梁上。这样一来，机器就自动开关阀门，而不用人来控制开关了。这时，如果有人比较后来的机器与原先机器的结构，却不考虑看管两台机器的两个男孩，他就会发现这两台机器只是在复杂程度上略有不同而已。但是，只要我们稍稍注意那两个男孩就会知道，其中一个完全忙于看管机器，而另一个，只要他愿意，就可以离开机器去玩耍。从这一点来看，两台机器的差别就非常明显了，第一台机器牢牢抓住注意力，而第二台机器则解放注意力。我们认为，这种差别也存在于动物的大脑和人的大脑之间。

因此，如果我们希望用目的论的术语来表达这一点，就不得不说，意识为了解放自身，不得不首先把有机体划分成两个相互补充的部分，即植物和动物，随后在本能和智力这两个方向上寻找出路。意识没能在本能方向上找到出路，并且如果意识没有从

---

① 我们引用过一位地质学家沙勒的观点，他精辟地指出："我们观察人类时，发现头脑对于身体古老的从属关系似乎被取消了，各个智力部分格外迅速地发展，而身体结构却基本未变。"沙勒，《解释自然》，波士顿，1899 年，第 187 页。

对生命进化的考察，向我们暗示出了知识的某种概念，也暗示出了某种形而上学，这两者彼此包容。

A survey of the evolution of life suggests to us a certain conception of knowledge, and also a certain metaphysics, which imply each other.

动物突然飞跃到人类，它也同样找不到解放自身的出路。因此，从最终的分析结果来看，就有可能把人类视为地球上全部生命有机体存在的理由。不过，这仅仅是一种说法而已。在现实中，只存在一个生存之流和它的反向流，从中产生了生命的整体进化。我们现在必须更加严密地把握这两股流体之间的对立，或许能够从中发现它们的共同源头。无疑，这样的做法，也能够使我们深入到形而上学最晦涩的领域里。然而，既然我们不得不追踪的两个方向都被清晰地标明了，其一是智力，另一个则是本能和直觉，那么我们就不怕迷失方向了。对生命进化的考察，向我们暗示出了知识的某种概念，也暗示出了某种形而上学，这两者彼此包容。一旦得以澄清，这种形而上学和这种批评反过来就会对阐明整体进化过程有所裨益。

第三章　论生命的意义：自然秩序与智力形式

在本书的第一章，我们在无机体和有机体之间画出了一条界线，不过，我们也指出，把无机物质分割为孤立的实体，是与我们的感觉和智力相关的。而这种物质如果被视为不可分割的整体，就必定是一种物质流，而非一件物体。于是，我们就为无生命体和生命体的再度和谐提供了途径。

接着，我们在第二章说明了在本能和智力之间，也可以发现同样的对立：本能转向生命的某些确定方面，而智力则根据材料的结构塑造自身。然而，我们已经说过，本能和智力从同一背景中凸显出来，这个背景，在没有更好的名称之前，我们可以称之为“总体意识”，这种总体意识必定和普遍的生命共同扩展。这样一来，我们就已经展示了一种可能性，即如果我们从包含着智力的总体意识入手，就可能找到智力的起源。

一、哲学的方法

现在，我们尝试表明，智力的起源同时也是物质实体的起源。

如果我们智力的主要路线在事实上标记了我们加诸物质行动的普遍形式，如果物质的细节实际上受制于我们行动的需求，那么，这两项任务显然就是相关的。智力性和物质性从细节来看是通过两者的彼此适应而构成的。两者都源自一种更为广阔、更为高级的存在形式。为了看清二者的发展，我们必须把它们放回这里。

这样一种尝试，乍看起来似乎比形而上学最大胆的思辨还要过火。它声称比心理学更深入，比宇宙论更深入，也比传统的形而上学更深入，因为心理学、宇宙论和形而上学都把智力（以及所有与智力本质相关的事物）看成是既定的东西，而不是像我们现在这样，去寻找智力自身的形式和物质的起源。我们将会说明，这个任务实际上要谦和得多。不过，我们还是先来说明一下这个任务和其他任务之间的区别吧。

首先是心理学。我们认为心理学在动物系列中追寻智力的发展，并不能找到智力的起源。比较心理学让我们认识到，一种动物越是具有智力，它就越倾向于在行动中反映出它对物体的利用，因而也就越接近人类。但是，动物的行动借助于自身采用了人类行动的基本路线；动物也像人类一样，在物质世界里找到了一些相同的普遍方向；动物也依照同样的关系把同样的对象结合在一起。因此，动物的智力尽管没能形成一些严格的观念，其运作却已经带有观念的意味了。动物每时每刻都专注于它做出的那些行动，专注于它必须采取的那些态度，并被这些行动和态度引向外部，从而将自身外化。因此，毫无疑问，动物是在展示观念，而不是在思考观念。不过，这种展示仍然能在很大程度上和人类智力的总体方案相提并论。[①] 于是，如果用动物智力来解释人类智力，就只能去追踪人类的胚胎发展到完整个体的过程。我们来说明智力越来越高的生物是如何一步步朝某个方向进化的，不过，一旦我们承认了这个方向，智力就被决定了。

在斯宾塞式的宇宙起源论中，智力被视为理所当然，同时也被视为物质。我们看到，物质服从于规律，对象与对象、事实与事实之间，全都由永恒的关系联系在一起；而意识则被打上了关系和规律的印记，因而采用了大自然的普遍结构，并把自己塑造为智力。但是，如果我们承认了对象和事实，又怎么会看不到关于智力的假设呢？它被假定为前提，并排除了关于物质性质的所有假设，显而易见，实体的物质性并不止于我们触摸到的那一点：实体影响所及之处也就是实体存在之处，它的吸引力（仅谈吸引力这一点）作用于太阳、行星，甚至作用于整个宇宙。物理学越发展，就越消隐实体的个性，甚至消隐微粒子的个性，而科学的想象力正是通过分解微粒子才得以展开：实体和微粒子全都倾向于溶解成普遍的相互作用。知觉赋予我们的，与其说是物体自身的计划，不如说是我们最终加诸物体的行动计划。我们在物体上发现的轮廓，只能标记出那些我们能够得到和改变的东西；我们

① 我们已经在《物质与记忆》中展开论述了这一点。见概述第 2 章和第 3 章，尤其是第 70~80 页和第 169~186 页。

在物质上看到的线条，也不过是描绘出我们注定要移动的路径。这些轮廓和路径，已经按照意识为加诸无机物质的行动的尺度和比例——也就是说，根据智力已经形成的尺度和比例——将自身呈现出来。按照不同方案形成的动物（比如软体动物或昆虫）是否也依照同样的清晰节点切割材料，还存在疑问。对这些动物来说，把物质分割成实体，实在毫无必要。要想遵循本能的指引，完全没有必要感知对象，只需区分出对象的属性就足够了。相反，智力，哪怕是最粗陋的智力，也已经以“为获得物质而作用于物质”为目标发展了。如果物质能够划分为积极的实体和消极的实体，或者更简单一些，能够划分为共存的明确片段，那么，这一点就是智力对待材料的方式。智力越是忙于分割物质，就越是要把物质散布到空间里。以互相接续的空间扩展性为形式，这种物质自身无疑就具有空间性的倾向，然而，其组成部分却仍然处于相互包容、相互渗透的状态。这样，大脑使自身形成智力（即形成明确概念）的运动，也使得物质将自身分裂为相互排次的多个对象。意识越智力化，物质就越空间化。所以说，一旦进化论哲学在空间中设想出一种物质，并且这种物质是按照我们即将遵循的确切轮廓切割出来的，它就已经预先为自己设定了一种现成的智力，并宣布自己能够表明这种智力的起源。

当形而上学从一个先验前提中推导出思维范畴的时候，它本身也在做着同样的工作，只是更精细、更自觉而已。形而上学把智力压缩到其最精华的部分，用一条简单到几乎可被视为虚无的原则紧紧抓住智力，我们才得以从这个原则中引出我们实际上放入其中的东西。以这种方式，我们或许能够确凿地证明智力的固有特性，界定智力并阐明智力，然而，我们却无法追寻智力的起源。即便是费希特那样的努力，尽管比斯宾塞的努力更具哲学性（因为它更重视事物的真实规律），也几乎不能让我们走得更远。费希特把思维当作一种集中的状态，并把它拓展到现实当中；而斯宾塞则从外部现实入手，并将它凝聚成智力。但无论哪一种情况，起初都必须把智力当作既定之物——要么是凝缩的，要么是延伸的，或者依靠直接的视像使自身被掌握住，或者像在镜子里那样，依靠自然的反映被感知到。

大多数哲学家之所以能在这一点上达成一致，是因为他们都肯定自然的同一性，并且都用抽象的几何形式来表述这种同一性。他们看不到，也不愿意看到存在于有机体和无机体之间的那个裂缝。一些人从无机体开始，让无机体和有机体互相结合，宣称这些构成了生命；另一些人则从生命入手，借助于熟练的操作手法将生命降低为物质。然而，对于这两种哲学家而言，自然中存在的仅仅只是程度的差别——第一个假设中是复杂程度的差别，而第二个假设中则是强度的差别。一旦这个原则得到承认，智力就会变得像现实一样广阔，因为无论物体中的几何性是什么，都无疑能被人类的智力把握。如果几何学和其他科学之间具有完美的承接关系，那么，其他科学也必定可以被智力把握，也同样都是智力的科学。这就是大多数哲学体系的推论结果。任何一个人，只要去比较那些看似没有共同点、没有共同尺度的学说（比如费希特的学说和斯宾塞的学说），比较我们恰好偶然放在一起的两个名称，能轻易相信这一点。

因此，在这些思辨的根源之处，存在着两个相互关联、相互补足的信念，一个认为自然是一个整体，一个认为智力的功能是把握全部的自然整体。理解机能因此被假定为和整体经验一起扩展，而不再质疑其起源。它是给定的，我们要做的仅仅是运用，就像我们运用视觉来展开视野一样。诚然，这些见解的分歧之处在于对结果的估价。对一些人来说，智力所把握的正是现实本身，而对另一些人来说，智力把握的仅仅是个幻象。然而，无论是幻象，还是现实，智力所把握的被想象成是所有能得到的一切。

因此，哲学对个体头脑的力量自信得过了头。无论是教条式的哲学还是批判性的哲学，无论是承认我们知识相对性的哲学，还是宣称建立在绝对之内的哲学，都通常是一位哲学家的工作，都是对整体的单一视角。要么全盘接受，要么全盘否定。

我们所提倡的哲学却比较谦和，并且是唯一能够得到实现和完善的哲学。在我们的表述中，人类智力绝不像柏拉图的洞穴隐喻那样。人类智力的功能，既不是观看转瞬即逝的阴影，也不是转向自身，独自去思考光芒四射的太阳。它另有所图。我们就像戴上轭的牛一样，承受着重负，我们感觉到肌肉和关节的活动，感觉到铁犁的沉重，感觉到土壤的阻力。行动并且知道自己正在行动，接触现实，甚至生活在现实之中，但只生活在正在完成的工作范围之内，只涉及那条正在被犁出的犁沟，这才是人类智力的功能。不过，尽管我们把力量投注于劳作与生活，却依然有愉悦让我们沐浴其中。我们沉浸于生命的海洋中，不断从中抽取一些东西，我们感到某种局部的汇集已经在其中形成了我们的存在，或者说至少形成了指引着这种存在的智力。哲学只能是一种致力于重新融入整体的努力。智力被重新吸收进其原则之中，或许会因此重新生活于其起源之处。然而，这项事业却不可能一蹴而就，它必然要求合力而为，逐步实现。这项任务就在于使各种印象相互交流，而这些印象彼此连接，彼此叠加，最终使我们扩展人性，甚至超越人性。

然而，这种方式在和我们最根深蒂固的思维习惯作对，同时它还暗示出一种恶性循环的观念。有人会说，你宣称超越智力毫无意义，不依靠智力，你又如何能超越它呢？你意识中所有清晰的东西全都属于智力。你存在于你自己的思想之中，你不可能摆脱它。还会有人说，如果你高兴，你可以说智力是能够发展前进的，它会把越来越多的事物看得越来越清楚。但是不要谈及智力的起源，因为你要这样做的时候，不得不依靠的正是你的智力本身。

这种反对意见本身就会自然而然地出现在头脑中。但是，同样的推理也将能够证明，任何新习惯都不可能养成。推理的本义在于把我们封闭在已知的循环圈里。但是行动打破了这个圈子。要是我们从来没有见过人类游泳，就可能说，游泳是件不可能的事情。同样的道理，要学会游泳，我们必须让自己浮在水面上，之后自然就会知道怎样游泳。实际上，推理总是把我们钉在坚固的地面上。然而，同样简单的是，如果我毫无畏惧地跳进水里，那么，起初我只要挣扎几下，就能够很好地浮在水面上，并且会逐步适应这个新环境，如此一来，我就学会了游泳。所以，从理论上来讲，不依靠智力就企图获得知识，这本身有点荒谬。然而，如果坦然地承担这个风险，行动就有可能剪断那个由推理结上、却不愿解开的死结。

除此之外，我们的观点越多被采用，这个风险就会显得越小。我们说明过智力已经把自身抽离于广阔的现实之外，但它和现实却从未截然分开。在概念性思维的四周，依然存在模糊的边缘提醒其起源之处。接下来，我们把智力比作凝缩而成的固体粒子。这种粒子和环绕其周围的那种流动体并无太大的区别。它只能被重新吸收进其中，因为两者由同一种材质构成。跳水者只知道固体地面的阻力，当他跳进水中，如果不和新环境中的流体搏斗，就会立即被淹没，他不得不紧紧把握那种可以说即便是水流也能呈现出的固体性。唯其如此，他才能适应水的流动性。我们的思维若要决定做出这种飞跃，也必须这样做。

然而，要做出飞跃，我们的思维就必须离开自己原有的环境。理性依靠其力量进行推理时，从来未曾成功地扩展这些力量，尽管一旦这种扩展得以实现，就会始终显得合情合理。步行的策略，哪怕有千种万种变化，却也绝不会产生一条游泳的规律。来吧，跳进水里，等你学会游泳的时候，你就会明白游泳的原理和步行的原理之间的联系了。游泳是步行的扩展，但步行却从来不能让你学会游泳。因此，你尽可以凭借智力去思索智力的机制，但这样做却绝不能使你超越智力。你或许会得到更复杂的东西，但你却得不到更高级一些，甚至是稍微不同的东西。你只有依靠强攻才能取胜，你必须依靠意志的行动，把智力从它自身抛离出去。

因此，那个恶性循环只不过是表面现象。相反，我们认为，在各种其他哲学方式当中，它是其中真实的一个。如果只想证明哲学不能，而且也不应该承认纯粹智力论在知识理论和理解理论，以及在形而上学和科学之间确立的关系，那我们就必须用几句话尽量说明这一点。

二、科学和哲学

乍看上去，让实证科学去考察事实，让物理学和化学忙于处理物质，让生物学和心理学解决生命难题，似乎十分恰当。哲学家的任务也因此被明确划定了。哲学家从科学家手中拿来事实和规律，无论他是想超越事实和规律，以探求它们的更深层原因，还是认为不可能再前进一步，甚至认为根本无法用科学知识的分析予以证实，对于科学交给他的事实和关系，他都像对待最终裁决一样尊重。在这些知识之上，他还添加了对理解机能的批判，同样，如果他思考得当，他还能添加一种形而上学。然而，他认为知识的物质是科学研究的对象，而不是哲学研究的对象。

但是，他怎么会看不清这种所谓的劳动分工，其真正的后果就是把一切都混杂在一起、把一切都混淆掉呢？哲学家不得不从实证科学中获得的那种现成的形而上学，或者说是留给自己使用的批判哲学，已经被包含在实证科学的那些描述和分析当中；至于这种描述和分析关注的所有一切，哲学家把它们留给了科学家。因为哲学家最初并不想介入事实问题，于是他就得对一些原则问题退而采取了一种做法，即用更简明的术语，纯粹而简洁地阐述那种自发产生的、因而不一致的形而上学和批判哲学，而这二者正是科学对于现实的态度本身所标示出来的。我们千万不能被自然事物和人类事物之间的表面相似所欺骗。在这个问题上，我们可不是在司法领域，在这个领域里，陈述事实和根据事实做出裁决是两件截然不同的事情。这二者之所以如此不同，纯粹只因为在事实之上并且独立于事实之外，还存在着由立法者颁布的法律。而在这里，法律内在于事实本身，并且与把真实得以切割成不同事实的那些轮廓有关。不事先判断对象的内部性质及其结构，我们就无法描述对象的外在面貌。形式将不再能完全脱离物质了，而如果有人把原则问题留给哲学解决，如果有人因此试图把哲学置于所有科学之上，将其视为高于巡回法院和上诉法院的“终审法院”，那他就会一步步把哲学降低为一个注册法院，其职能顶多只是给送到它手中那份措辞分明、不可更改的判决书进行词句的修饰。

实际上，实证科学是纯智力的工作。

Positive science is, in fact, a work of pure intellect.

实际上，实证科学是纯智力的工作。因此，无论我们的智力概念是否被接受，有一点大家都会同意：智力在面对无机物质时游刃自如。智力借助于机械发明，越来越多地利用无机物质，而智力越多用机械思维思考物质，就越是容易做出机械发明。智力本身就包含着一种以自然逻辑为形式的潜在几何特质，而智力越是深入无机物质的内在性质，这种特质越是能够得到释放。智力和无机物质步调一致，正因如此，研究无机物质的物理学和形而上学才如此靠近。于是，智力承担起研究生命的工作时，它必然会把生命体看成无生命的物质，而把用于无机物质的形式套在这个新对象上，把在旧领域大获全胜的原有习惯带入这个新领域。这样做自有其合理性，因为只有在这些条件下，生命体才会像无机物质那样成为我们行动的对象。然而，我们如此获得的真理全部都要关系到我们的行动机能。它仅仅是一种象征性的真理，它不可能获得物理性真理的价值，因为它只是物理学朝向一个对象的扩展，并且其前提是我们都一致同意只考察对象的外部形态。哲学的责任应该是积极介入这个问题，从纯属智力的形式和习惯中脱身而出，毫无保留地从以实用目的来考察生命体。哲学自身的专门对象是进行思辨，也就是观察；哲学对生命体的态度不应当和科学的态度相同，因为科学的目标完全是行动，要行动，它只能借助于无机物质，因此它只让自己面对全部现实的单一方面。哲学把物理学的事实留给实证科学去解决，这没有什么不对，但如果哲学也把生物学和心理学的事实留给实证科学去解决，那么会出现什么结果呢？它将会先验地接受一种关于全部自然的机械概念，这个概念是物质需要的结果，不加反思，甚至是无意识的。它会先验地接受一种关于知识的简单同一性学说，以及关于自然的抽象同一性学说。

一旦哲学这样做，它的命运就被注定了。在形而上学教条论和形而上学怀疑论之间，哲学家不再有任何选择的余地，并且，就其本质而言，这两者都建立在同一个前提之上，它们也都没有为实证科学增加任何东西。哲学家或许会把自然整体（或者说科学整体，结果都一样）的实在性假设为一种存在，但这种存在是一种虚无，因为他什么都不做，他是一个无用的神，只会把所有已知的东西都添加在自己身上；或者哲学家会把自然整体的实在性假设为一种永恒的物质，其发源地不断地涌现出事物的属性和自然的规律；又或者哲学家会把自然整体的实在性假设为一种纯粹的形式，它竭力去把握一种无法把握的多样性，只要愿意，我们既可以把它视为自然的形式，也可以把它视为思维的形式。所有这些哲学家都各自用不同的语言告诉我们，科学把有生命体当作无生命体来处理是合适的，智力运用自己的范畴，无论是研究无生命体，还是朝有生命体进攻，两者的结果之间并不存在价值的区别，也没有明确的差异。

然而，在许多情况下，我们都感觉到这个框架在破裂。不过，由于我们起初就没有区分无机体和有机体，无机体事先就适应了我们给它加上的框架，而有机体却无法适应这个框架，除非我们会发现，无机体自然而然地进入了智力的框架，而有机体却要通过人为的方式来适应这些框架。

We shall find that the inert enters naturally into the frames of the intellect, but that the living is adapted to these frames only artificially.

依照惯例，删除有机体身上全部本质性的东西。结果，我们就发现自己退回到去怀疑这个框架中所包含的一切。与形而上学教条论（它把科学人为的整体提高为一种绝对）相对，还存在着怀疑论或者相对论，它把某些科学结果中的人为特征普遍化，扩展到科学的所有结果上。因此，哲学在两种学说之间摇摆不定，一种学说把绝对现实看作不可知的，而另一种学说向我们传达的这种现实观念并不比科学更多。这是因为，为了避免在科学与哲学之间发生的所有冲突，我们牺牲了哲学，却没有给科学带来任何有价值的收获。同时，由于我们企图避免发生表面上的恶性循环，即用智力去超越智力，我们却不自觉地陷入了一个真正的循环圈，即企图依靠形而上学，竭尽全力重新寻找一种新的整体，把它作为先验前提。我们把全体经验都抛向科学，把全体现实都抛向纯粹的理解力，这使得我们盲目且无意识地承认了这个整体。

反过来，我们还是从确定无机体和有机体之间的分界线入手吧。我们会发现，无机体自然而然地进入了智力的框架，而有机体却要通过人为的方式来适应这些框架。因此，我们必须对有机体采取一种特殊的态度，用不同于实证科学的视角去审视它。这样，哲学便侵入了经验的领地。自此以后，哲学就忙着处理许多与自身无关的事情了。科学、知识理论和形而上学也都发现自己处于同一领域。起初这也许会造成某种混乱，三者都觉得失去了什么，但最终他们会发现这种聚会大有益处。

的确，实证科学会自豪于能够把握全部经验领域的统一价值。

但是，如果全部经验都被放置于同一根基之上，那么它们就被染上了同样的相对性色彩。但如果我们从那种在我们看来是迫于无奈必须要做出的区分入手，情况就不同了。在无机物质的领域里，理解力应付自如。人类的行动自然地施加于无机物质之上，我们曾经说过，在非现实领域里，行动无法启动。于是，只要我们仅仅考察普遍的形式，而不是以对物质的具体切割来体现形式，我们就可以说物理学触及了绝对的东西。与此相反，科学能像把握物质那样把握生命体只是个偶然（或者说是个机会，或是惯例，随你怎样说）。此时，对概念框架的运用就不再是自然的了。就这个术语的科学意义而言，我并不想说这种运用是非法的。如果科学的目的是把我们的行动扩展到物体上，如果我们只能对无生命物质做出行动，把它们变为工具，那么，科学就能够、并且必须继续用对待无机体的方式去对待生命体。不过，要这样做，科学必须明白，它越是深入生命内部，它为我们提供的知识就越具有象征性，就越是和行动的偶然性紧密相关。因此，在这个新的基础之上，要为科学真理增添另外一种可被称作形而上学的知识，哲学就必须跟随科学。这样，我们的全部知识——既有科学的知识，也有形而上学的知识——联合在一起，共同得到了提高。我们生活在绝对中，活动于绝对中，也存在于绝对中。诚然，我们关于绝对的知识识并不完整，但这种知识也不是外部的或相对的。就现实这个词最深层的含义而言，它就是现实本身；而通过把科学和哲学的进展结合在一起，我们就能把握现实。

于是，通过否定理解力从外部加诸自然的人为整体性，我们或许就能发现自然本身具有真正的、内在的有机整体性。这是因为，我们为超越纯粹理解力所做的努力，把我们引至一种更加广阔的事物中，而我们的理解力就是从这种事物中切割出来并从其中分离出去的。况且，由于材料取决于智力，由于材料和智力之间存在着明显的一致性，当我们追溯其中一个的起源时，就不能不追溯另一个的起源。从包含物质和智力的事物当中同时切割出这二者，这个过程本身就是同一的。我们越是迫使自己去超越纯粹智力，我们就越来越能完整地重新回到这种现实之中。

三、智力性和物质性

下面，让我们把注意力集中到一个我们已经拥有，同时也是离外在性最远、被智力穿透最少的事物上来。让我们在经验的最深处寻找这样一个点，能让我们感觉到在自己的生命当中和自己最为亲密。于是，我们重新回到的，正是纯粹的绵延；过去始终在这种绵延中移动，与一个绝对崭新的当前一起持续膨胀。但与此同时，我们也感到意志的弹簧被拉到了最大极限。我们必须使用强力把我们的个性压回到自身，把我们正在逝去的过去收集起来，以便把这种压缩的、整体的过去插进当前，而这个当前是由于过去的进入而创造出来的。我们的精力集中到如此程度，确实十分罕见，这样一来，真正自由的恰恰是我们的行动。然而，即便是在这样的时刻，我们也并不能完全集中精力。我们对绵延的感觉存在程度上的差别，或者我应当说，我们的自我与其自身的真正重合存在着程度上的差别。然而，感觉越是深刻，重合越是彻底，绵延为我们替换的生命就越多通过超越智力性而吸收智力性。这是因为，智力的天然功能是把相似的事物联系在一起，而只有能被重复的事实，才能完全适用于智力的概念。因此，真正绵延的真实瞬间经过之后，我们的智力确实能够把握它们。我们能做到这一点，是运用一系列的外部视角来重构这个新状态，其中每一个视角都尽可能类似于某种已知的东西。在这个意义上，我们可以说，意识状态中蕴涵着智力性。不过，意识状态超越了智力性，它本身是一个不可分割的崭新整体，它和智力之间其实并没有什么可比性。

现在，让我们放松那个弹簧，不再试图把过去挤入当前。如果彻底放松弹簧，记忆和意志都将不复存在。这等于说，我们实际上从未陷入这种绝对的被动性之中，我们也不能让自己获得绝对的自由。然而，在这个极限之内，我们却瞥见了由不断开始的当前构成的一种存在——它没有真正的绵延，只有无数个不断死亡又不断重生的瞬间。物质的存在也具有这种性质吗？不完全是。因为物质被分解为微小的振动，最微小的振动只进行轻微的绵延，它几近消失，却并非不存在。不过，我们还是可以设想，物理的存在倾向于第二个方向，而心理的存在则倾向于第一个方向。

因此，一方面是“精神性”，另一方面是与智力性相伴的“物质性”，两者背后存在着两个相反的过程，而我们则能够依靠逆反原理，从一个过程转向另一个过程，甚至或许仅仅通过中断就能做到，只要我们把这种情况下的逆反或中断理解为两个意义相同的术语就可以了。在以后的论述中，我们会更详细地讨论这一点。我们如果从空间扩展性的角度去考察事物，而不再是单从绵延的角度去考察事物，这个假设就能得到证实。

我们越多使自己意识到我们在纯粹绵延中的进展，我们就越多感到我们存在的各个部分之间的相互渗透，而我们的全部个性会将自身聚集在一个点上，或者更确切地说，聚集在一个尖锐的边缘上，挤压着未来，并不断地切进未来。正是在这里，生命和行动才是自由的。但是，假如我们不是让自己去行动，而是去做梦，又会怎样呢？顷刻之间，自我四散逃开；而我们的过去，此前一直聚集着传送给我们的那种不可分割的推动力，现在也分裂成千万个彼此独立的回忆了。它们放弃了彼此纠缠，转变成为固定的东西。于是，我们的个性就朝着空间的方向下降。它让知觉不断地环绕着自己。这里，我们不打算详细讨论这个我们已经在别处研究过的问题。我们只需知道：扩展性具有程度差别；所有知觉都具备一定程度的空间扩展性；而关于人为放置于空间中、不具备扩展性的知觉的观念，只是思维的观点，与其说它是由心理学的观察暗示出来的，不如说它是由无意识的形而上学暗示出来的。

无疑，我们才只朝空间扩展性的方向迈进第一步，尽管我们已经努力前行了。但是，让我们暂且假设，这个运动中包含的物质再被推进一步，并且物理学也就是逆转的物理学。现在我们就能明白，为什么在物质给头脑暗示出更多明确的观念以后，头脑何以会感到轻松自如、能够在空间里自然移动了。头脑业已把这种空间视为一种隐含的观念，这种观念自身永远紧缩不变，换句话说，这种观念本身就具有可能的外延。头脑在物体上发现了空间，但是，如果头脑已经具备了足够的想象力，把逆反天然方向的运动推进到底，那么，即便没有物体，头脑也能够发现空间。另外，我们也能够解释物质在被头脑观察的时候，何以会集中呈现出更多的物质性了。开始时，物质帮助头脑沿着其天然方向运作。物质提供了推动力。然而，一旦获得了这种推动力，头脑就能够延续它的进程。它形成的“纯粹空间”的观念，仅仅是这个运动所能达到的界限图式。头脑一旦具备空间形式，就会把这个形式当作网络来使用，这个网络的网孔可以随意制造，随意拆毁；并且，这个网络被丢掷于物质上，按照我们行动的要求去划分物质。因此，我们的几何空间和物体的空间性便借助这两个术语之间的相互作用与反作用彼此生成。这两个术语在本质上是相同的，但却按照相反的方向各自移动。空间并不像我们想象的那样与我们的天性无关，物质也并不像我们的感觉和智力所表现的那样可以在空间中完全扩展。

我们在另外的地方已经讨论过第一个观点了。至于第二个观点，我们只指出一点：完整的空间性，应当是各个局部的完整外康德的“先验美学”似乎已经一劳永逸地证明了扩展性和物质的其他属性并不相同。

What the Transcendental Aesthetic of Kant appears to have established once for all is that extension is not a material attribute of the same kind as others.

在性之间的良好协调，也就是说，各个局部的外在性应当完全彼此依赖。因此，没有哪一个物质点能够不作用于全部的其他物质点。如果我们观察到只有行动的物体才是真正存在的物体，那我们就应当因此（像法拉第所说的那样[①]）认为：所有的原子都彼此渗透，每一个原子都填充着世界。在这样的假设之下，原子，或者更一般地说，物质点就变成了纯粹的头脑视点。我们把物质划分为实体的工作如果继续下去，达到一定程度（这完全和我们的行动机能相关），我们就会采取这样的视点。然而，毋庸置疑，物质本身适合这样的划分。并且，我们假设物质可以分成彼此独立的局部，我们就是在构建一门足以呈现真实的科学。不可否认的是，即使不存在完全独立的系统，科学还是找到了一种办法，把宇宙分割成彼此相对独立的系统，并且科学这种做法，也并没有犯下什么大不了的错误。这种办法意味着让物质将自身扩展到空间里，却并不在空间中绝对地被扩展；同时也意味着把物质视为可被分解成独立的系统，即赋予物质一些相当明确的元素，尽管它们随着彼此间的关系而变化，却并不改变其自身（我们不妨说，这些元素的位置“变换”了，但自身并没有发生“变化”）。总之，我们把纯粹空间的诸种属性转移到物质上，就使自己达到了仅由物质指定方向的那种运动的终点。

康德的“先验美学”似乎已经一劳永逸地证明了扩展性和物

① 法拉第，“导电现象的观察”，《哲学杂志》第 3 系列，第 24 卷。

质的其他属性并不相同。我们无法对热量、颜色或者重量这样的概念做出无限的推论，要了解重量或者热度的形态，我们只能求助于经验。但空间这个概念就不一样了。即便空间能够被视觉和触觉在经验上加以证明（而康德并未对此提出质疑），空间的概念还是能引起大脑的注意。当我们的头脑凭借自己的力量去思考空间时，其前提条件是把空间切割成一些形象，并且这些形象的属性被我们确定为前提条件。尽管我们并未一直保持着与经验的接触，经验还是通过我们无限复杂的推理跟随我们身后，并总是能够证实这些推理。这才是事实。康德已经清晰地证明了这一点。然而，我们认为，要寻求对事实的解释，只能在康德的反方向上进行。

根据康德表述给我们的，智力沐浴在空间性的氛围中，对于这种氛围而言，智力是个不可分割的整体，一如生命体与其呼吸的空气之间的关系。我们的知觉只有穿过这种氛围，才能到达我们自身。我们的几何性向已经事先包含了这些知觉，这样我们的思维机能在材料当中再度发现的，只能是由我们知觉机能早已放在其中的一些数学属性。因此，我们明确地看到物质顺从地向我们的推理让步。然而，这种物质，就其所有可被感知的层面而言，却是我们自己的作品。而对于现实的“本体”，我们却一无所知，并且永远一无所知，因为通过知觉机能的形式，我们只能得到现实的折射。因此，如果我们宣称自己证实了现实的某些东西，相反的证明立刻就会出现，并且这个证明同样可以被证实，同样具有说服力。空间的理想形态能够基于对知识的分析被直接证明，也能够基于对立理论造成的二律背反来间接证明。这就是康德批判哲学的主导思想。这个思想使康德断然驳斥了那些“经验主义”知识理论。但在我们看来，起决定作用的恰恰是被康德否定的东西。然而，被康德肯定的东西，是否能够给我们提供解决这个问题的办法呢?

在康德看来，空间是作为我们知觉机能的一种现成形式而给定出来的，这种机能是一种可证实的双重机制，我们既不知道它如何产生，也不知道它为何就是如此，而不是任何其他事物。“物自体”也是给定出来的，康德认为我们对“物自体”也只能一无所知；那么，他又有什么理由确定物自体的存在（即使是作为“有问题”的存在）呢？如果这种不可知的现实向我们的知觉机能投射了一种能与之严格适应的“知觉多样性”，那么，这个事实本身难道不就说明了这种不可知的现实已经被部分地认识到了吗?当我们检验这种严格的适应性时，难道不会（至少在某一点上）在物体和我们头脑之间设想出一种前定的和谐吗？这是一个无效的假设，而康德希望避免做出这样的假设，这是正确的。归根结底，正是由于空间性没有明确的程度差别，康德才不得不把现成的空间视为给定的东西，由此就引发了“知觉多样性”如何适应这种空间的问题。也是出于同样的理由，康德才假定物质的整体发展称为一些彼此绝对独立的局部，由此引出了二律背反，从中我们能够清楚地看到，正命题和反命题都认为物质和几何空间之间具有完美的同一性，而当我们不再把只属于纯粹空间的东西延伸到物质上，这种完美同一就消失了。最终，由此得出的结论是，对于终极科学理论而言，头脑必须能够把握事物的整体，把每个事物都放置于它和与其他所有事物的确切关系中的确切位置上。

For a scientific theory to be final, the mind would have to embrace the totality of things in block and place each thing in its exact relation to every other thing.

有且仅有三种选择能被选定为一种知识理论的答案，要么头脑取决于物体，要么物体取决于头脑，要么我们不得不设想在头脑和物体之间存在着一种神秘的一致性。

然而，事实上还有第四种答案，而康德似乎没有想到它，首先是因为康德从未想过头脑会溢出智力，其次是因为（归根结底，这和前面所讲的是一回事）他不承认绵延具有绝对存在的属性，因为他已经先验地把时间放在与空间同等的位置上。这第四种答案首先把智力看作大脑的一种特殊功能，其本质就是将注意力转向无机物；再者，这种答案既不认为物质决定智力的形式，也不认为智力把自己的形式加在物质上，物质和智力并没有根据彼此服从于那种我们无从得知的前定和谐的制约，但两者却已经逐渐相互适应，以便最终获得一种共同的形式。此外，这种适应的产生相当自然，因为正是对同一个运动的同一种逆反，才既创造了大脑的智力性，又创造了事物的物质性。

从这个观点来看，我们的知觉和科学所赋予我们的关于物质的知识，无疑会显得是一种接近真实的知识，而不是相对的知识。我们的知觉，其作用在于为我们的行动指明方向，它对物质的划分总是过于界限分明，它划分物质的工作总是从属于实际需求，因而总是需要进行修正。我们的科学热衷于数学形式，过分强调物质的空间性；而科学的公式，总体来说，又太过精确，甚至需要重新制定。对于终极科学理论而言，头脑必须能够把握事物的整体，把每个事物都放置于它和与其他所有事物的确切关系中的确切位置上。但实际上，我们却不得不逐个地考虑问题，并且运用暂定的术语（正是因为这些术语都是暂定的，我们才使用它们），以至于每个问题的答案都将不得不根据一种答案不断地进行更正，而这个答案将回答随后而来的那些问题。如此一来，科学作为一个整体就和随机产生的那些问题的具体规则联系起来。正是在这个意义上，也正是在这个程度上，科学必须被视为一种惯例。不过，这可以说是事实的惯例，而不是权力的惯例。大体上来说，实证科学建立在现实本身之上，只是它并不超出自己领域的界限，也就是不超出无机物质的领域。

以这样的方式来看待科学知识，就会把它提升到一个更高的层次。反过来，知识理论变成了一项艰巨无比的任务，这项任务不能单靠智力的力量来完成。仅靠认真的分析来确定思维的范畴，这还不够；我们必须生产这些范畴。至于空间，我们必须借助头脑的那种独一无二的努力，跟随超空间性将自身减退（或者更准确地说是倒退）为空间性的进程。当我们在可能是最高的程度上意识到自我，然后再使自己一点点落下来的时候，我们就会获得扩展性的感觉。我们已经把自我扩展到回忆当中，这些回忆是固定的，且彼此独立，它们作为不可分割的能动意志，取代其固有的张力。但这还只是个开始。我们的意识描绘出这个运动，向我们显示它的方向，向我们揭示它进行到底的可能性。但是，意识本身却不会走这么远。而另一方面，如果我们考察最初被我们视为和空间重合的物质，我们就会发现，我们的注意力越是固定于此，我们曾认为是并置的各个部分就越是会彼此穿透；每个部分都经历着整体的行动，而整体的行动则因此或多或少地呈现在这些局部当中。因此，尽管物质使自身朝着空间的方向延伸，却并未完全获得空间。由此可以得出结论，物质只能延伸到我们的意识能描绘的那些处于萌芽状态的运动当中。所以说，尽管我们没有抓住这个链条的中间环节，却抓住了链条的两端。我们总是抓不到中间环节吗？我们必须记住，哲学，正如我们界定的那样，尚未完全意识到其自身。当物理学把物质推向空间性方向的时候，它就理解了自己的作用。然而，当形而上学只是简单地踩着物理学的足印，不切实际地希望沿着同一方向继续前进时，难道它就能理解自己的作用吗？形而上学的任务应当与此相反，它应当重新登上物理学下降的那个斜坡，把物质带回它的起源处，并逐步建立起一种宇宙论，并且可以说，这种宇宙论就是一种逆反的心理学。难道不应该是这样吗？所有被物理学家和几何学家视为积极的东西，从这种新观点来看，变成了对真正积极性的破坏或逆反，而这种积极性本应该由我们用心理学的术语来界定。

四、几何秩序

数学具有神奇的规律；数学的对象完美一致；数字和图形具有内在的逻辑性；对同一个对象，无论我们的推理过程如何复杂多变，我们总是有把握得出同一个结论——考虑到以上这些，当我们面对一个否定系统上存在着如此明显的积极属性时，就不免心生犹豫，在这个否定系统中，真正的现实缺席了，而不是存在着。然而，我们绝不应该忘记，我们的智力发现了这种规律并为之惊异，它被引向通往其对象的物质性和空间性的运动的同一路线上。智力在分析对象时，置于对象中的复杂性越多，它在其中发现的规律就越复杂。这种规律以及这种复杂性在智力看来都是一种积极的现实，因为现实和智力性都转向同一个方向。

当诗人给我朗诵他的诗作时，我对诗人的兴趣足以使我走进他的思想，进入他的感情，反复体验那种已经被他分解成词句的简单状态。这样，我就对诗人的灵感产生了共鸣，我通过一种连续的运动跟随着诗人的灵感，而这种连续的运动如同灵感本身一样，是个不可分割的行动。现在，我只需放松自己的注意力，释放心中的压力，以便使此前一直浸没在感觉中的声音向我逐一显示其鲜明的物质性。我并没有为此做什么，只需放弃某些东西。随着我这样进行下去，那些相继产生的声音越来越个体化——句子破裂成单词，单词也会分成一个个音节，而我一一感受这些音节。让我朝着梦之路再前进一步吧，字母本身也变得松散起来，我看到它们手拉着手、在一张神奇的纸片上翩翩起舞。于是，我会赞美字母相互交织的精确性，赞美这个过程的惊人秩序，赞美字母插入音节的严密性，赞美音节插入单词，以及单词插入语句的严密性。我沿着这条否定性的放松路线越走越远，我创造出来的张力和复杂性就越来越多。反过来，它自身的复杂性越来越多，在各种元素中一直在起支配作用的、未被打乱的规律也就越来越显得令人惊异。不过，这种复杂性和张力仍旧不代表任何积极的东西，它们表现出来的是意志的缺乏。另一方面，秩序必定随着复杂性一起增长，因为它只是复杂性的一个侧面。我们越多在一个不可分割的整体中象征性地感知局部，局部之间必定增加的关系的数目就越多，因为正是真实整体的不可分割性，在继续制约着那些多样性正在增长的象征性元素，而注意力的分散造成了这种多样性的分解。这样的比较能够使我们在一定程度上理解对积极现实的压抑，对某个原初运动的同一种逆反，如何能够立刻既创造出空间张力，又创造出数学在空间里发现的惊人秩序。两种情况当然存在区别：单词和字母是人类通过积极的努力发明出来的，而空间则是自动生成的，就好像只要确定了两个数字，这道减法题的得数就会自动生成一样。[①] 然而，无论哪种情况，局部

① 我们的比较尚未超出普洛丁理解的“分辨”的范围。因为，一方面，这位哲学家把它看作一种生发的、预示力量，是“思辨”的一个方面或一个片段；另一方面，普洛丁有时也把它当作“展开”来使用。更概括地说，在这一章里，我们在“扩展性”和“紧缩性”之间建立的关系，在某些方面类似于普洛丁假设的那种关系（对这种关系的某些发展想必启发了拉韦松）：普洛丁认为，张力其实并不是对原初存在的逆反，而是对原初存在本质的削弱，并且是这个削弱过程的最后阶段（尤其参见《九卷书》第四部分，第3卷，以及第三部分，第6卷）。然而，古代哲学并没有意识到这将会给数学带来什么样的结果，因为普洛丁和柏拉图一样，把数学的本质提升为绝对的现实。最重要的是，这个观点使自身受到蒙蔽，即对绵延和扩展性进行纯粹表面化的类比。它把两者等同起来，把变化视为不变性的降低，把可感知的东西视为可被智力把握的东西的降低。我们会在下一章看到，由此就产生了一种哲学，它看不到智力的真正功能及其作用范围。

的无限复杂性和局部之间的完美协调，却全都是由一种逆反过程同时创造出来的，并且从本质上看，这种逆反过程是一种中断，也就是对积极现实的消除。

五、几何与演绎

我们智力的所有运作都是几何学的方式，以完美地实现它们的目标。然而，由于几何学必然优先于它们（因为这些运作并不把构建空间作为目标，只能把空间作为既定的东西），因此，我们智力的主要源头、我们智力运作的原理，就显然是我们的空间观念中固有的潜在几何特质。如果我们考虑到智力的两个基本功能：演绎原理和归纳原理，我们就会确信这一点。

我们先说说演绎原理。如果我在空间里追踪一个形体的运动，同样也会生成它的属性，在这个运动本身当中，它们可以被看见并且可以触及；我感觉到也看到空间中的定义与其结果的关系，感觉到也看到空间中的前提与结论的关系。经验向我暗示其意义的全部其他概念只能够作为前提而被部分地构成，因此，这些概念的定义并不完整，而这些概念进入其中的演绎过程，无论怎样接近结论，也全都与前提条件相关，而正是这前提条件造成了这种不完整。然而，如果我在沙地上粗略地画出三角形的底边，并据此画出两个三角形，我就明确地知道并且绝对能够理解，如果这两个三角形相等，那么它们的各个边也相等。这样，图形就能够自行呈现出夹，而无须做出任何改动。这一点，在我还没学会几何的时候就知道了。所以说，在几何学出现之前，就已经存在一种自然几何学，其清晰性和鲜明性优于其他演绎过程。于是，这些其他演绎就关注性质，而并不只是关注数量了。因此，它们极有可能按照最早的模式发展起来，并从某个事实中汲取力量，而这个事实，我们可以看到其性质背后隐约出现了数量。事实上，我们或许能注意到位置和数量问题会首先呈现在我们的活动中，而智力与行动外化的那些位置和数量问题，甚至早在思辨智力出现之前就已经被解决了。野蛮人比文明人更懂得怎样判断距离，怎样确定方向，怎样凭借记忆从复杂曲折的小路返回到通往出发点的那条捷径上。[①] 如果动物不进行明晰的演绎，不形成一些明晰的概念，它就无法形成同质性空间的观念。如果不在同一个行动中引进虚拟的几何学（这种几何学本身会自动降级为逻辑学），你就无法把这种空间呈现出来。哲学家们对这种看待事物的方式所表现出来的一切反感，全都源于在他们看来，智力的逻辑运作代表了一种积极的精神性努力。然而，如果我们把精神性理解成一个不断创新的进程，其结论和前提之间没有可比性，二者之间的关系也不确定，那么，我们就必须提到一种观念，它通过事先就包含了结论的那些前提，在必然确定的关系当中移动，并朝着相反的方向，也就是物质性的方向运动。从智力的角度来看，这

① 巴斯蒂安，《作为思维器官的大脑》，第 214~216 页。

种努力本身就好像是一种放行。同时，从智力的角度来看，这里是以待解决的问题作为论据，让几何学从空间中自动产生，逻辑学就会从几何学中自动产生。反过来，如果空间就是头脑紧缩活动的终极目标，那么，不预先把逻辑学和几何学假设出来，就无法设定一个空间。而在以纯粹空间直觉为目标的运动进程中，逻辑学与几何学一直存在着。

人们还没有充分注意到在心理学和精神科学那里，演绎法的影响有多么小。从一个由事实证明的命题出发，只能在某个点上和一定范围之内得出可被证实的结论。要不了多久，心理学和精神科学就得求助于常识，也就是说，要求助于真实的连续性经验，才能影响演绎的结果，才能顺应生命的曲折性。演绎在精神事件中取得的成功，仅仅是形而上学上的成功，可以说，这些成功仅限于精神事件可转化为物理事件的范围内，或者应当这样说，仅限于精神事件可被翻译成空间符号的范围内。比喻走不了太远，正如曲线绝不会长时间和它的切线混淆在一起。难道我们非要为演绎的虚弱无力感到震惊吗？这只是一种头脑的纯粹运作，借助于大脑的力量单独完成。如果这种运作能在什么地方感觉自在，轻松运作，那么这个地方一定属于大脑，在大脑的掌控之内。事实完全不是这样。恰恰是一到这里，它就立刻裹足不前了。反而是在几何学、天文学和物理学中，在我们不得不和那些外在于我们的物体打交道时，演绎推理才显示出巨大的威力！在这些科学当中，观察和经验无疑不可缺少，只有这样才能实践一个原则，即揭示事物的某个侧面，而必须从这个侧面才能考察事物。然而，严格说来，我们却很有可能只凭好运气就能立刻碰到这个侧面。只要我们拥有这个原则，我们最终都能从其中得出一些结论，并且这些结论总能被经验证实。因此，难道我们不可以得出结论说，演绎是受物质属性支配的一种操作，实际上，物质的这些属性是固有的，是连同作为物质基础的空间一起给定的吗？只要演绎推理面对的是空间或者空间化的时间，它就可以让自己尽情发挥。能给演绎推理刹住车轮的，只能是绵延。

六、几何与归纳

所以说，演绎推理如果没有空间直觉作为后盾，就寸步难行。不过，对于归纳推理而言，我们也可以这样说。不用几何学的方式思考，也能用同样的条件造成原有事实的重复。动物的意识已经这样做了，事实上，这的确与任何意识都无关。生物自身的构造就使它能够从身处的连续情形中抽取它感兴趣的相似性，这样它就能够对刺激做出恰当的回应。不过，从机械性的期望和身体的反应，到严格意义上的归纳推理，其间还存在很大的距离。归纳推理是一种智力性的操作。归纳推理建立这样的信念上：首先，存在着原因和结果；其次，相同的结果出现在相同的原因之后。因此，如果我们要检验这两个信念，那么，这就是我们找到的。

首先，它意味着现实可以被分解成许多事件组，这些事件组又可以在实践中被视为相互隔离的、独立存在的东西。如果我在炉子上烧开一壶水，那么，在现实中，烧水的操作与支持这个操作的对象，以及其他众多对象都和操作结合在一起。最终我会发现，我们整个太阳系都和这个特定空间点上正在做的事情联系起来。但在某种程度上，为了我现在期望的那个具体目标，我或许会承认，“水—水壶—炉子”这个事件组，就是一个独立的微型宇宙。这就是我的第一个确证。因此，当我说这个微型宇宙会始终按照同一种方式行动，而到某个时间终点，热量就必定会使水沸腾，这就等于承认说要想完成一个系统，只要这个系统中一定数量的元素是已知的就足够了。系统会自动完成，而我却不能随意在思维中完成它。水、水壶和火炉都是已知的，特定间隔的绵延也是已知的；而昨天的经验告诉我，沸腾似乎是完成这个系统唯一缺少的东西；并且无论明天会怎样，只要明天水沸腾了，这个系统就会在明天完成。这个信念的基础是什么呢？需要注意的是，尽管这个信念在不同的情况下都得到了不同程度的证实，但是，这个被考察的微型宇宙如果只包含数量，那它会作为一种绝对的必然被强加给头脑。如果两个数字给定了，我就不能随意选择它们的差。如果三角形的两条边和它们的角度给定了，那么第三条边就会自动出现，而这个三角形也会自动完成。无论何时何地，我都能找出构成同样角度的两条同样的边——显然，这样构成的新三角形可以和前一个三角形重叠，而新三角形的第三条相同的边也会自动完成这个系统。我借助于纯粹空间的确定性进行推理，这种信念如果是正确的，那么，我难道就不能设想，其他情况越是接近这种极端情况，这种确定性就越强大吗？事实上，它可以是一个限制性的情况，通过所有其他情况可以看到它，而它相应地为所有其他情况染上了一层透明程度有所不同的几何必然性色彩，难道不是吗？①实际上，当我说今天火炉上的水会像昨天一样沸腾是一种绝对的必然时，我已经隐约地感觉到我的想象正在把昨天的火炉放在今天火炉的位置上，把昨天的水壶放在今天水壶的位置上，把昨天的水放在今天水的位置上，把昨天的绵延放在今天绵延的位置上。所以说，其余事情也应该完全一样。这和两个三角形重叠，如果两条边相一致、第三条边也一致是同样的道理。但是，我的想象这样运作，恰恰是因为它没有顾及两个基本点。因为要在现实中把今天的系统重叠在昨天那个系统上，后者必然要等待前者，而时间必须停止，所有一切就会变成共时性的了。这种情况出现在几何学里，并且只能出现在几何学里。所以说，归纳推理首先意味着物理学家的世界和几何学家的世界一样，时间在其中并不起作用。然而，归纳推理还意味着质量和数量一样能够彼此叠加起来。如果我在想象中把今天的火炉和火摆在它们昨天的位置上，那我的确能够发现，形式并没有发生任何

① 在之前的书中，我们已经详细说明了这一点。参见《论意识的直接材料》，巴黎，1889 年，第 155~160 页。

变化，也正因为如此，只要两者的表面和边缘一致就足够了。可是，两者的性质是不是也一致？它们又怎样为了契合在一起而彼此重叠起来呢？我仍旧把所有适用于现实的第一种规律，扩展到了现实的第二种规律上。物理学家后来尽力把性质的差异简化为数量的差异，从而将这种操作合法化。但是，在运用所有科学之前，我却情愿拿数量来类比性质，好像我通过一个透明体，在性质的背后看到了几何学的机制。这个透明体越是透明，我认为，在相同的条件下，就越是会存在相同事实的重复。在我们看来，我们的归纳推理在某个确切的程度是确定的，在这个程度上，我们把性质的差别融入了包含着它们的空间同质性之中，以至于几何学成了我们演绎推理的理想领域，同时也成了我们归纳推理的理想领域。在这个运动的最后，就是空间性在其进程中设置的演绎机能和归纳机能。实际上，这就是全部的智力性。

七、物理规律

这个运动在头脑中创造了这些机能。不过，它也同时创造了事物的“秩序”，我们的归纳推理在演绎推理的协助下，发现了事物中的这个“秩序”。我们的行动依靠这种秩序行事，我们的智力在这种秩序中认识自己，对于我们来说，这种秩序实在是非常神奇。不仅相同的普遍原因总是产生相同的普遍结果，而且在科学揭示的可见因果背后，还存在着极其微小的变化，我们越是真正应当激起惊异之感的，其实是永远都在不断更新的创造，无论是整体的、还是不可分割的现实都在前进的路途中不断地进行这种创造。

But what is admirable in itself, what really deserves to provoke wonder, is the ever renewed creation which reality, whole and undivided, accomplishes in advancing.

深入分析这种变化，它们就越是会精确地作用于彼此——照这样下去，分析进行到最后，我们就似乎会看到，事物就变成了几何学本身。诚然，智力赞美在日益增长的复杂性当中存在着日益增长的秩序自然是合理的，智力必定已经把复杂性和秩序看作积极的现实，因为智力也把自己视为一种积极的东西。然而，如果我们把现实的整体当作一种不可分割的整体并朝着连续性创造不断挺进，情况就会大不一样了。这样一来，我们认为当整体中产生了局部性的中断或者逆反时，就必定会自动产生物质元素的复杂性以及把物质元素结合在一起的数学规律。此外，智力本身就是通过同一过程从头脑中切割出来的，所以，智力就和这种规律以及复杂性相调和，并且智力因在二者当中认识了自我而去赞美二者。但是，智力本身就值得赞美。真正应当激起惊异之感的，其实是永远都在不断更新的创造，无论是整体的、还是不可分割的现实都在前进的路途中不断地进行这种创造。这是因为，数学规律本身的全部复杂性，无论我们设想它是如何精妙严密，也都不能在世界上创造出一星半点新东西。而一旦拥有创造的力量（它确实存在，因为我们能在自己身上意识到它的存在，至少是在我们自由行动的时候），它只需从自身转移出来，去释放自身的张力，只需让张力去扩展，只需扩展到元素的数学规律；这种规律十分明确，顽固的决定论把它们联系在一起去证明创造行动造成的中断——实际上，顽固的决定论和数学规律合起来正是这种中断造成的结果。

物理世界的具体规律所表达出来的，正是这种纯属否定性的倾向。分开来看，这些规律中没有哪一条具备客观现实的基础，每一条规律都是研究者工作的成果，研究者带着特定的偏见观察事物，把一些变量分离出来，使用某个约定俗成的单位进行度量。然而，物质本身还带有一种规律，非常相似于数学规律。这是一种客观规律，我们的科学在其发展过程中，正逐渐地把它揭示出来。因为，如果物质就是非扩展性的事物在扩展性的事物中间的放松，并且因而就是自由在必然中间的放松，那么它在实际上并不与纯粹的同质性空间完全重合。不过，物质是由那种通往空间的运动构成的，因此，物质也就通向了几何学。的确，数学形式的各种规律并不能完全应用于物质。正因如此，物质就必须要求纯粹的空间，就必须走出绵延之外。

在以数学形式表达的物理规律中，存在人为的东西，因此，我们关于物体的科学知识中，也存在着人为的东西。这一点，我们再怎么重视都不过分。[①] 我们的度量标准是约定俗成的，也可以说，是和自然的意愿毫无关联的。我们能否假设，自然已经把水银的所有形态或者水银的延伸和保持常量的气压变化联系在一起了呢？不过，或许我们可以更进一步。通常来讲，度量完全是一种人为的操作，它表明我们在实际中或者在想象中多次把两个对象重叠在一起。大自然并不奢望进行这种重叠。它既不度量，

---

① 尤其参见勒罗伊的《隐喻与道德评论》。

究竟是何等的机缘使得我们能够找出大自然的标准，精确地分离出已经被大自然选定的变量，以确定它们的相互关系！

What chances should we have indeed of finding the standard of nature and of isolating exactly, in order to determine their reciprocal relations, the very variables which nature has chosen?

也不计数。但物理学却度量计数，把“量化的”变化彼此联系起来，用来总结规律。自然，物理学获得了成功。我们把构成物质性的运动延伸到终点，也就是延伸为同质性空间，以便我们去计数、度量，最终找出各个变量的条件（这些条件互为函数）。如果构成物质性的运动并非如此，那么，物理学的成功将难以解释。要影响这种运动的延伸，我们的智力只能任自己运作下去，因为它天然地奔向空间和数学，智力性和物质性具有相同的天性，并且都按照同一方式产生。

如果数学规律是一种积极的东西，如果物质本身就带有一些符合公式的规律，那么，我们的科学在物质上取得的成功，就存在着不可思议的神奇之处。究竟是何等的机缘使得我们能够找出大自然的标准，精确地分离出已经被大自然选定的变量，以确定它们的相互关系！但是，如果物质并不具备我们公式所必需的一切要求，那么，一门以数学形式表达的科学获得成功，也同样难以理解。因此，似乎只有一种假设能够令人信服了，那就是，数学规律并不是积极的东西；特定的中断本身产生出来的东西是形式；物质性完全是由这种中断造成的。这样一来，考虑到科学选择出来的变量，考虑到科学成功提出问题的规律，我们就能够理解，我们的科学何以是一种偶然，以及它何以还是取得了成功。作为一个整体，科学原本也有可能是另外一种样子，但它还是取得了成功。之所以如此，恰恰是因为大自然的根源处并不存在任何数学规律的明确系统，也恰恰是因为一般意义上的数学只代表作为对无序的克服，事物的数学规律拥有一种积极性的现实。

And that the mathematical order of things, being a conquest over disorder, possesses a positive reality.

物质所倾向的那一个侧面。一个用铅做脚的软木娃娃，随便摆成哪种姿势，或者躺着，或者倒立，或者把它抛到空中，它总能重新站起来。物质也类似于此，我们可以握住它的任何一端，可以任意摆弄它，它总会落回到我们的某个数学公式中，因为它负载着几何学的重量。

八、无序的概念

然而，哲学家或许不愿意按照这种考量建立知识理论。他会反感这样的考量，因为在他看来，数学规律是一种包含着积极因素的规律。我们徒劳无益地强调，一种规律，只要终止其相反的规律，它就会生产出自身，它本身就是中止行为。但无论如何，“世上原本就不存在任何规律”这样的观点依然存在。作为对无序的克服，事物的数学规律拥有一种积极性的现实。要检验这个观点，我们就要清楚在有关知识理论的问题中，“无序”这个概念究竟发挥何等重要的作用。这个概念表现得并不清晰，正因为如此，它才没有引起我们的注意。然而，知识理论却恰恰应该从对这个概念的批判出发，因为，如果最重要的问题是了解现实为何以及如何受制于一种规律，那么这正是因为任何一种规律的缺失都是有可能的，或者是可以想见的。唯实论者和唯心论者都认为自己关注的是规律的缺失——唯实论者所说的规律性，实际上被“客观”规律加诸自然中真实的无序之上；而唯心论者则设想，只有在理解力的器官化影响之下，“感觉多样性”才协调起来（它本身自然就是无序的）。因此，我们必须首先分析无序这个词在“规律缺失”这个层面上的意义。这个词是哲学从日常生活中借来的。毫无疑问，平时我们说到“无序”的时候，总会想到什么。但是，我们想到的究竟是什么呢？

下一章我们就会看到，界定一个否定性的概念有多么困难，究竟是哪种错觉，是哲学陷入的哪种难以摆脱的困境，使得我们不能完成这个任务。困难和错觉常常起因于我们把一种本质上是暂时性的表达方式，当成了最终的表达方式。由于我们把原本用于实践的程序带进了思辨领域，才造成了这些困难与错觉。如果我在自己的书房里随意选一本书，我看了一眼，就把它放回书架上，说：“这不是诗歌。”我翻看这本书的时候，看到的真是这样吗？显然不是。我没有看到诗歌不在，也绝不会看到诗歌不在。我看到的是散文。但是，由于我想要的是诗歌，我就把我找到的东西表达为我正在寻找的东西的一个函数，我并不说“这是散文”，而是说“这不是诗歌”。同样的道理，如果我有读散文的兴致，但我碰巧拿到的却是一本诗歌，那我就会说：“这不是散文。”通过这样的方式，我使用了我期望和注意的语言，来表达我的知觉所获得的信息，这里它显示的是诗歌。但此时我的期望和注意都集中在“散文”这个概念上，因此，我就听不到其他任何东西。现在，如果儒尔丹先生听到我这样说，他肯定会从我的两次感叹中做出推论说，散文和诗歌是为书本留存的两种语言形式，这些学术形式已经发展到能涵盖一种既非散文、亦非韵文的语言。不仅如此，谈到这种既非韵文、亦非散文的东西时，他会以为自己设想的就是那种东西，但是，那其实只是一个虚假的概念。我们不妨更进一步来说，如果儒尔丹先生去请教他的哲学教授，散文形式和诗歌形式是如何叠加在那种既非散文、亦非诗歌的东西之上的，如果他希望这位教授建立一种理论来说明这两种形式如何强加在这种无形式的物质之上，那么，这个虚假的概念或许还会创造出一个虚假的难题。这样的话，他的问题本身就是荒谬的，其荒谬之处就在于，他把散文和诗歌的基础具体化，并同时否定了二者，却忘记了只要否定其中一个，就同时肯定了另一个。

现在，假设存在两种规律，这两种规律属于同一类别，但却相互对立。还要假设，无论何时，当我们寻找其中一个规律，都会找到另一个，此时，我们的头脑里就会产生“无序”这个概念。于是，“无序”的概念就会在生活的当前实践中拥有一个明晰的含义，为了便于用语言表达，它会把头脑中的失望客观化。这种失望产生于当头脑发现自己面对一种与其需要不同的规律，而这种规律在那个时刻中与它毫无关系，因而（从这个意义说）这个规律也并不为头脑而存在。但是，这个概念却不能够在理论上使用。所以，如果我们仍然要求把它引入哲学，那么我们将不可避免地忽略它的真正意义。这个概念表明不存在某种规律，但却是为了另外一个规律的存在（我们并不关心这个规律）。由于这个概念轮流应用于这两种规律，由于它甚至是在两者之间不断地来来回回，我们只能在半路上截住它，或者不如说我们抓住它的羽翼，就好像抓住两个球拍之间的一只羽毛球。我们对待它，就好像它既不代表这个规律不存在，也不代表那个规律不存在，而是代表两个规律都不存在——它所代表的东西，既不能被看见，也不能被构想出来，它仅仅是一个词语的实体。由此，问题产生了，规律是怎样强加在无序上的？又是怎样在物质上形成的？无序的概念如此微妙，对其进行分析时，我们却会看到它什么都不代表，同时，围绕它产生的那些难题也都会消失。

事实上，我们必须首先区分这两种常常被我们混淆的规律，甚至要把它们对立起来。这种混淆已经使知识理论问题出现了重大困难，因此，再去纠缠这两种规律的区分标志就没有什么意义了。

大体而言，加诸现实的规律，刚刚能够满足我们思维的范围。因此，规律就是主体和对象达成的某种一致。它就是头脑在事物当中重新找回自己。但我们说过，头脑能够朝着两个相反的方向发展。有时，头脑按照自然的方向发展，于是就出现了以张力、持续的创造和自由活动为形式的发展进程。有时，头脑则朝自然的反方向推进，推进到最后，就会造成扩展，必然会使各个元素互相确定，这些元素依靠彼此之间的联系而被外化。总之，这种反向推进会走向几何机制。因此，无论我们认为经验采取的是第一种方向还是第二种方向，我们都说其中存在着规律，因为在这两个过程中，头脑都再次找回了自己。所以说，这两个过程的混淆乃是自然所为。要避免这种混淆，就必须赋予两种规律以不同的名称，但这绝非易事，因为它们采取的形式多种多样，且变化多端。第二种规律可以被界定为几何学，它的极限就是几何学。更概括地说，只要在原因和结果之间发现一种必然确定性的关系，它所涉及的，就会是第二种规律。它引发了和惰性、被动性以及自动作用相关的观念。至于第一种规律，无疑，它在目的性附近徘徊。但我们不能把它界定为目的性，因为它时而高于目的性，时而低于目的性。这种规律的最高形式高于目的性，因为，我们可以说自由行动或是艺术作品展示了完美的规律，但我们只能用观念的术语近似地表达它们，并且只能是事后表达。生命的完整性与此类似，它被视为一种创造性的进化。如果我们把目的性理解为一种事先构想出来的，或者是能够事先构想出来的观念实现，那么，生命就超越了目的性。因此，对于生命的整体性来说，目的性范畴就显得过于狭隘了。另一方面，当我们分别考察生命的具体表现时，目的性范畴又往往显得过分宽泛。尽管如此，我们这里讨论的依然是生命现象，我们目前的全部研究一直在努力证明生命朝向自愿性的方向。因此，我们可以说，第一种规律与有生命、有意志的现象相关，它和第二种规律对立；而第二种规律和无生命、无意志的现象相关。常识本能地对这两种规律进行区分，至少是在某些极端情况如此；同时，常识也本能地把两种规律放在一起。我们说，天文现象显示出惊人的规律，这就意味着我们能够借助数学来预测天文现象。在贝多芬的交响曲里，我们也发现了同样令人惊叹的规律，但这却是天才，是独创性，因而这本身是无法预测的。

九、规律和类属

然而，第一种规律采取了如此明确的形式只是个例外。通常情况下，我们都把第一种规律呈现出来的特征和第二种规律的特征混淆起来。例如，我们要是能看到生命进化的整体性，那么，其运动的自发性、其进程的不可预测性，就一定会引起我们的注意。然而，我们的日常经验中遇到的却是某种确定的生物，是生命的某种具体表现形式，它们几乎就是对已知形式和事实的重复。我们在亲代和后代之间处处都能发现的结构相似性，使我们能够把任意数量的生命个体分到同一个组里。但在我们看来，这种结构相似性的确就是这个类属中唯一的类型。我们认为，无机类属都好像以有机类属为模本。因此，生命的规律，诸如它在经验中为我们提供的片段之类，就呈现出和物理规律相同的特点，也发挥着和物理规律相同的功能——两者都使经验重复自身，两者都赋予我们的头脑以概括能力。实际上，两种特征其起源截然不同，其意义甚至相互对立。对于后者来说，其特征的类型，其观念的范围，就像其基础一样，是一种几何必然性，借助于这种必然性，同样的成分就产生出同一种合成物。而前者的情况与此相反，其特征涉及某些事物的相互交织，尽管那些极其复杂的根本原因可能完全不同，这些事物还是设法去获取同样的全部结果。在本书第一章，我们说明了在独立的进化路线上可以看到一些相同的结构，那时我们就在强调上述最后一点。不过，我们无须回顾第一章也可以这样假设，后代只是再生产其祖先的种类是一回事，而重复产生相同合成物的力量的相同构成则是另外一回事。在生物生成的过程中，无数极其微小的元素和原因都在共同发挥作用，任何一个元素或原因的缺乏或偏离就会使前功尽弃。想到这些，我们头脑的第一个冲动，就是把这支由众多小工人组成的队伍看作是在一个熟练工头的监督之下，这个工头就是“生命原则”，它一直不停地修复故障，纠正那些因为疏忽或分心造成的错误，使一切正常运转。这就是我们对物理规律和生命规律之间差别的表达方式，前者使相同的原因组合产生相同的结果组合，而后者甚至在原因有某些变化时，也能确保结果的稳定性。不过，这只是个比喻而已。反思一下，我们会发现，根本就没有什么工头，原因很简单：因为根本就没有什么工人。关于有机体解体这一事实，物理—化学发现的原因和要素，无疑就是真正的原因和要素，也正因如此，这些原因和要素的数量有限。然而，当我们分析严格意义上的生命现象时，或者说，分析我们看到的生命创造时，这种分析的视野就变得无比广阔。由此，我们可以得出推论，这种分析中看到的无数原因和要素，实际上只是头脑的观点，因为头脑一直致力于制造出越来越逼真的仿制品来模仿自然的造化，并且这种模仿的操作是个不可分割的完整行动。因此，同一由此就产生了一种自然普遍规律的观念，它处处都一样，既盘旋于物质之上，又盘旋于生命之上。

Hence the idea of a general order of nature, everywhere the same, hovering over life and over matter alike.

物种个体之间的相似性所具有的截然不同的意义和起源，便是由相同原因的相同构成产生的复杂结果。然而，无论哪种情况，两者之间都存在着相似性，也因此存在着可能的概括化。我们在现实中感兴趣的就是这些，因为我们的日常生活就是也必须是对同样事物和同样情形的期待。从我们行动的角度来看，这个共同特征是天然形成的，因此应当把两种规律放在一起，尽管这两种规律之间存在着纯粹的内在差异，而这种差异只能引起思辨的兴趣。由此就产生了一种自然普遍规律的观念，它处处都一样，既盘旋于物质之上，又盘旋于生命之上。因此我们习惯于用同样的词语、同样的方式，来表达无机物质领域中规律的存在，同时也表达生命领域类属的存在。

现在，我们会发现，这种混淆就是知识问题造成的大多数困难的起因，无论是古人还是今人都遇到了这些困难。规律的普遍性和类属的普遍性，都被用同一个词语表达出来，都被归入同一个观念。因此，几何规律和生命规律就被混淆在一起。根据不同情况，或者用类属的普遍性去解释规律的普遍性，或者用规律的普遍性去解释类属的普遍性。第一种观点是古代思想的特征，而第二种观点则属于现代哲学。但无论是在古代哲学中，还是在现代哲学中，“普遍性”的含义都很含混不清，这个概念的名称和内涵中都包含着互不相容的对象和元素。两种哲学都把这两种规律聚集到同一个概念下，只是在便于我们作用于物体行动的那些方面，它们才有相似之处。我们借助于相当外在的相似性，把两种规律放在一起，这种相似性无疑证明了用实践性的词语去标示它们是正确的。但是，这种相似性没有给我们任何权力，让我们在思辨领域用同一个定义把它们混淆起来。

古人的确没有追问过为何大自然会服从规律，但他们追问过大自然何以会按照类属的方式呈现规律。如果类属的概念表示一个无可置疑的事实，即遗传，那它就更具体地和生命领域中的客观现实相关了。确实，个体对象只能存在于类属之中，因此，如果说有机体是通过其本身的器官化从物质的总体材质中被切割出来的，这自然就意味着，把无机物质切割成一个个明确实体的，其实是我们的知觉。知觉这种活动，受到了对行动的兴趣以及我们身体指出的最初反应的指引，也就是说，就像我们在别的书中表明的那样，[1]它受到了正试图获得存在的那种潜在类属的指引。因此，在这里，依靠一种仅仅与我们对事物的未来行动相关的、半人工的操作，类属与个体才彼此确定。然而，古人却还是毫不犹豫地把所有类属放在了同一个等级上，并且赋予所有类属同样的绝对存在。如此一来，现实就成了类属的系统，而规律本身的普遍性必定要带来的，正是类属的普遍性（实际上也就是表达生命规律的普遍性）。从这个方面来比较亚里士多德的落体理论和伽利略对这个理论所做的解释会非常有意思。亚里士多德只把“高”、“低”以及“自身的合适位置”和“占据的位置”、“自然

① 见《材料与记忆》，第 3 章和第 4 章。

运动”，以及“被迫运动”区别开来，[①] 在他看来，使石头落下的物理规律，表现了石头重新获得了所有石头的“自然位置”，也就是地球。他认为，只要石头不在正常的位置上，那它就不是真正的石头；石头落回到正常位置的运动，是完成自我，就像一个正在成长的生物，这样它才能充分实现石头的类属本质。如果这个物理规律的概念是准确的，那么，这个规律就不再只是由头脑建立的单纯联系了；物质被进一步分割为实体，也不再关系到我们的知觉机能了；所有实体都会像生命体一样拥有个体性，而物理宇宙的种种规律都会表达出真正的类属之间的真实亲缘关系。我们知道何种物理学由此产生，知道古人由于笃信一种独一无二的终极科学，自以为把握了唯一绝对的整体真实，但实际上却局限在只能用生命的术语对物理规律进行多少有些笨拙的阐释。

然而，同样的混淆也存在于今人当中，只不过区别在于，这两种术语的关系被颠倒过来——规律不再被简化为类属，但类属却被简化为规律。只有科学依然被看作绝无仅有的，它完全变成了相对的科学，而不是像古人希望的那样，是唯一绝对的整体。值得注意的是：类属问题在现代哲学中的地位下降了。我们的知识理论几乎完全转向规律问题，类属则用于尽其所能补充规律的不足。原因在于现代哲学背离了现代天文学和物理学的伟大发现。开普勒和伽利略的那些规律对于现代哲学来说依然是全部知识的

① 尤其参见亚里士多德《物理学》以及《论雕刻》。

理想且独有的类型。现在，规律是物体之间的一种关系，或者是事实之间的一种关系。或者更准确地说，数学形式的规律表达了这样一个事实，即某个数量是合理选定的一个或多个变量的函数。因此，选择变量，把自然分配到对象和事实中，就成了某种约定俗成的事情。然而，即便我们承认这种选择如果不是前定的，就是由经验暗示出来的，规律也仍然是一种关系，并且这种关系从本质上来看就是一种比较。这种关系只针对一种智力表现其客观真实性，也就是同时用几个术语表现自我的智力。这种智力可能既不是我的，也不是你的。因此，一种建立在规律上的科学就有可能是一种客观的科学，这种科学事先就包含在经验当中，我们要做的仅仅是让它倾吐出来。不过，另一个事实是，这里必须进行某种比较，如果这个比较不是由哪个特定的人进行的，那么这个比较就是非人格化的。由规律构成的经验（这种规律是由与其他术语相关的术语构成的），就是由比较构成的经验，这种经验必须穿过一层智力性的大气层，才能被我们感知到。所以说，一种完全和人类理解力相关的科学理念和经验理念，就被隐含在一种科学的整体概念中，而这种整体概念由规律组成。康德只对这种概念进行了说明。但是，这种概念却是把规律普遍性和类属普遍性任意混淆的结果。尽管要把术语按照彼此之间的关系协调起来需要智力的参与，但我们还是可以设想在某些情况下，术语本身可以独立存在。如果经验除了把各种术语联系起来之外，还向我们呈现能够独立存在的术语，如果生命的类属是某种与规律系统格格不入的东西，那么，我们至少一半的知识就会建立在“物自体”（现实本身）之上了。这种知识也许极其难懂，因为它不再构建自己的对象，相反，它不得不屈从于自己的对象。但是，无论这种知识朝其对象前进得多么缓慢，它都是在向绝对本身挪步。我们可以更深入一些，如果我们能够证明，我们的另一半知识建立在逆反规律的现实之上，而这种现实总是被我们用数学规律来表达，也就是说，总是用隐含比较的关系来表达这种现实；但是，这种现实之所以能被如此表达，仅仅因为它是由空间性，因而也就是由几何学来衡量的。如果我们证明这些，那么，我们的另一半知识就不再像某些哲学家说的那样完全是相对的了。尽管这样是可能的，在今人相对主义的背后，还依然存在着两种规律的混淆，就像这种混淆存在于古人的独断论背后一样。

我们已经充分说明了这种混淆的根源，它来自于这样一个事实，即“生命的”规律，其本质是创造，但它更多显示给我们的，不是它的本质，而是它的非本质现象，也就是物理规律和几何学规律模仿的东西。类似地，物理规律和几何规律呈现给我们的是那些使概括化成为可能的种种重复，而这种种重复都和我们息息相关。毫无疑问，作为整体的生命就是进化，这就意味着生命是一个永不停息的变形过程。不过，生命只有借助于生物才能前进，生物是生命的载体。难以计数的生命体几乎彼此相像，为了使它们正在创造的崭新生命得以发展成熟，它们不得不在空间和时间中彼此重复。这就好像一本书经过数千次重印成为数千个拷贝，以便向一个新版本迈进。不过，这两种情况有所不同，陆续印出的书全都相同，同一个版本的同一拷贝也完全相同，然而同一物种个体之间却绝不会完全相同，它们要么处于不同的空间点，要么处于不同的时间点。遗传不仅传递生命特征，它还能传递那些能够改变特征的冲动，而这种冲动就是生命力。这就是为什么我们说重复是概括化的基础。在物理规律中，重复是本质，而在生命规律中，重复只是一种意外。物理规律是“自发的”规律，而生命的规律（我不想说它是自愿的）则几乎是“有意志的”的规律。

因此，一旦我们能明确区分“有意志的”规律和“自发的”规律，“无序”的概念中包含的模糊性就消失了。并且，随着这种模糊性的消失，知识问题面临的一个重大困难也就迎刃而解了。

十、两种秩序

知识理论的主要问题就是了解科学如何成为可能，也就是说，事物之中存在的何以是有序而不是无序。规律的存在是个事实。但是，尽管我们经常见到的是有序而不是无序，但无序似乎也是正常的现象。因此，秩序的存在就成了一道需要解开的谜题，是一个无论何种情况下都需要解决的问题。简单地说，在我们致力于发现规律的时候，我们把它当作偶然性的东西，即便这种偶然性不在事物本身，至少从我们的头脑来看是如此。我们无须解释一个被我们认定为不是偶然的事物，如果规律并不向我们显示为对某种东西的战胜，或者并不显示为向某种东西上的添加（而这种东西认为是“无序的”），那么，古人的唯实论就不会谈到一种“物质”，今人的唯心论也不会设想出理解力在天性中组织起来的一种“感觉多样性”了。所以说，一切规律无疑都是偶然的，并且也都被想象成是偶然的。然而，这种偶然性究竟和什么有关呢？

我们认为，答案是确凿无疑的。一条规律是偶然的，并且看起来如此，这是相对其反面规律而言的，好比韵文之于散文是偶然的，而散文之于韵文也是偶然的。然而，所有不是散文的语言都是韵文，并且可以被认为是韵文；所有不是韵文的语言都是散文，并且可以被认为是散文。同理，任何一种事物状态，只要不具备其中一个规律，就必定具备另一个规律，并且必定可以被认为是具备另一个规律。但情况也有可能是，我们并不理解到自己正在想的究竟是什么，只能透过情感状态的云雾，去感知那些真正呈现给我们大脑的概念。任何人只要考虑一下日常生活中我们对“无序”这个概念的使用，就能证实这一点。当我走进一个房间，然后说这个房间“无序”的时候，我说的是什么意思呢？每个对象的位置都取决于那个在房间里睡觉的人的自主运动，或者取决于一些有效的原因，无论是什么，这些原因都使得每一件家具、衣服等物品各安其位——从“规律”这个词的第二层含义来看，房间的规律是完美的。但是，我所期望的却是规律的第一层含义，即一个有条理的人有意识地置于生活当中的那种规律，那种有意志的规律，而非自发的规律。因此，我把这种规律的缺乏称作“无序”。归根结底，只要缺乏其中一条规律，无论是观察到的存在还是想象出来的存在，所有存在都是真实的，都是另一种规律的呈现。不过，我对第二种规律不感兴趣，我只对第一种规律感兴趣，我把第二种规律的存在表述为第一种规律的函数，而不是把它说成是无序，把它表述为自身的函数。相反，当我们确定自己正在想象一种混乱状态时，也就是说，在这种状态中，物理世界不再受规律支配，此时，我们想的究竟是什么呢？我们想象事实，毫无规律地出现或消失。首先，就我们所知，我们想到物理的宇宙，这里的原因和结果之间相互适应，然后，通过一系列的任意裁定，我们对这个宇宙进行增减和抑制，以获得我们所说的无序。在现实中，我们已经用意志取代了自然的机制，我们已经用大量的原初意志取代了“自发的规律”，其程度相当于我们对这些现象的显现和消失的想象。毫无疑问，所有这些微小意志要想构成一种“有意志的规律”，它们就必定早已接受了一种更高意志的方向。但是，仔细地观察这些微小意志，我们就会看到，它们正在做的，恰恰就是这件事情，我们自己的意志就在那里，它轮番把自己客体化为每一个这样的无常意志，并且小心翼翼，既不把同样的东西连接起来，也不允许结果适应其原因——实际上，是用一个简单的意图覆盖了全部的原初意志。这里再一次表明，这两种规律，如果一个缺失，另一个就会存在。

机会这个概念和无序的概念关系十分紧密，在分析这个概念的时候，我们也能够发现同样的元素。当我靠着原因的纯机械运作，转到了轮盘上的一个数字而获胜时，好像有位好心的精灵在关注我的利益；或者，当风的纯机械力量掀开了屋顶上的一片瓦，正好砸在我头上时，此时，好像一个邪恶的精灵成心与我作对——在这两种情况中，在我应当发现意图的地方，我却发现了机械作用，事实上，我原本应该发现的似乎就是意图。这就是我说“机会”一词所表达的含义。在一个失序的世界中，相继出现的现象之间毫无规律可言。对于这样的世界，我应当再说一遍：这是机会的王国，这就意味着，当我期望发现机械作用的时候，却发现了大量的意志，或者毋宁说是大量的判决。这样就能解释，为什么大脑在试图界定“机会”时会显得异常犹豫。无论是有效原因还是终极原因，都无法用于对这个词进行界定的尝试。在终极原因缺失的观念和有效原因缺失的观念之间，大脑摇摆不定，无法停息，每一种定义都把大脑推回到另一种定义那里。实际上，只要把机会的概念视为纯粹的概念问题，而不掺入任何感情，这个难题就依然无法解决。但是，在现实中，机会却只把人的头脑状态客观化，这个人原本只希望其中一条规律，却发现自己面对的是另一条规律。所以说，机会和无序必然会被想象为相对的。因此，如果我们想把它们作为绝对的东西呈现给自己，我们就会感觉到我们自己在这两种规律之间来回穿梭，正当我们因一种规律无法前进时，却进入了另一种规律。而假设这两种规律都不存在，其实就是两种规律全都存在。不仅如此，在两者之间摇摆不定的大脑，永远不会停留在其中任何一个上面。无论是在事物中，还是在我们关于事物的概念中，把这种无序表述为规律的基础，这都没有问题，因为在无序中就隐含着这两种规律，它就是由这两种规律联合而成的。

然而，我们的智力并不会因此止步。通过一个简单的命令，智力便把无序设定为“没有规律”。智力在这样做的时候，只想到一个词语或是一组词语。如果它想把概念和词语连接起来，它就会发现无序或许的确就是对规律的否定。不过，这种否定也因而隐含地肯定了对立规律的存在，但我们却看不到这一点。要是因为它不能引起我们的兴趣，要么是因为我们无意间又否定了第二种规律，也就是说，这其实就是重新建立了第一种规律。那么，我们又怎样谈及一种由理解力组织起来的不连贯的多样性呢？我们如果说没有人会以为这种不连贯性是已经被我们理解了，或是能够被我们理解，这种说法毫无意义。当我们谈到它时，我们以为自己正在想的就是它，于是，在分析那个真正存在的概念时，就像以前已经说过的那样，我们发现头脑因面对一种它不感兴趣的规律而感到失望；或者，头脑在这两种规律之间来回摇摆；又或者，头脑面对的是一个关于空洞词语的纯粹而简单的观念，我们给一个本身包含某种意义的单词添加了否定性前缀，而使它变成了这样的空洞词语。但是，我们却忽视了这种分析，其原因仅仅在于我们并未想到去区分这两种彼此之间不能化约为对方的规律。

事实上，我们说所有规律都必然呈现出偶然性。如果存在两种规律，那么这种偶然性就能理解了——一个规律的形式和另一个规律的形式之间存在着偶然的联系。在我发现几何规律的地方，生命的规律就可能存在；而在生命规律存在的地方，就可能会出现几何规律。

然而，如果假设每个地方的规律都同属一种，并且都仅仅承认从几何规律到生命规律之间存在程度的差别，如果在我看来一种决定性的规律尽管存在偶然性，而一旦与另一种规律联系起来，它的偶然性就消失了，那么，我必然就会相信，一种规律的偶然性和自身的不存在相关，也就是说，和这样一种状态——一种完全没有任何规律的状态相关。我相信自己正在思考的就是这种状态，因为这种状态似乎就被暗含在规律的偶然性当中，而偶然性是个无可置疑的事实。因此，我会把生命规律放置于等级序列的顶点；然后把几何规律当作生命规律的次等形式或者简化形式放在下面；最后，我把无规律放在等级序列的最底层，无规律本身是不连贯的，所以要把它放在规律的下面。这就解释了我为什么把不连贯性感觉为一个词语，这个词语背后必定隐藏着某种真实的东西。这种真实的东西，即便不存在于事物中，至少也存在于思想中。但是，如果我观察到，一种决定性规律的偶然性所隐含的事物状态，其实是相反规律的呈现，并且，如果我据此把两种互为逆反的规律排序，那我就会感觉到，根本无法设想二者之间存在着中间等级，从这两种规律到“不连贯性”之间，也无法进行降序排列。要么不连贯性仅仅是个毫无意义的词语，要么我赋予不连贯性一个含义，使它能够置于这两种规律之间，而不是置于两者之下。这里，并不是首先出现不连贯性，然后出现几何规律，再出现生命规律；而是只存在几何规律和生命规律，之后，由于头脑在两者之间摇摆不定，才产生了关于“不连贯性”的概念。所以说，谈及一种不协调的多样性（规律被叠加其上），这就是切实地进行以问题为论据的论证工作，因为在我们设想一种不协调的状态时，就已经设定了一种规律，或者设定了两种规律。

十一、物质的观念起源

要说明真实如何从张力转变为扩展，以及如何依靠逆反而从自由转变为机械必然性，上面的长篇大论是不可或缺的。通过意识和感觉经验同时证明这两个术语的含义之间的关系，这还不够。我们还必须证明几何规律根本无须证明，因为几何规律就是对其相反规律的既纯又粹的抑制。同时，由于这个原因，还必须证明抑制始终是一种替代，甚至必须被设想为替代——只有实际生活的需求，才在这里为我们提出了一种表达方式，这种方式既使我们误解了事物的遭遇，又使我们误解了那些呈现给我们思维的东西。现在我们必须更加仔细地检验这个逆反过程，尽管我们刚刚描述过它造成的结果。那么，那种只释放张力（我们还可以说是紧缩）以便进行扩展，那种相当于逆反的结果，对原因的中断究竟是什么呢？

由于没有更恰当的词语，我们就把它称为“意识”。不过，我们指的并不是在我们每个人身上起作用的、狭义的意识。我们自身的意识是某种生物意识，被放置于某个空间点上。尽管它按照与其原则一致的方向运动，却不断地被拉到相反的道路上，尽管它在往前走，却不得不时时向后看。我们已经说过，这种回顾性的观望就是智力的天然功能，因而也是明晰意识的天然功能。为了与其原则取得一致，我们的意识必须使自身脱离那些现成的东西，并且和那些正在被制造的东西结合起来。我们的意识转向自身，扭曲自身，它需要把“观看”的机能和“有意志的”行动结合起来——我们能够在突然间做出这种痛苦的努力，对我们的天性施暴，但这种努力却只能维持片刻。在自由行动当中，当我们凝聚了我们全部的存在，以推进这种行动，我们多多少少还是能够意识到动机和推动力，甚至能意识到一个罕见的瞬间，也就是说我们能够清楚地意识到转变，借助于这种转变它们组织成为一个行动——正穿过这种物质，将生命带入其中的纯粹决心，仅仅是一种我们几乎感觉不到的东西，只能在它经过的时候将它擦亮。不过，还是让我们试试把自己置于其中，哪怕片刻也好，甚至就是在这个时候，我们抓住的也只能是一种个别的碎片。要把握全部生命的原则，同时也把握全部物质性的原则，我们必须继续前进。这难道不可能吗？是的，绝不可能。哲学史为我们提供了证据。没有哪种留存下来的哲学体系（至少是一部分）不能够借助直觉而获得生机。把直觉当作证据，辩证法就不可或缺；同样，直觉要把自己分解为概念，要传播给其他人，辩证法也不可或缺；但是，辩证法所做的一切就足以发展超越了辩证法的直觉所得出的那些结果。实际上，这两个过程的方向是相反的，把概念连接起来的同一种努力，也导致这些概念累积的直觉消失。哲学家一旦已经从冲动中获得直觉，并通过一个接一个地推进那些概念，依靠自己的力量去完成运动，就不得不放弃直觉。但它很快就会感到自己失去了立足点，他不得不再次接触直觉，他不得不放弃已经完成的大多数工作。总之，辩证法就是要确保我们的思维与其自身保持一致。但是，通过辩证法——它只是直觉的一种松弛——大量不同的一致都可能得以达成，但真实只有一个。如果直觉能够被延长片刻，它就不但能使哲学家与其思想保持一致，而且还能使所有的哲学家都保持一致。尽管直觉如此难以捕捉，且不完整，然而在各种哲学体系当中，它还是比体系本身更有价值，并留存下来。如果这种直觉能被持续下来，被普遍化，最重要的，是能被赋予一些外部的参照点，以免误入歧途，那么哲学就实现了其目标。为了达到这个目标，哲学就必须在自然和头脑之间不断地往返来回。

当我们把自身的存在放回我们的意志中时，当我们把意志本身放回到被它延长的推动力中时，我们就会明白，也能感觉到，现实在永不停息地成长，永无止境地创造。我们的意志已经实现这个奇迹。人类每一项发明工作，每一个自由的自愿行动，有机而正是在那些具有纯粹形式的情况下，正是在创造之流被暂时打断的情况下，才会产生物质的创造。

In those cases in which the form is pure, and in which the creative current is momentarily interrupted, that there is a creation of matter.

体的每一个自发行为都为世界增添了新东西。当然，这些只不过是形式的创新。难道还能是别的吗？我们不是生命之流本身，我们是已经负载了物质的生命之流，也就是说，我们负载的物质是其自身材质的凝固部分，生命之流在其进程中携带的正是这种材质。在创作一件天才作品时，就像是在做出一个简单的自由决定时一样，我们确实把活动的弹簧拉到了极点，于是，我们创造出来的东西，就不是单单组装材料所能得到的那种东西（给定弧线的组合方式怎能和绘画巨匠的铅笔线条相提并论呢），它既包含了事先存在的元素，也包含了经过组织化的元素。但是，如果生成形式的那种行动仅仅停顿下来就能构成物质（画家画出的那些独创性线条本身难道不已经是从一个运动里固定下来的、凝固了的东西了吗），那么，对物质进行创造就既无法理解，又无法接受了。这是因为，我们每时每刻都体验内心，我们从内心去把握形式的创造。而正是在那些具有纯粹形式的情况下，正是在创造之流被暂时打断的情况下，才会产生物质的创造。考虑一下字母表上的字母吧，它们参与创作了全部的文字作品，即便如此，我们也不会奢望，在我们写一首新诗的时候，新的字母能自动跳出来，和其他字母结合在一起。不过，我们却很清楚，诗人创作诗歌，才使得人类的思想变得更加丰富，这种创造是头脑的一个简单行动，而只要这个行动暂时停止，而不是延续到一个新的创造当中，就能够把这个行动本身分解成词语，而词语自身则又会分解成为字母，这些字母就融入原有的字母当中，和它们一起加入世界上早已存在的字母当中去。因此，在一个已知时刻中，构成物质宇宙的原子，其数目的增加会反抗我们的思维习惯，抵制我们的全部经验。不过，具有另一种规律的现实（这种规律和原子之间的关系，就像诗人的思想和字母的关系一样）也会由于突然的增加而增长起来，这并非不可接受。每一次增加的逆反过程实际上就是一个世界，我们象征性地把这个世界表述为原子的集合，以呈现给我们自己。

关于宇宙存在上的神秘性，绝大多都来自于我们想把宇宙的起源看作一蹴而就的，或者认为全部物质都是永恒的。无论我们说到的是创造，还是在设定一种未创造的物质，我们都同时想到了宇宙的整体性。这种头脑习惯的根源上，存在着一种偏见（我们会在下一章分析这种偏见）和一种观念，这种观念是唯物论者和他们的反对者都具有的，即根本不存在真正起作用的绵延，而在具体的时间当中，在被我们认为是生命唯一材质的时间当中，根本没有为绝对（材料或头脑）留下一席之地。由此就自然地认为一切都是一次性地给定的，要么必须把物质的多样性假设为永恒的，要么把创造这种多样性的行动假设为永恒的，并且全都赋予神圣的本质。一旦消除这种偏见，创造的概念就会更加清晰，因为它被成长的概念淹没了。不过，我们必须立刻谈一谈宇宙的整体性。

为什么要谈宇宙的整体性呢？宇宙是由众多星系组合而成的，我们完全有理由相信，那些星系和我们的太阳系十分类似。毫无疑问，它们并非绝对彼此独立。我们的太阳把光和热辐射到最遥远的行星上，但同时，我们的整个太阳系按照一个确定方向运动，这条运动路线就好像画出来的一样。因此，不同的星球之间存在着一种联结。然而，与把同一个星球中各部分连接在一起的那种相互依赖性相比，这种联结看来极其松散。所以，我们分离出太阳系并不造作，也不仅仅是为了研究的方便，自然本身就促使我们这样做。作为生物，我们只依靠我们生存的这个星球，依靠供养这个星球的太阳，但仅此而已，我们不需要其他的东西。但是作为能够思考的生物，我们可以把物理学的规律运用于我们自己的星球，还可以把这些规律分别延伸到每一个星球上，但是，没有谁能告诉我们这些规律可以运用于整个宇宙，甚至没有谁能告诉我们即使运用了又有什么意义。这是因为，宇宙并非一次形成的，而是持续地形成的，新的星球不断增加，宇宙也逐步形成。

下面，让我们把科学的两条最普遍的规律扩展到我们的整个太阳系。这就是能量守恒定理和能量衰减定理。不过，我们要把它们限定在这个相对封闭的系统和其他相对封闭的系统之内。我们看看会发生什么。首先，我们必须指出，这两条定理的抽象范围并不相同。前一个定理是关于量的规律，因此，它部分地和我们的衡量方法相关。这个定理表明，在一个假定封闭的系统中，总能量（即该系统中活跃的和潜在的能量总和）始终保持不变。因此，如果世界上只有活跃的能量，或者除了活跃的能量之外，只有一种潜在能量，不再有其他能量，那么，度量技术就不能人为地影响这个定理了。这样，能量守恒定理就的确表达了某种东西的量始终保持不变。但实际上，能量却是多种多样的，[①] 而衡量各种能量的尺度显然都是遵循一个标准进行选择的，即都能证实能量守恒定理。因此，惯例在这个原理中起了很大作用，不同能量的种种变体构成了整个系统。这些能量变体之间无疑存在着相互依赖性，正是这种相互依赖性借助于选择得当的衡量尺度，使得这个原理的扩展成为可能。所以说，哲学家要想把这个原理运用于整个太阳系，他就至少需要软化这个原理的轮廓线。能量守恒定理无法在表达太阳系中某个物体的某种量的客观恒常性，不如说，它表达的是一种必然性，这种必然性的目的是使每一种变化借助反方向的变化得到某种方式的平衡。也就是说，即便能量守恒定理支配着我们的整个太阳系，它也仅仅涉及这个系统中片段与片段之间的关系，而不涉及这个整体的性质。

热力学第二定理的情况就不同了。能量衰减原理在本质上并不依赖于数量。当然，在卡诺的思想中，这个原理产生之初，来自于对温度计读数的数量考察。同样，克劳修斯也用数学术语来概括这个原理，是一种可计算的数量，实际上，他得到的最终概念就是“熵”。就实际应用来说，这种精确性是必需的。然而，这条规律的构想却可能比较模糊，并且，如果有绝对的需要，这条规律很有可能被粗糙的公式表达出来，尽管那时谁都不曾想到去

① 关于不同种类的能量，参见迪昂《力学的演进》，巴黎，1905 年，第 197 页以后。

衡量物理世界的不同能量形式，尽管那时还没有能量这个概念。从本质上看，这条规律表达了这样一个事实：所有物理变化都倾向于减退为热能，而热能则倾向于被统一分配于各个实体上。这条规律的形式不够精确，因此而不依赖任何传统。它是最具形而上学色彩的物理学规律，因为它无须任何介入的象征符号，无须任何度量的人为设计，就指出了世界发展的方向。它告诉我们，可见的异质性变化会越来越多地被稀释为不可见的同质性变化，我们把太阳系中发生的丰富多彩的变化归功于系统的不稳定性，而这种不稳定性将逐渐让位于那些持续不断地重复的微小振动所具有的相对稳定性。个人的情况也是如此，当他在逐渐变老的过程中，尽管也在保持自己的力量，但花在行动中的力量越来越少了，最终，他就只能把自己的力量全部用于使肺呼吸和使心脏跳动了。

从这个角度来看，像太阳系这样的系统，就可以被视为一个永远在消耗它包含的某种易变性的世界。最初，它最大限度地利用这种能量，而易变性在持续地减弱。易变性从何而来？首先，我们或许会假定它来自其他的空间点，但困难却产生了，易变性的这个外部来源会引发同样的问题。当然，我们还可以补充说，能够彼此传递易变性的世界有无限多个，宇宙中包含的易变性也有无限多个，因此，我们无法从任何角度去追寻其源头，预见其终点。这样的假设既不能被证实，也不能被证伪。不过，说到无限的宇宙，就是承认物质和抽象空间之间存在完美的一致性，因而也就是承认物质各个部分之间的关系具有绝对的外在性。从上文中，我们已经看到，我们应当如何看待这种理论，以及要认同物质的各个部分都相互影响（实际上，物质自身就要求这种影响）这个观点有多么困难。我们可以再次假设普遍的不稳定性来源于一种稳定的普遍状态，假设在我们现在的时间段之前，在可用能量减少的时间段之前，已经存在一个时间段，易变性在其中增长；而这种轮流的消长彼此接续，永无尽头。从理论上说，这种假设有其合理性，并且近期的研究也证实了这一点。但是，根据玻耳茨曼的计算，其数学上的不可能性超出了所有想象，实际上足以达到绝对的不可能性。[①] 在现实中，只要我们还坚持物理学的立场，这个难题永远无法解决，因为物理学家不得不把能量与扩展的核子联系在一起，并且，甚至即便他把这些核子当作能量库，他依然处在空间里——如果他到外空间过程中去寻找这些能量的来源，那他就不是物理学家了。但是，在我们看来，要找到这些能量之源，就必须到外空间去。

我们以抽象方式考察的，究竟是不是普遍意义上的空间扩展性呢？我们说过，扩展性只表现为一种被中断的张力。或者，难道我们考察的就是填充这种扩展性的具体现实？在那里起支配作用的规律，也就是自然规律所证明的那种规律，是这样一种规律：当它的对立规律被抑制时，它必定会自行产生，而产生这种抑制力量的，恰恰就是意志的紧缩。最后，我们发现这种现实所采取

① 玻耳茨曼，《大气理论导论》，莱比锡，1898 年，第 253 页以后。

的方向，向我们暗示出一种关于自我毁灭的事物的观念，无疑，这就是物质性的根本特征之一。如果事物自我完成的过程被引到了物理过程的反方向道路上，而它因此（照其本身的定义而言）就具有非物质性了；从所有这一切当中，我们只能得出这样的结论，若非如此，还能是什么呢？我们对物质世界的观点，就是对一种衰退重量的观点，它无法从物质中抽取任何严格意义上的形象，它不停地给我们提供关于重量增加的观念。但是，如果我们更靠近具体现实，如果我们不再只考察一般意义上的物质，而是同时也考察这种物质中包含的生命实体，那么，这个结论就会具有更强的说服力，更能取得我们的信任了。

所有的分析都向我们表明，生命中存在着一种重新登上滑下来的那个斜坡的努力。在那里，所有分析向我们揭示了一种可能性，甚至是必然性，即可能存在或必然存在着一种物质性的逆反过程，一种通过中断物质过程本身而创造物质的过程。在我们这个星球表面演化的生命确实和物质相关。如果生命是一种纯意识，更进一步地说，如果生命是一种超意识，那它就会是一种纯粹的创造活动。实际上，生命被固定在有机体上，但有机体却使生命服从无机物质的一般规律。不过，所发生的一切都似乎表明生命在尽力挣脱这些规律。它没有力量去逆转物理变化的方向，就像卡诺为这个方向定的原则一样。不过，生命却绝对像一种力量那样行动，朝着相反的方向运作。尽管生命无法阻止物质变化的下降过程，却成功地延缓了这个过程。生命的进化确实就像我们说明的那样，延续了一种原始冲动，这种冲动决定了植物光合作用功能的发展，决定了动物“感觉—运动”系统的发展，它给生命加入越来越多的火药，使生命的构造越来越能够有效行动。那么，如果这些火药中没有储存太阳能，如果这些能量不是在减少（即能量暂时地悬置在它将要倾泻的某些点上），那它们又是什么呢？当然，在爆炸的那一刻，火药所包含的可用能量会被消耗掉；不过，如果不是偶然出现一个有机体，为了保存这些能量防止这些能量被浪费，那么这些能量会被更快耗尽。正如我们现在看到的，切断生命自身包含的一些互补倾向之后，生命在所处的那个点上便完全依赖于植物光合作用的功能。这就意味着，从生命的原始冲动来观察生命，在其互补倾向未被打断之前，生命倾向于向仓库中积累，绿色植物尤其具备这种倾向，其目的就像动物一样，能够及时而有效地取出某种东西，否则那种东西就会流失。生命仿佛是一种把下落的重量往上举起的努力。诚然，它只能延缓下落过程。但是，它至少能够使我们明白举起重量的过程究竟意味着什么。①

① 在《与进化对立的分解》这本事例丰富、观点翔实的书中，安德烈·拉朗德先生向我们表明，一切都走向希望，尽管有机体暂时抵制这些过程。然而，从无机物质的角度看，我们有权把从太阳系中得出的见解扩展到整个宇宙吗？除了那些走向死亡的世界，还存在着一些将要诞生的世界。另一方面，在有机界，个体的死亡似乎并不像是“总体生命”的衰减，根本不像生命在不情愿地服从一种必然性。我们多次提到过，生命从未努力去无限延长个体的生命，尽管生命在其他方面做出了成功的努力。一切都好像是，为了总体生命的更大发展，死亡是符合意志的，至少是可以接受的。

让我们想象一只充满高压水蒸气的容器，容器壁上到处都是裂缝，水蒸气从裂缝里喷射出来。喷到空中的水蒸气，几乎全都凝结成小水滴降落下来，这种凝结和降落只表现了某种东西的丧失，表现了一种中断和一种不足。但是，喷出的水蒸气，还有一小部分在短时间内没有凝结。它们正在努力举起下落的物体，但它们顶多只能延缓这个下落过程。因此，喷气必定是从巨大的生命库里不断涌出，每一个落回来的水滴都是一个世界。这个世界中生命物种的进化，呈现出维持着最初喷射方向的东西，呈现出维持一种推动力的东西，这种推动力沿着物质性的反方向延续自身。不过，我们还是暂且停止这种比较吧。它只能给我们提供一种模糊的，甚至是虚假的现实形象，因为那些裂缝、水蒸气的喷射以及水滴的形成，全都被必然地确定了，但创造世界却是一个自由的行动，物质世界中的生命也分享着这种自由。我们最好还是设想抬手臂这样的行动吧，然后，我们假设这只手臂自动地落回来，手臂中也存在着某种东西，它属于能够赋予手臂活力的意志，试图要使手臂重新抬起来。在这个关于自我毁灭的创造行动的画面中，我们已经能够更精确地表达物质了。于是，我们就能在生命活动里看到，在逆反运动里存在着直接运动，而在自我毁灭的现实中，存在着自我完成的现实。

如果我们按照习惯，想到被创造出来的种种物体和一个进行创造的物体，就像我们的理解力不由自主会做的那样，那么，创造一词的含义就会模糊不清。在本书的下一章，我们会说明这种错觉的来源。对于我们的智力而言，这个错觉是天生的，因为我们的智力，其功能在根本上来说实践性的，其作用就是向我们表现物体和状态，而不是表现变化和行动。但是，物体和状态只是我们头脑关于变化所采取的一些视点。事实上，没有物体，只有行动。更具体地说，如果我考察我们生存的这个世界，我就会发现，这个完美地编织而成的整体，其进化过程是自动进行的，并被严格确定，这种进化就是一种自我毁灭的行动。而且，我发现，生命在其中切割出来的那些不可预见的形式，都有能力将自身延长为不可预见的运动，都表现出自我完成的行动。因此，我完全有理由相信，其他世界都类似于我们的世界，在那些世界里，事情也按照在我们世界里的方式发生着。我还知道，那些世界不是在同一个时间里建成的，因为研究告诉我，即便是今天，星云仍然在不断地汇集着。因此，如果同一种行动到处都在上演，那么无论这种行动是毁灭自我，还是极力重塑自我，当我说到一个中心时我所表达的都只是这种可能具备的相似性。无数星球从这个中心喷射出来，就像焰火表演中的火箭一样，尽管如此，我并不把这个中心表述为一个物体，而是表述为一种喷射出来的连续性。这样界定得出来的“神”，不拥有任何现成的东西，这个神就是永不停息的生命，永不停息的行动以及永不停息的自由。如此构想出来的“创造”不是什么神秘的东西，当我们做出自由行动的时候，就能亲身体验到它。说新事物能够和现成的事物结合起来，无疑是很荒谬的说法，因为，事物起源于我们理解力执行的固化过程。除了理解力通过这样的方式构建的东西之外，再没有其他任何东西。因此，说物体能够自我创造，也就相当于说理解力呈现给自己的东西超过了它呈现给自己的东西——这是一个自相矛盾的论证，一种既空洞又无效的观念。但是，当我们每个人观察自己的行动时，都会看到行动在进行的过程中增加，它按照前进的尺度进行创造。理解力在既定的时间里，在这样的变动中，时时切割，因而构成了物体。我们把这些切割放在一起时感到迷惑不解的东西，只要把切割和这种变动联系起来，我们就能够理解了。的确，只要它还在生命形式的组织当中继续前行，我们如此看待创造性行动的诸种方式就被大大简化。面对有机体的复杂性，面对预先设定的极其繁多又互相交织的分析与综合，我们理解力的反应多么张皇失措！物理的力量以及化学的力量，且不论其自身如何，它们通过简单的变幻，居然能够制造出如此的奇迹，这实在让我们难以置信。如果说这是科学运作的深刻结果，那我们又如何理解无物质的形式对形式的物质的影响呢？我们静态地表现相互叠置的、现成的物质微粒，又静态地表现其外部原因，这个原因为物质微粒涂抹了精心设计的组织，这正是我们的困难来源之处。在现实中，生命就是一种运动，而物质性则是其反向运动，这两种运动都非常简单，并且构成一个世界的物质。这种物质是一种整体的流动；而在其中运动并沿途切割出种种生物的生命也是一种整体的流动。对于这两种流动而言，后者抵抗前者，但前者却依然能从后者那里得到某种东西。两种流动之间产生了一种暂时的协定，这就是组织。对于我们的感觉和我们的智力而言，这种组织所采取的形式表现为在时空中彼此隔绝的各个局部。我们不但无视那种冲动的整体，它跨越物种代际，把个体和个体、物种和物种连接起来，把整个生物系列汇集成一股洪流，淹没物质；同时，我们也无视那些在我们看来是一个集合的每一个个体，我们把它们看作分子的总和和事实的总和。其原因就在于我们智力的结构，我们智力原本就是为了从外部对物质施加行动而构成的，但在真实的流动当中，它一再切割这个流动，被切割出来的每一种东西都固化了，因而可以无限地分解下去。理解力在有机体中察觉到的，只是一些彼此独立的局部，它必须在两种解释系统中做出选择，要么把组织的无限复杂性（因而也是无比精巧的设计）看成是原子的偶然连接，要么把将其和一种无法理解的外力影响联系在一起，这种外力已经把组织的元素组合起来。然而，这种复杂性却是理解力的产物，这种不可理解性也同样是理解力的产物。我们不要只用智力的眼睛去观察，智力的眼睛只能捕捉到现成的东西，只能从外部去观察。让我们尝试用精神的眼睛去观察，也就是说，运用行动机能本身固有的观察能力，并且当行动被转变为知识的时候（就像热被转变为光那样），这种观察能力就会从意志对自身的扭曲中迸发出来。于是，一切都恢复为运动，一切都融入运动中。理解力针对进展行动的形象（这个形象被假定为固定的）进行运作，向我们展示了无限繁多的局部，显示了一种无比精巧的秩序；凡是出现这种情况的地方，我们都能瞥见一个简单的过程，瞥见一种自我完成的行动，这种行动使自己与自我毁灭的同类行动交叉，就好像焰火表演中最后一支火箭，在坠落的黑色灰烬中划出一道炽热的线条。

十二、进化的意义

从这个视角来看，我们提出的有关生命进化的总体见解就将变得清晰明确，并被完成了。我们打算进一步区分生命进化当中偶然因素和本质因素。我们谈及的生命冲动，在于对创造的需求。生命冲动无法进行绝对的创造，因为它面对的是物质，也就是说，它面对的是自身的反向运动。但是，它利用了物质，它必然会如此，它还极力把尽可能多的不确定性和自由引入这种物质当中。然而，生命冲动是如何运作的呢?

我们说过，我们可以一把种高级动物一般地表述为一个被置于消化、呼吸及循环等系统之上的“感觉—运动”系统。这几个系统的功能是清洁、修复和保护神经系统，使神经系统尽可能地不受外部环境的影响。不过，这些系统最为重要的功能是为神经系统提供能量以供运动消耗。所以，从理论上说，有机体日益增长的复杂性源于神经系统中必然存在的复杂性（尽管进化的偶然性造成了无数例外）。无疑，有机体任何一部分的每一种复杂化，都必定会使其他部分随之复杂化，因为这个部分本身必须存活，而身体任何一个点上的每一次变化，实际上都会影响到整个身体。

因此，这种复杂化就有可能在所有方向上无限地进行下去；然而，正是神经系统的复杂化，才能够恰当地调节其他系统的复杂化，尽管实际上并非总是如此。那么，神经系统自身的进化又是什么呢？这种进化在于就是自发活动和自愿活动的同时发展，而前者为后者提供了合适的工具。因此，在诸如人类这样的有机体当中，数量可观的运动机制就在延髓和脊髓中建立起来，只待一个信号，它们就会释放出相应的行动。在一些情况下，建立机制本身就运用了意志；而在另外一些情况下，意志则运用在选择将要释放的机制上，运用在选择把这些机制联合起来的方式上，以及运用在选择释放这些机制的时刻上。能够提供给动物意志做选择的机制越多，全部运动通道所穿过的那个总开关越复杂，也就是说，大脑越发达，它的动物意志就越有效，越强烈。因此，神经系统的进步确保了行动日益增长的精确性、多变性、效率性以及独立性。有机体的行为越来越像一台为行动而造的机器，它好像是用弹性树胶做成的，随时都能改变各个部分的形状。然而，在神经系统出现之前，甚至在严格意义上的有机体出现之前，在变形虫的未分化体中就已经出现动物生命的这一基本性质了。变形虫能够朝不同的方向改变自己的形状，它整个身体所做的事情，也正是高等动物分化以后使用感觉—运动系统做到的事情。单是这种初级的形态，就可以做这些事情，它不需要具备高等生物的那种复杂性，它不需要辅助元素向运动元素提供能量，这种有机体，作为一个整体就能运动，它也作为一个整体从它吸收的有机物质中获取能量。因此，无论观察处在哪个等级上的动物，低等动物还是高等动物，我们都会发现动物的生命就在于（1）获取能量供应；（2）借助于一种尽可能顺从的物质，在多种多样、不可预见的方向上消耗这些能量。

那么，这些能量从何而来？从摄取的食物中来，因为食物就是一种炸药，只需一个火星，就能释放其中储存的能量。谁制造了这些炸药？某种动物的肉就是食物，而这种动物又以另一种动物为食，如此下去。不过，我们最终总会追溯到植物。只有植物才能收集太阳能，而动物只能从植物中借用太阳能，一些直接借用，另一些则将太阳能传递给其他动物。那么，植物又是如何储存太阳能的呢？主要是依靠光合作用。这是一种独特的化学机制，其中原理我们尚不明确。但它很可能和我们实验室里的那些化学反应不一样。光合作用的过程，就是运用太阳能去固定碳酸中的碳，并由此把太阳能储存起来，就像我们建起一个水库，再雇人把它灌满，把水能储存起来。水一旦被储存起来，就能够按照我们的意愿，在需要的时候带动水磨或者涡轮。每一个被固定的碳原子都代表着某种东西，能增加水的重量，或者代表着某种弹性纽带的伸展，连接着碳酸中的碳与氧。只需简单地释放，碳元素就能和氧元素重新结合，于是，弹簧被放开，重量重新落下，总之，所需的能量就被储存下来。

因此，从本质上看，所有生命，无论是动物还是植物，都好像是一种努力，它积累能量，然后，让能量流入形状可变的通道，最终完成多种多样的工作。这就是生命冲动一旦穿过物质就立即会做出的事情。如果生命冲动的力量是无限的，或者，如果某种外力使得生命冲动加强，那它无疑会获得成功。然而，这种冲动却是有限的，并且是一次性给定的。它不能克服所有障碍。由它启动的那种运动有时会偏离方向，有时会被分开，并且它总是遭遇阻力。生命世界的进化就是这种冲突的次第展开。最终发生的第一次大分裂，就是植物王国和动物王国的分裂，它们碰巧是互补的，尽管两者之间并没有做出任何协定。植物聚集能量不是为了动物，而是为了自身的消耗。然而，和生命的原始冲动（从本质上看，它指向自由行动）所需要的相比，植物自身对能量的消耗，非常不连贯，也不集中，因而也较为低效。同一有机体无法以同样的力量同时维持两种功能，即逐步地积累能量和突然地使用能量。因此，在没有任何外部干涉的情况下，只受到原始冲动中展开的那种倾向和物质对它的抵抗的双重影响，一些有机体倾向于第一种功能，而另一些倾向于第二种功能。在植物王国和动物王国的大分裂之后，又连续出现了大量的其他分裂。由此就产生了进化的不同路线，至少产生了这些路线的本质。不过，我们还必须考虑到退化、停滞以及偶然性诸如此类的因素。最重要的是，我们还必须记住，每一物种的行为，都好像是生命的总体运动在那里停下，而不是穿过它继续前进。每一物种都只想到自己，只为自己而活。自然界里的无数争斗就因此而生，各种不和谐、各种震惊以及各种恐惧也随之而来，但生命的最初原则却不应为此负责。

所以说，偶然性在进化过程中发挥了重大作用。一般说来，生命采用的形式都是偶然的，或者可以说，生命发明的形式也都是偶然的。从原始倾向中分解出来的种种互补倾向创造出不同的进化路线，这个分解过程也是偶然的，它和既定的时空中所面临的种种障碍有关。停滞和倒退是偶然的，大部分的适应也是偶然的。只有两件事情是必然的（1）能量的逐步积累；（2）把这种能量灵活地分配到不确定的众多方向上，这个过程的终点就是自由行动。

在我们的星球上，这种双重结果是通过一种特殊的方式达到的。不过，这个结果也有可能通过其他一些截然不同的方式达到。生命没有必要把主要的选择放在碳酸中的碳元素上。对于生命来说，最重要的是储存太阳能，然而，如果生命不要求太阳把氧原子和碳原子分开，它就可能会产生其他一些化学元素（至少，在理论上可以做到，并且排除那些可能是无法克服的特殊困难），而我们就得借助完全不同的物理手段去组合或分解那些元素了。如果为有机体提供能量的物质其元素特性和碳不一样，那么，生物的柔性物质的元素特性就可能不再和氮一样，而生物化学也会因此与当今的面貌大相径庭。其结果可能是产生一种和现有生命形式毫无共同之处的生命形式，其解剖构造和生理机制都会不同于现有的生命形式。只有“感觉—运动”功能会被保留下来，即便不是被保留在这种生命形式的机制里，至少也会被保留在其结果中。因此就有可能出现这样的情况，生命在其他星球上发展，也在其他星系中发展，但我们却对其形式一无所知。从生理学的观点来看，那种生命形式所处的物理条件看起来也像是与它绝对相反的。如果它的根本目标是获取可用能量，以便在爆炸性的行动当中消耗这些能量，那么，在每个星系中，在每个星球上，它都可能像在地球上一样，在其面临的环境中，选择最合适的方式获得这种结果。至少，这就是我们用类比得出来的结论。但是，如果我们说："只要生命面对的环境与地球不同，生命就不可能存在。"这种类比推理就是错误的。实际情况是，无论哪里，只要能量下降到卡诺规律指出的那个斜坡，只要逆向的原因能够延迟这个下降过程，都可能存在生命——也可以说，在所有漂浮的星球中，都可能存在生命。我们再深入一些，生命甚至没有必要被集中并确定在严格意义上的有机体中，也就是说，它没有必要被集中并确定在那些明确的实体里，这些实体就是呈现给能量之流的现成通道，尽管这些通道灵活可变。可以想象——尽管这很难想象——能量可能被储存起来，然后被消耗在穿过尚未固化的物质的那条路线上。生命全部的本质要素依然存在，因为能量的缓慢积累与突然释放依然存在。这种朦胧且没有形式的生命力和我们所知的那种明确的生命力之间的区别，大致相当于我们精神生活中做梦和清醒两种状态之间的区别。当星云物质出现的时候，由于受到逆反运动的影响，生命每时每刻都在涌现，如果情况果真如此，在物质的凝聚过程完成之前，我们这个星云里生命的状在现实中，生命遵循心理规律，而心理活动的本质就是包容相互渗透的条件之间的混合多元性。

In reality, life is of the psychological order, and it is of the essence of the psychical to enfold a confused plurality of interpenetrating terms.

况可能就是这样。

所以说，可以设想，生命有可能采取全然不同的外部表现形式，也有可能设计出和我们所知的形式全然不同的形式。在不同的物理条件下，对于不同的化学基质来说，尽管这种冲动依然相同，但在它的发展进程当中，它却会以一种极为不同的方式进行分裂。而生命的整体则会沿着另外一条道路前行。谁知道这条路是更长还是更短？无论哪种情况，全部的生物系列都不会和现在相同。那么，一个系列或者一些条件还有必要存在吗？那种独特的冲动，为什么不应当影响一个有可能继续进化的独特实体呢？

毫无疑问，这个问题起源于把生命和一种冲动进行类比。我们必须把生命比作一种冲动，因为其他任何从物理世界借用的形象，都不能使我们更接近生命的概念。不过，这仅仅是个形象。在现实中，生命遵循心理规律，而心理活动的本质就是包容相互渗透的条件之间的混合多元性。在空间里，也只有在空间里，才存在明确的多样性，一个空间点绝对独立于另一个空间点。不过，纯粹且空洞的整体也只能在空间里见到，它就是数学点的整体。抽象的统一和抽象的多样性限定了空间，或者限定了理解力的范畴，无论我们把它们看作哪一种，空间性和智力性都塑造彼此。然而，心理特性所包含的事物，却既不能完全对应于空间，也不能精确地纳入我们理解力的范畴。在一个既定的时刻里，我本人究竟是单一的还是多元的？如果我说它是单一的，那我内心的声音就会起来抗议。这些声音来自于我的知觉、情感和意念，而我的个性就散布其中。但是，如果我说它明显是多元的，我的意识也会同样强烈地抗议。它断定我的知觉、情感和思想都是我对自己抽象的结果，而我的每一种状态中都隐含着其他所有的状态。因此，我（我们必须采用理解力的语言，因为只有理解力才拥有语言）既是个多元的单一整体，又是个单一的多元复合体。[①]然而，无论是单一性还是多元性，都只不过是一种看待人格的视角，是由理解力把其范畴指向我形成的视角。我既不进入前者，也不进入后者，也不同时进入二者，尽管这二者结合起来可能非常接近我在自我的核心处发现的那种相互渗透性和连续性。这就是我内心生命的情况，这也就是普遍生命的情况。在和物质接触的时候，如果可以把生命比作一种推动力或是一种冲动，就其自身而言，那它就是无穷无尽的潜在可能性，就是成千上万种相互渗透的倾向；不过，只有当这些倾向被视为互为外在时，也就是说，只有这些倾向被空间化时，它们才是“成千上万的”。决定这个分解过程的是与物质的接触。事实上，物质只能划分潜在的多元性，并且，从这个意义上来，个性化一部分是物质运作的结果，一部分是生命自身的倾向运作的结果。因此，诗歌的情感——它爆裂为明确的段落、句子和词语——就可以说是包含了这种个性化元素的多样性，但实际上却是语言的物质性创造了这种情感。

① 我们已经在“形而上学导论”那篇文章中详细讨论过这一点。见《形而上学及精神科学评论》，1903 年 1 月，第 1~25 页。

然而，整首诗的灵感却流动在单词、句子和段落中间。所以说，在分解出来的个体当中，也有一个生命流动于其中。个体化的倾向到处遭遇抵抗，同时又被一种抗衡和补充联合起来的倾向所完成，好像生命的多元单一整体被引向了通往多样性的方向，并竭尽全力撤回到自身。一个局部，即便不是和所有其他局部重新结合，至少也会与离它最近的那个局部重新结合，但是这种结合刚一进行，就立即被分开了。因此，在整个生命领域里，个性化与联合之间都存在着一种平衡。个体联合在一起就成为社会群体，而社会群体一旦形成，就会把联合的个体融合为一个新的有机体，这样它自身就成为一个个体，并作为新的联合体的组成部分。在最低等的有机体那里，我们已经发现了真正的联合体，即微生物群体。近期有研究认为这些联合体当中存在着一种倾向，能够借助一个分子的构成达到个体化。[①] 在稍高等的有机体中，即原生植物中，也存在同样的倾向，原生植物通过分化脱离了母体细胞以后，仍然会借助它们周围的凝胶状物联系在一起。同样，原生动物也具有这种联合倾向，起初它们把伪足混合在一起，最后把身体结合为一个整体。关于高等有机体起源的“群体论”非常著名，这个理论认为，单细胞原生动物通过聚合形成，而它们再度结合起来，就产生了新的聚合体。因此，越来越复杂、越来

① 参见瑟柯夫斯基的一篇俄文论文，以及《生物学年鉴》上的评论，1898 年，第 317 页。

越分化的有机体，就来源于未分化的初级有机体之间的联合。[①] 以这种极端形式出现的群体论遭遇到重大的反驳，多元机体就是个例外和反常，这种说法越来越流行了。[②] 不过，每一种高等有机体都似乎来源于众多具有不同分工的细胞之间的联合，这也是实情。更有可能的是，并非细胞通过联合而形成有机体，而是相反，是有机体通过分解而形成了细胞。[③] 然而，这本身表明，个体的萌芽中存在着群体形式的影子，好像个体只能在这样的条件下发展，即个体自身的物质应当分裂成许多具有个体性外观的元素，但这些元素却通过一种群体性的外观联合在一起。但在众多情况下，大自然在这两种形式之间犹豫不决，并且自问是应当造就群体还是个体。因此，哪怕最轻微的一推，也会使天平向一侧或者另一侧倾斜。如果我们拿起一只足够大的纤毛虫，例如喇叭虫，把它切成两半，每一半都包括这个机体的一部分，那么，每一半都会生成一只完整的喇叭虫。但是，如果我们不把它完全切开，在两个部分之间留一条原生质线用于交流，那么，我们就会看到这两个部分各自进行相应的运动。此时，要使生命具有群体形式，还是具有个体的形式，只需维持或者切断那条连线就够了。

---

① 皮埃尔，《动物群体》，巴黎，1897 年，第 2 版。

② 德拉日，《遗传学》，巴黎，1903 年，第 2 版，第 97 页。以及他的论文“关于多元从生存机体的概念”，《科学评论杂志》，1896 年，第 641~653 页。

③ 昆斯特勒、德拉日、赛德维克和拉贝等人都持这一观点。布斯盖的《生命体》（巴黎，1899 年）中有详细论述，并有参考文献。

因此，在单细胞初等有机体中，我们就已经发现了整体中存在的个体性，这种个体性是由未知数目的潜在个体性潜在地联合起来而构成的。不过，从低等到高等有机体，整个生物系列也都表现出同样的规律。我们说单一性和多元性是无机物质的范畴；我们又说生命冲动既不是纯粹的单一性，又不是纯粹的多元性；我们还说生命冲动接触的物质本身就迫使它只能在两者形式中选择其一，但它的选择却永远不是最后的选择——它总是在两种形式之间跳来跳去，永无休止；当我们说这些的时候，就是在表达这个意思。所以，生命既朝个体性方向进化，也朝联合方向的进化，就绝非偶然，这是由生命的本质决定的。

向思考的方向前进，也是生命的本质。如果我们的分析没错的话，那么，处在生命源头的正是意识，或者可以说是超意识。意识，或超意识，就是那支火箭的名字，它熄灭的碎片落下来就成为物质。意识同样也是构成火箭本身那种成分的名字，火箭穿过碎片，把它们点燃为有机体。然而，这种意识就是一种创造的需求，哪里可能进行创造它就在那里对自身显现出来。当生命被设定为自发机能的时候，意识就沉睡不醒，而一旦选择的可能性得以恢复，意识就苏醒。这就是何以只在没有神经系统的有机体身上，意识才会根据运动能力和有机体的变形能力而产生种种变化。而在有神经系统的动物身上，意识和转换开关的复杂程度成正比，这个转换开关是所谓的感觉通道和所谓的运动通道的交会之处——其意思就是，意识和大脑的复杂程度成正比。为什么我们必须理解有机体和意识之间的这种统一性呢？

这个问题，我们已经在之前的书中讨论过，这里，我们不打算深入讨论。我们只要重提一种理论即可，比如，根据这种理论，意识被紧紧联结在某些神经上，并且它就像一道磷光一样，从神经运作中抛出来。为了对细节进行分析，科学家们可能会接受这种说法。这种说法表达起来比较方便。不过，仅此而已。在现实中，一个生物就是一个行动中心。它代表着进入世界的偶然性的总和，也就是说，它代表着一定数量的可能行动，而这个数量会因个体，尤其因物种的不同而有所区别。动物的神经系统标记出变化多端的路线，动物就在这些路线上奔跑（尽管积累潜能的是肌肉，而不是神经系统自身）。动物的神经中枢通过它们的发展和构造，指示出它对数量和复杂程度不同的行动将要做出的扩展，进行程度上的选择。生物意识苏醒得越彻底，为生物提供的选择范围就越大，赋予它的行动总量也越大，因此，意识的发展显然就要依赖于神经中枢的发展。另外，意识状态的每一个侧面，都是一个涉及运动活动、甚至涉及某种初始回应的问题，因此，没有哪种心理事件不包含进入外皮机制运作的路径。所以，一切都好像是这样发生的，意识似乎来源于大脑，而意识活动的细节则似乎是由大脑活动的细节形成的。但实际上，意识并不起源于大脑。不过，大脑和意识之间的对应，是因为二者都衡量生物所能做出选择的数量，大脑依靠复杂的结构去衡量，而意识则通过自身的清醒程度进行衡量。

因此，从有限数量到无限数量之间的差距，就是从封闭和到开放之间的差距。

Now, from the limited to the unlimited there is all the distance between the closed and the open.

心理状态比大脑状态传达给我们的信息更多，这完全是因为大脑状态只能表现出相应的心理状态的初期行动中的信息。正像我们在别处证明的那样，生物的意识离不开大脑，就像锋刀离不开利刃，大脑就是利刃，意识用它切入事件的核心组织。然而，大脑和意识却是共同进行扩展，也和刀刃与刀同样的道理。因此，我们不能因为猿脑和人脑极为相似，就得出结论说，两者的意识可以相互比较，或者可以根据同一标准进行比较。

但是，猿脑和人脑或许也并不像我们想象的那样相似。人能够在没有养成任何一种运动习惯的情况下，学会任何一种操作，学会建构任何一种对象，但即便是最聪明的动物，哪怕是猿类，它联合新动作的能力也极其有限。面对这个事实，我们怎么会不感到震惊呢！人的大脑自有其特点。和所有动物的大脑一样，人脑的本质作用就是建立运动机制，使我们随时能够从这些机制中选择出一种能让我们只需轻触开关就能付诸行动的机制。但是，人脑和动物大脑的区别在于，人脑建立的机制有无限多，因而，它给我们提供释放这些机制的选择也有无限多。因此，从有限数量到无限数量之间的差距，就是从封闭和到开放之间的差距。人脑和动物大脑之间的区别并不是程度的差别，而是种类的不同。因此，动物的意识，哪怕是最具智力的意识，和人的意识之间，也存在着显著的差异。这是因为，意识和生物的选择能力之间存在着严格的对应关系。意识和围绕在真实行动周围的可能行动范围共同扩展，意识就是发明和自由的同义词。在动物身上，发明从来不能超出常规主题的变化。由于封闭在物种习惯的范围内，动物无疑能够通过个体的初创性去扩展这些习惯，然而，动物只在它要创造新的自发机制的那一刻，才暂时地摆脱自发机制。动物囚牢的大门刚一敞开，就立即关上了。动物拉扯身上的锁链，却只能把它拉长。而在人那里，意识却挣脱了这个锁链。在人那里，并且只有在人那里，意识才使自己获得自由。生命的全部历史，直到出现人类的整个过程，就是意识努力提升物质的历史过程，就是物质回落到意识上，并或多或少压倒意识的历史。的确，如果我们能用事业和努力来比喻这种情况，那我们就可以说，这种事业是自相矛盾的。这种事业就是用物质（其本身就是一种必然）去创造一种自由的工具，去制造一种理应战胜机械作用的机器，就是用自然决定论穿过这种决定论自己铺设的那张网。然而，当意识试图穿过那张网时，除了在人那里，它都被卡在网眼上——它仍然无法逃脱它建立的机械之网。意识企图把自发作用引向自由，但自发作用却缠绕在意识周围，并将意识拖下来。意识没有力量逃脱，因为它为行动提供的能量几乎全部用在维持平衡上，这种平衡精妙无比，其本质又不稳定，并被意识带进了物质中。然而，人不仅能够维持他的机器，而且还能随意使用它。当然，人之所以能够如此，完全归功于人脑的优越性，这种优越性使人能够建立起无限多的运动机制，不断地用新习惯来对抗旧习惯，并把自发机能分解开来，使它对抗自己，以便控制这种机能。人之所以能够如此，也归功于人的语言，语言用无形的实体填充意识，从而把意识具体化，因而使意识不至于完全被困在物质实体内部，而物质实体的流动不久就拖住意识，最终将其吞没。人之所以能够如此，还得归功于生命群体，它把努力保留下来，储存起来，就像语言存储思想，并且由此确定一个平均水准。起初，个体必须使自己达到这个水准。正因为这个初始刺激的存在，生命群体才使得普通人不至于迟钝无知，也会使优秀者更加优秀。然而，无论是大脑、语言，还是生命群体，它们全都是从外部对同一内在优越性做出的不同标记。这三者都按照各自的方式，去标示生命在其进化的某个既定瞬间所取得的独一无二的杰出成就。它们表现出来的是种类的差别，并非只是程度的差别，而这些差别把人类和动物界的其他物种区分开来。这使得我们猜测，生命的一部分从广阔跳板的一端跳起，而其他部分却都从跳板上滑落下去。因为它们发现那条伸展的准绳太高，只有人类才能越过去。

正是在这个非常特殊的意义上，人类才是进化的“条件”与“终点”。我们说过，生命超越了目的性，一如它超越其他范畴。生命必然是一种流动，流经物质，并尽力从物质中获取东西。所以，确切地说，根本就没有什么规划或计划可言。另一方面，大量的证据表明，大自然的其余部分并不是为人类而存在的，我们像其他物种一样斗争，也和其他物种进行斗争。此外，如果生命进化在其进程中遭遇到的是其他的偶然性，如果生命之流因此被分流成其他的样子，那么，我们人类的心灵与气质就会和现在的样子大相径庭。要是根据这些理由把人性（比如我们目前所见的人性）当作进化运动中事先定型的东西，那就大错特错了。甚至我们都不能说人性是整个进化过程的产物，因为进化也在其他分支路线完成了，当人类这个物种出现在其中一条路线的尽头时，其他路线也都随着其他物种走到了尽头。从一种相当不同的意义上来说，我们把人性当作进化的基础。

在我们看来，整体的生命就像是一个巨浪，从一个中心开始向外扩散，波浪几乎在所有圆周上都会停下来，转变为振动；在一个点上，障碍被突破，推动力就会自由通过。人类形式所表达出来的，正是这种自由。除了在人身上，意识在其他所有地方都不得不停止，而只有在人身上，意识才能够继续发展。因此，人就能无限地延续生命运动，尽管他并未将全部生命都汲取到自己身上。生命中蕴涵的其他倾向则沿着其他的进化路线前进，并且，由于一切都相互渗透，人类无疑也会保留着那些倾向的某种东西，尽管非常少。它就像一只模糊而无形的生灵，我们可以按照意愿称之为“人”或是“超人”，他在极力实现自己，要想做到这一点，他只能在中途舍弃一部分自己。动物界的其余物种，甚至是植物界，就显示出这种损失。至少，这些物种所具有的高于进化的偶然性和积极性的东西，能够显示这种损失。

从这个角度来看，大自然展示给我们的那种不和谐性就被大大地减弱了。有机界作为一个整体，因而就变成了土壤，上面要么生长出人类本身，或者生长出精神上类似于人类的生物。无论动物和人类物种相差多远，无论它们多么仇视人类，依然都是人类的有用旅伴。意识已经把自身携带的各种累赘放置在动物身上，因而使人类登上高地。而人类站在高地上，看到广阔无垠的大地再一次呈现在他面前。

诚然，意识在中途放弃的不仅有沉重的包袱，还有一些有价值的物品。在人类身上，意识首先表现为智力。意识也有可能是直觉，并且，看起来它似乎也应该是直觉。直觉和智力代表着意识运作的两个相反方向，直觉朝着生命的真正方向前进，而智力则朝反方向行进，并顺其自然地发现自己和物质的运动取得了一致。完整且完善的人性往往会使意识活动的两种形式都得到充分发展。而且，我们还可以设想，在这种人性和我们的人性之间，还有可能存在任意数量的中间阶段，分别对应于智力和直觉能想象出来的所有程度。就是在这里存在着人类物种心理结构中的偶然性部分。不同的进化，既有可能造就一种拥有更高智力的人性，也有可能造就一种拥有更多直觉的人性。实际上，在我们的人性当中，为了智力，几乎牺牲了全部的直觉。为了战胜物质，并为了再度战胜自身，意识似乎耗尽了绝大部分力量。在战胜过程的特殊条件下，这种战胜要求意识去适应物质的习惯，并要求意识将全部注意力集中在这种习惯上，实际上，就是要求意识把自身更专门地确定为智力。然而，直觉依然存在，尽管它十分模糊，并且，最重要的是，它不具有连续性。直觉是一盏快要熄灭的灯，时不时地闪出微光，至多持续片刻。然而，在生命利益受到威胁直觉，虽然只能发出闪烁不定的微光，但却能穿透智力留给我们的黑夜。

It throws a light feeble and vacillating, but which none the less pierces the darkness of the night in which the intellect leaves us.

的时候，直觉之灯就会闪亮。直觉把它的微光投射到我们的个性上，投射到我们的自由上，投射到我们的起源上，也许还投射到我们的命运上。直觉，虽然只能发出闪烁不定的微光，但却能穿透智力留给我们的黑夜。

这些稍纵即逝的直觉，要经过很长的间歇才能闪烁一次，照亮其对象，但哲学却应该抓住它们，先是留住它们，之后再延长它们，把它们聚集起来。这项工作越是深入进行下去，哲学就越是能看到，直觉就是头脑本身，并且从某种意义上来说，直觉就是生命本身；而智力则是从直觉中切割出来的，这个过程和生成物质的过程非常相似。这样，精神生活的整体性就被揭示出来了。只有当我们为了从直觉到达智力，而把自己置于直觉当中时，我们才能认识直觉，因为如果我们从智力出发，便永远也不能到达直觉。

十三、精神生命和肉体生命

哲学就这样把我们带进了精神生活。同时，哲学也向我们展示出精神生命和肉体生命之间的关系。有关精神的诸种学说都存在一个重大错误，他们把精神生命和其他一切生命隔离起来，把它悬在地球的最高处，这样就能使它免受攻击，他们这样做，好像不会因此仅仅把它暴露出来，像一种奇迹的努力一样被世人看待。当意识承认人类自由的时候，他们就倾听意识，这当然没错；

但是还有智力，智力却说原因决定结果，说相似的事物制约着相似的事物，说一切都是重复的，一切都是已知的。他们相信人的绝对真实性，认为人独立于物质，这也没错；但是还有科学，而科学却表明，意识生命和大脑活动相互依赖。他们认为人在自然界处于优势地位，认为动物和人类之间的距离极其遥远，这当然没错；但是还有生命史，它让我们了解到物种的起源依靠逐步的变形，因此又好像把人类和动物重新连成了一个整体。当一种强大的本能使个人得以存活的时候，他们便把耳朵靠近这种本能，倾听其声音，这当然没错；但是如果还存在一些能够独立生存的“灵魂”，那它们又从何而来呢？这些灵魂何时、怎样以及为何进入了肉体呢？我们相当自然地看见，这个肉体是由亲体的混合细胞生长而来。只要这些问题得不到解答，那么关于直觉的哲学就是对科学的否定。而如果这种哲学既不打算在肉体生命实际存在的地方去观察肉体生命，也不打算在通往精神生命的路上去观察肉体生命，那么，这种哲学迟早会被科学清除掉。但是，这样一来，这种有关直觉的哲学便与明确的生物毫无瓜葛了。生命作为一个整体，自从初始推动力把它推进这个世界开始，就像波浪一样，逐渐高涨，并且受到物质的下降运动的对抗。在生命之流绝大部分的表面上，在不同的高度上，生命之流都被物质逆转成了旋涡。它只能从一个点上自由通过，还拖拽着一个能将其延缓，却无法将其止住的障碍。生命能够自由通过的那个点，就是人性，正是这一点造就了我们的优势地位。另一方面，这个高涨的波浪就是意识，并且，就像一切意识一样，它包含着无数的潜在可能性，这些可能性之间彼此渗透。因此，无论是单一的范畴还是多元的范畴都不适合它们，因为这些范畴都是无机物质的范畴。只有这股生命之流携带的物质，只有这股生命之流插入自身的缝隙，才能把它划分成明确的个体性。这股生命之流向前奔涌，穿过一代代人类，把自己再细分为个体。在生命流中朦胧地暗示出这种细分，但如果不借助材料，它就不能变得清晰。因此，灵魂也不断地创造出来，而从某种意义上说，它们依然是事先存在的。灵魂不是别的，它正是生命的大河分流出来的众多小溪，穿过人性的实体。溪流的运动显然有别于河床，尽管它不得不跟随河床蜿蜒前行。意识明显地区别于被它激活的有机体，尽管它不得不承受有机体的生老病死。意识状态指示出来的那些可能的行动，每时每刻都在大量神经中枢中开始实施，而大脑每时每刻都在描绘意识状态的运动标记。但是，意识和大脑之间的相互依赖仅限于此。因此，意识的命运并不受制于大脑物质的命运。最后，意识的本质就是自由，意识就是自由本身。但是，如果意识不建立在物质上，不去适应物质，就无法穿透物质。我们把意识对物质的适应称为智力性，但智力却让自己转回到活跃的意识中，也就是说，它转回到自由的意识中，因而自然使自己进入那些概念形式，因为智力习惯于看到物质适应那些形式。所以说，智力总是通过必然的形式去感知自由，它总是忽视那个崭新的部分，总是看不到自由行动本身所固有的创造，它总是用仿制品取代真正的行动。

这种仿制品是人工制造的，近似于真正的行动，并且它是由旧东西和旧东西，以及相同的东西和相同的东西组合而来。于是，一种试图把智力重新融入直觉的哲学看来，众多困难就消失不见，或者被减轻了。然而，这样的学说却不仅有利于思辨，而且也给我们更多力量去行动、去生活。有了这样的哲学，我们就不会感到自己被封闭在人性之内，而人性也不再显得是被封闭在它的领域之内了。哪怕最微小的尘埃，也和我们整个太阳系联系在一起，它跟随着太阳系那种整体的下降运动，而那运动就是物质性本身。同样，从生命起源之初到我们此刻所处的时间，在所有的地方，在所有的时间之内，从最低等的生物到最高等的生物，所有的生命体全都证明了同一个推动力的存在，证明了对物质运动的逆反，并且这种逆反运动本身就是一个不可分割的整体。一切生命都联合在一起，一切生命都服从于同一个巨大的推动力。动物超越了植物，而人类高居动物界之上；在空间和时间当中，全部的人性就是一支庞大的部队，在我们每个人的前后左右疾驰。它发起压倒一切的冲锋，它攻克所有抵抗，清除最可怕的障碍，甚至能战胜死亡。

第四章　思维的摄影机原理与机械论错觉：各种哲学体系浏览[①]

——真正的变化与虚假的进化

一、两种理论错觉

接下来我们要做的，就是考察我们以前曾经遇到过的两种理论错觉。到目前为止，和我们的主题相关的是这两种理论错觉带来的后果，而不是其原则。本章将就这一主题进行探讨。这使得我们有机会消除一些反对意见，澄清一些误解，最重要的是，这会使我们有机会把那种在绵延中看到现实本质的哲学和其他哲学进行对照，从而更为精确地界定这种哲学。

物质的真实或者说头脑的真实，已经作为一种永远的真实呈

① 本章论述的各种哲学体系，尤其是论述古希腊哲学的部分，其中的观点只是简明的摘要。我们从1900年到1904年在法兰西学院的一系列课程中，尤其是1902年到1903年的“时间概念的历史”这门课程中，已经详细论述了这些观点。当时，我们把概念思维的机制比作电影摄影机的原理。我们认为，这个比喻在本章是有用的。

现在我们面前。它要么实现自我，要么毁灭自我，但它绝不是某种制造的东西。当我们揭开我们的意识和我们自身之间的那层纱幕时，这就是我们对头脑的直觉。同样，我们的智力和感觉如果能够获得关于现实的直接而中立的观念，那么，这也是它们自身呈现给我们的物质。但智力却像感觉一样，在一切发生之前就被行动的必要性预先占领了，因此，它不能持续观察到那些几乎同时发生的事情，因而它就只能观察到物质变化中那些静止不动的现象。意识形成于智力，因此，它就能清楚地看到制成品的内在生命，但却看不清正在制造的东西。于是，我们就从绵延中抽出那些使我们感兴趣的瞬间，抽出我们绵延的进程中收集到的瞬间。我们只留住了这些瞬间。如果问题仅在于行动，那么，我们这样做就是正确的。然而，当思考真实的本质时，如果我们继续按照实际利益的要求去考虑，我们就变得不能观察到真正的进化，也就是根本的变化了。我们观察到的变化，只是状态而已；我们观察到的绵延，只是瞬间而已；甚至我们谈到的是变化和绵延，但我们所想的，却是另一种东西。这就是我们要考察的两种错觉中最显著的一个。这种错觉就是设想，我们能够借助稳定的工具去思考不稳定的东西，能够借助静止的工具去思考运动的东西。

第二种错觉和第一种错觉极为相近。两种错误具有相同的源头，因为我们把本来用于实践的程序用在了思辨上。所有的行动，其目的要么是获得我们需要的某种东西，要么是创造某种不存在的东西。在这种非常特殊的意义上，行动填充了虚空，它从空洞走向充实，从缺失走向存在，从非真实走向真实。我们这里讨论的非真实只和我们注意力的方向相关，因为我们被淹没在现实当中，无法逃脱。如果当前的真实不是我们正在寻找的那个现实，那么，在所有发现了另一种真实存在的地方，我们说的都是那种正被寻找的现实的缺失。就这样，我们把已有的东西表达为我们需要的东西的一个函数。在行动领域内，这样做完全合理。然而，无论我们是否愿意，当我们在思考那些无关我们利害的事物的本质时，却依然使用这种表达方式和思维方式。这样第二种错觉就产生了。让我们先来考察一下这种错觉。就像第一种错觉那样，第二种错觉也源自于我们的智力在准备我们加诸事物的行动时养成的静态习惯。我们用静止的东西去思考运动的东西，同样，我们也利用虚空去思考充实。

二、“虚无”的概念

在讨论知识的根本问题时，我们就遇到了这种错觉。当时我们说，问题在于弄清为何存在于事物当中的是规律，而不是无序。然而，我们只有把“无序”理解为“没有规律”，并假设无序是有可能存在的，或者能够想象的，或是可以构想出来的，这个问题才有意义。只有规律才是真实的，但是，规律有两种形式，并且我们可以把其中一种形式的存在，说成是由另外一种形式的不存在构成的。因此，每当我们面对其中一个规律，但这种规律又不是我们寻求的那种时，我们才说到“无序”。所以说，“无序”完全是个实用概念。它对应于我们对某种预期的失望，而不是表示没有规律，它只表示存在一种没有引起我们实际兴趣的规律。因此，每当我们彻底地、绝对地否规律时，我们就会发现，我们正在无休止地从一种规律跳到另外一种规律。我们还会发现，当假设其中一种规律被压抑时，另一种规律就会暗示两种规律都存在。的确，如果我们继续下去，无视头脑的这种运动以及它所涉及的一切，那么，我们就不再是与一个观念打交道，失序也仅仅成了一个词语。于是，某种观念就把知识问题复杂化，甚至使它变成无法解决的问题；这种观念认为，规律填充了虚空，而规律的实际存在，恰恰叠置在它实际的缺失之上。借助于我们理解力的这个根本错觉，我们从缺失走向存在，从虚空走向充实。在上一章我们就提到这个错误所造成的一个后果。因此，当时我们预期，我们必须仔细地考察这个错误，并最终把握住它。我们必须直面这个错误本身，直面这个极为虚假的概念，这种概念暗含着否定、虚空和乌有。①

哲学家并不关注“乌有”这个概念。然而，这个概念往往却是哲学思维的无形发条，无形中推动着哲学思维。从思辨的初次觉醒开始，正是这个概念，把那些头疼的难题推到了意识眼前，把那些我们一看就感到头晕目眩、一筹莫展的问题推到了意识眼

① 我们这里给出的关于“乌有”概念的分析，曾出现在《哲学评论》上。

前。只要我进行哲学思辨，我就会自问何以我会存在，而当我想到自己和宇宙其他部分的密切关联时，这个难题就被推回原处，因为我想知道何以宇宙会存在。而我如果把宇宙和维系或创造它的一种固有的先验原理联系起来，那么，我的思想就会很快放弃这种原理。因为同样的难题再次出现，而这一次，这个难题的范围最为广阔，并且最具普遍性。所有存在的东西从何而来？如何理解它们？在这本书中，我们把物质定义为一种下降，这种下降就是上升的中断，而上升自身又是一种为成长；即便如此，当创造原则最终被视为事物的基础时，同样的问题也就产生了——这个原则如何存在？为什么存在？为什么存在的不是虚无呢？

现在，如果我撇开这些问题，直接去探询它们背后究竟是什么，那我就会发现，在我看来，存在就是对乌有的克服。我告诉自己，有可能存在着虚无，也应该存在着虚无，于是，我就怀疑究竟存在着什么。或者，我把像毯子一样铺在虚无之上的真实表述为：真实最初就是虚无，而后来存在逐渐添加其上。又或者，如果某种东西始终存在，虚无也依然是这种东西的基础或者底座，因而虚无永远先于这种东西而存在。杯子也许一直是满的，但装在杯中的液体却仍然是填充了一个虚空。同样，东西也许一直存在着，但它所填充的乌有也仍然存在。乌有实际上虽然被这东西停止，但它却先于这东西而存在，即便不是实际地存在，至少也应该存在。因此，我不得不认为，真实就是“虚空”这块织物上的绣纹，而存在被叠加其上。在“虚无”的概念中所包含的存在，少于“事物”的概念中包含的存在。这就是一切迷思的来源。

我们必须澄清这个迷思。如果我们把绵延和自由选择置于事物的基础之上，那就尤其有必要澄清这个迷思。这是因为，形而上学对所有的绵延现实所存的轻视，全都因为形而上学只通过“不存在”来达到存在。在它看来，绵延的存在没有足够的力量克服“不存在”，而存在本身就能证明自己。正是出于这个特殊的理由，形而上学才倾向于认为，真正的存在是逻辑的存在，而不是心理或物理的存在。因为，纯粹的逻辑存在看似能够满足自我，它只凭借真实中固有力量的影响，就能够自我确证。如果我问自己，为什么存在的是实体或头脑，而不是别的，我会无法回答。然而，一个诸如 A=A 的逻辑原理，具有一种自我创造的力量，能够克服乌有，乃至成为永恒。这在我看来才是十分自然的。用粉笔在黑板上画一个圆，这是一件需要解释的事情——这种纯粹的物理存在，其本身并不足以克服不存在。然而，这个圆的“逻辑本质”，也就是说，按照一定规律画出这个圆的可能性（其实，就是这个圆的定义），在我看来才是永恒的——它没有位置，也没有日期。这是因为没有时空才能使得一个圆有可能被画出来。因此，假设作为所有事物的基础并被所有事物所证明的那个原理，其存在性质和这个圆的存在性质相同，或者和“A=A”这个公理的存在性质相同，那么，存在的神秘性就消失了。因为作为所有事物基础的存在，也像逻辑本身那样，先是证明自己，然后成为永恒。诚然，这会让我们做出巨大的牺牲，如果那个支配所有事物的原理是以逻辑公理的方式，或者是以数学定义的方式存在的，那么，这些事物本身就必须从这个原理向前推进，就像运用公理或者作为定义的结果，因此，无论是在事物当中，还是在事物的原理当中，都不会容许用有效的因果关系去理解一种自由选择的意义。这恰恰就是斯宾诺莎那种学说的结论，甚至也是莱布尼兹那种学说的结论，并且，这也是这些学说的来源。

因此，如果我们能证明“乌有”的概念——就我们把它作为“存在”概念的对立面而言——是个伪概念，那么，围绕着这个概念的那些难题，都会变成伪问题。设想一种自由行动的绝对，一种显然在绵延的绝对，这样的假设就不会再造成智力的偏见。这也将为一种更贴近直觉、并且不再要求常识做出同样牺牲的哲学扫清了一条道路。

接下来，让我们看看当我们说“虚无”的时候，我们想的究竟是什么。要表现“虚无”，我们就必须把它想象出来或者假设出来。我们来看一下这个形象或观念有可能是什么。首先，来看看形象。

我会合上双眼，关闭耳朵，逐一消除那些来自外部世界的感觉。现在，我做到了，我的所有知觉都消失了，物质宇宙沉浸在寂静和黑暗之中。然而，我还存在着，并且不由自主地存在着。我仍然是我，带着来自我身体外部和内部的机体感觉，带着我以往的知觉留给它们的种种回忆，而且，还带着那种最积极最充实的印象，也就是我对自己刚形成的那种“虚空”的印象。我怎能压抑这一切呢？我怎能消除我自己呢？我甚至可以忘掉一切，忘掉片刻之前的所有回忆。但我至少还保留着对当前的意识，尽管这个当前已几近消失，也就是说，我还保留着对自己身体实际状态的意识。但我甚至会试着消除意识本身。我会一再消除身体传送给我的各种感觉。此刻，它们几乎都消失了。此刻，它们完全消失了。它们已经消失在黑夜里，其他一切也都已经消失在黑夜里了。但绝非如此！就在我的意识快要被扑灭的那一瞬间，另外一种意识立即被点亮了，或者可以说，它一直都亮着。它之前就产生了，为了要证实前一种意识的熄灭；因为第一个意识只能为另一个意识消失，只能在另一个意识产生时消失。如果我借助一个积极的行动（尽管这个行动是多么的非自愿或者无意识）使自己复苏，那么我就能看见自己化为乌有。因此，只要我做自己想做的，我总能观察到某种东西的存在，要么从外部，要么从内部。如果我不知道任何外部对象，那是因为我躲进了我对自己的意识里。如果我消除这个内在自我，那这个消除本身就变成了一个想象自我的对象，而此时，想象自我就会把那个正在消失的自我看做是一个外部对象。无论外部的还是内部的，我的想象始终都在表现着某种对象。的确，我的想象能够从一种对象达到另一种对象，我也能够轮番想象出外部知觉的乌有和内部知觉的乌有，但我却不能同时想象出这两种乌有。因为从根本上说，其中一种不存在，恰恰是因为另一种排他地存在着。不过，由于这两种乌有可以被轮番想象出来，我们就错误地认为这两者能够被同时想象我们竭力创造这个形象，其努力的结果只能使我们在外部真实的幻象和内部真实的幻象之间摇摆不定。

The effort by which we strive to create this image simply ends in making us swing to and fro between the vision of an outer and that of an inner reality.

出来。这个结论显然十分荒谬，因为如果我们觉察（至少是困惑地）不到我们正在想象一种乌有，因而也觉察不到我们自己正在行动，正在思考，因而某种东西依然存在，那么我们就无法想象一种乌有。

因此，“乌有”绝不会形成那个取消了一切的严格意义上的形象。我们竭力创造这个形象，其努力的结果只能使我们在外部真实的幻象和内部真实的幻象之间摇摆不定。我们的头脑在外部和内部之间徘徊，其中有一个点，处于这两者的正中间。在我们看来，在这个点上，我们不再能觉察到两者中的任何一个。也正是在这个点上，形成了“虚无”的形象。实际上，我们因此觉察到两者，我们已经到达这两个术语的会合点。这样界定出来的“虚无”形象，是一个充满了事物的形象，它既包含主体形象，也包含客体形象；此外，它还意味着在这两种形象之间永无休止地跳跃，意味着它永远不会最终停留在任何一种形象上。这种“虚无”显然不能和“存在”做对照，既不能放在“存在”之前，也不能放在“存在”之下，因为它已经包括了普遍意义上的存在。

不过，总会有人告诉我们，如果“虚无”的形象，无论是可见的或潜藏的，能够进入哲学家的论证范围，那它就不是形象，而是观念了。我们并不奢望消除一切，但我们能够想象消除一切。笛卡儿说，我们能想象出有一千个边的多边形，尽管我们并未在想象中看见它，我们只要清晰地表述出这个多边形得以构成的可能性就够了。关于消除一切的想法就是如此。可以说，我们构建这个观念的程序再简单不过了。实际上，我们的经验当中没有哪种对象不能在假设中被消除。只要你愿意，你尽可以把这种消除从第一个对象扩展到第二个，然后扩展到第三个，如此下去，“乌有”就成了这项操作的最后界限。这样界定出来的“乌有”就是消除一切。这就是这个理论。要想看出其中的荒谬，我们只需以这种形式去考察它。

由头脑构成的观念，只有在它的各个片段能够共存时，它才是个观念。如果我们用来构成它的元素刚被我们组合起来就立即被驱赶掉，那么，它就被减缩为一个词语。当我界定一个圆的时候，我轻易就能表现一个黑色的或者白色的圆，表现一个用卡纸、铁片或铜片做成的圆，表现一个或透明或不透明的圆，但我却不能表现一个方形的圆，因为圆的生成规律排除了用直线来界定这种形状的可能性。所以说，我的头脑能把任何存在的东西表现为被消除的东西。但是，如果头脑对任何东西的消除，其操作机制暗示出它是针对整体的局部进行工作，而并非是针对整体本身工作，那么，把这种操作扩展到事物的整体，就变得自相矛盾，变得十分荒唐。而消除一切的观念就会呈现出和“方形的圆”的观念相同的特点——它不是个观念，而仅仅是个词语。因此，我们需要对这种操作机制进行更为深入的考察。

实际上，被压抑的对象既不是外部对象，也不是内部对象；它是一个物体，或是一种意识状态。我们先来考察第一种情况。我在思想中消除了一个外部对象，在它曾经的位置上，就不存在任何东西了。当然，不存在的只是那个对象的一切，然而，另一个对象却出现了——自然中并不存在绝对的虚空。不过，如果承认绝对的虚空有可能存在，当我说那个对象被消除之后，留下了一个虚空的位置时，我所想的并非是那个虚空。这是因为，一旦假定它是个位置，它就成了一个由明确边线界定出来的虚空，或者可以说，它就成了一种物体。因此，我说它是虚空，从根本上看，其实只是某种明确对象的不存在，这个对象起初在这里，但此刻却在别的地方。就它不再处于原先的位置而言，我们可以说，它将自己的虚空留了下来。没有被赋予记忆和预见能力的生物，就不会使用“虚空”或“乌有”这样的词语。他只能表达存在的东西，只能表达被感知的东西。因此，存在的东西和被感知的东西，就是这种或那种东西的存在，而绝不是任何东西的不存在。只有在能够进行记忆和期盼的生物那里，才有“不存在”可言。这种生物记住一个对象，也许还期盼着能够再次遇到这个对象，但他发现的却是另一个对象。于是，他把对期盼（这种期盼来自回忆）的失望表达为他没有发现任何东西，表达为他所遇到的是“虚无”。即使他并未期望遇到那个对象，但遇到那个对象也是一种潜在的期盼；他说那个对象不再存在于原先的位置上，这依然变相地表达了他可能的期盼。他在现实中观察到的东西，他的有效思考所想到的东西，要么是旧对象出现在新的地方，或者是新对象出现在旧的地方；而其余一切，由“乌有”、“虚空”这样否定性的词语表达出来的一切，则并不被人们视为感觉，或者更准确地说，它是感觉赋予思想的色彩。因此，在用一种事物替换另一种事物的过程中，无论何时，思考这种替换的头脑只要选择在新的地方保持旧有的东西，或者至少设想这种选择是有可能的，那么“消除”或者“局部的虚无”这种概念就会在这个过程中形成。对主体来说，这个概念意味着一种选择；而对于对象来说，这个概念则意味着一种替换，并且仅仅意味着对选择的感觉和对替换的观念之间的结合，而不是两者之间的冲突。

我们的头脑消除一个对象，并在外部世界中表现一种局部的乌有，其运作机制就是这样。现在，我们来看看头脑如何在内部表现这种乌有。我们在自己身上发现的是一些已经生成的现象，而不是尚未生成的现象。我体验到一种感觉或者情绪，我构想出一个观念，我做出一个决定，我的意识觉察到了这些事实；这些事实呈现为如此众多的存在，并且，这一类的事实每时每刻都呈现给我。无疑，我能用思想打断我内心生活的进程；我可以设想自己入睡之后不做梦，设想我已经不再存在。但就在我提出这个命题的同时，我却正在设想或想象，我正注视着我沉睡，或者正从我的消除中存活。同时，我不再通过拒绝从外部感知自己来实现从内部感知自己。也就是说，充实总是连着另一个充实，智力也仅仅只是智力，它既没有遗憾，也没有欲望，它的运动受制于它的对象，它甚至无法设想出一种“不存在”或者“虚空”。此时，这种情况再次出现了。当另一种状态出现时，意识如果落在自己后面，仍然依附在对一个旧状态的回忆上，此时就会产生“虚空”

的知觉。这种知觉，仅仅是已经出现的东西和可能或应当出现的东西之间的比较，是充实和充实之间的比较而已。总之，无论它是物质的虚空，还是意识的虚空，对虚空的表现总是充实的表现。通过分析，这种表现把自己分解为两种积极的元素——其一是替换的观念，这种观念或者清晰，或者朦胧；其二是欲望的感觉或者遗憾的感觉，这种感觉或者是实际体验到的，或者是被想象出来的。

从这个双重分析中我们看出，“绝对乌有”这个观念，在其“消除一切”的意义上来说，是个自我毁灭的观念，是个伪观念，它只不过是个词语而已。如果消除一个事物就是用另一个事物去替代它，如果只有或清晰或朦胧地表现出另一个事物的存在，才能去思考这个事物的不存在。总之，如果“消除”首先意味着“替换”，那么，“消除一切”这个观念就会像“方形的圆”一样荒谬。这种荒谬性并不明显，因为，没有哪种存在的对象不能被设想为可被消除。因此，没有什么能够阻止每个事物轮番在思想中被压抑，我们得出的结论是，我们有可能设想这些事物全部被压抑。我们并没有看到每个事物被轮番消除，就是用另一个事物去精确地替换它，而前后两者的比例和程度完全相同。因此，我们也没有看到，对一切事物的绝对消除当中，包含着术语上的明显矛盾，因为这个操作本身就摧毁了使这种操作成为可能的条件。

然而，这种错觉却根深蒂固。消除一个事物，实际上就是用另一个事物去代替它，尽管如此，我们还是没有，也不愿做出结论说，在思想中消除一个事物，就意味着在思想中用一个新事物去代替旧事物。我同意一个事物总是被另一个事物取代，甚至我们的头脑只要不去想象（这种设想的形式确实是不确定的，并且含混不清）用另一个对象去取代原先的对象，就无法想象原先那个（外部或内部）对象的消失。但我们还要补充一点，表现“消失”，就是表现产生于空间或者至少产生于时间的现象，因此，它依然暗含着对形象的唤醒；而恰恰在这里，要求助于纯粹的理解力，我们必须摆脱想象的束缚。有人会说：“所以，我们不要再说‘消失’或者‘取消’了，这些都是物理操作。我们不要再把对象A表现为‘被消除’或是‘缺失’了。我们只说我们认为它‘不存在’就可以了。”消除这个对象，就是在时间中、也许还在空间中对它做出行动。于是，它会服从空间和时间存在的条件，会服从一种普遍的联系，这种联系把一个对象和其他所有对象连接起来，无须在同一时间被取代，从而防止它消失。然而，我们能够摆脱这些条件，我们只需做出一种抽象的努力，就能通过对象A本身唤起这个对象的观念，于是我们就能把它看作一个存在，然后依靠智力之笔，把各种从属条件一笔勾销。这样一来，按照我们的判定，这个对象就“不存在了”。

非常好，就让我们把从属条件一笔勾销吧。我们绝不能以为这样勾销是自我完满——也就是说能从其他事物中隔离开来。无论我们是否愿意，我们都会看到，这种勾销带着我们试图抽象掉的一切。让我们比较一下这两种观念，其一是假设对象A存在，其二是假设对象A“不存在”。

假设存在的对象A，就是对象A的纯粹而简单的表现，因为如果我们不赋予某个对象某种现实性，就无法表现它。在想到一个对象和想到这个对象的存在之间，根本没有任何区别。康德批判本体论观点时，就已经清晰地论述过这一点了。然而，如果想到对象A不存在，会想到什么呢？表现对象A的不存在，这不可能是从对象A的观念里抽出“存在”这个属性的观念。我再重复一遍，这是因为表现这个对象的存在和表现这个对象，两者是不可分割的，前者其实就是后者的一个组成部分。所以，表现对象A的不存在就是在这个对象的观念中添加某种东西。实际上，我们在其中添加了一个观念，即把这个由普遍的确切现实性构成的特定对象排除在外。把对象A设想为不存在，首先要想到这个对象，因而就想到了它的存在；然后，我们才会想到用另一个无法与它并存的现实去代替它。只不过，清晰地表达后一个现实毫无意义；我们并不去关心那个现实究竟是什么，只需知道它驱除了对象A即可，而只有对象A才是我们感兴趣的东西。正因如此，我们才会想到驱除本身，而不会想到驱除的原因。然而，这个原因依然呈现在头脑中，它处于一种模糊的状态，在这种状态下，驱除者与驱除本身，两者是不可分割的，就像操纵钢笔的手和钢笔画出的线条是不可分割的一样。所以说，我们宣布对象不真实，这个行动本身就是假设了普遍真实的存在。换句话说，表现对象的不真实，不在于剥夺这个对象的各种存在类型，因为表现一个对象必然就是表现一个正在存在的对象。表现对象的行动仅仅在于，宣布在我们的头脑和这个对象之间存在着联系，这个存在与表现这个存在是不可分割的，它是一种纯粹的想象存在，即一种仅仅可能的存在。但是对象的“想象性”以及对象的“单纯可能性”，它们只有在和一种现实相关时才有意义，这种现实把那个无法与对象共存的对象赶进了理念的领域，或者赶进了仅仅是可能性的领域。假如更强大、更实在的存在被消除，变成现实本身的，就正是那些其纯粹可能性被减弱的、更虚弱的存在，因此，你就不再把这个对象表现为不存在了。换句话说，无论我们提出的说法显得多么奇怪，被设想为“不存在”的对象其观念中包含的内容，要多于（而不是少于）被设想为“存在”的同一对象的观念，这是因为“不存在”的对象其观念必然就是在“正在存在”的对象的观念上添加一种表现，这种表现通过整体的确切现实对该对象进行排除。

然而，有些人会认为我们关于非存在的观念，还不足以摆脱任何想象性的因素，其否定性还不够。有人会对我们说：“尽管事物的非真实性在于其他事物对它的排除，但这无关紧要，我们根本不想了解这些。难道我们不能随意支配自己的注意力，随便在哪里，或者怎样进行吗？那么好吧，唤起对象的观念之后，只要你愿意，我们就假设它存在，然后，我们只需在我们的肯定上再加一个否定，这就足以使我们想到它的不存在了。这完全是一种心智操作，与头脑之外所发生的事情毫无瓜葛。因此，我们先想到一个事物，或者先想到所有事物，然后，在我们思想中写个‘不’字，它规定了对内容的弃绝——把‘消除’判定给所有事物，这样，我们就在精神上消除了所有事物。”这就是我们听到的说法！在被当作原因的那种否定性力量中，可以发现我们面临的所有困难和错误的真正根源。我们把否定表现成和肯定严格对称的东西。我们以为，否定像肯定一样，能够自我满足，因而否定也像肯定那样，具备创造观念的力量，而两者的唯一区别是否定所创造的是否定性的观念。肯定一个事物，然后肯定另一个事物，这样无限进行下去，我就形成了“全部”的观念。因此，通过逐一否定每个事物，而最终否定“全部”，我也就形成了“全无”的观念。但是，这种类比全无意义。我们没有看到，肯定是一个完整的头脑行动，它能成功确立一个观念，但否定仅仅是半个心智行动，而另一半行动可被理解，或者毋宁说，被延迟到无限的将来。我们也没有看到，肯定是一种纯智力行动，但否定中却存在着一种非智力因素，并且，正因为这种外来因素的闯入，才使否定拥有其专门的特征。

要分析第二种观点，我们就应该注意到，否定总是要处在可能的肯定旁边。[①] 否定只是头脑对最终肯定所持的一种态度。如果我说“这张桌子是黑色的”，我说的是这张桌子；我看到它是黑

① 康德，《纯粹理性批判》，第 2 版，第 737 页：“从我们普遍知识的观点来看……否定性命题的特殊功能仅仅在于防止错误的出现。”参看布格瓦特《逻辑学》，第 2 版，第 1 卷，第 150 页以后。

色的，我的判断表达了我看见的东西。但是，如果我说“这张桌子不是白色的”，那么，我表达的就不是我看见的东西，因为我看见的是黑色，而不是白色的不存在。因此，从根本上来看，我并没有对桌子本身做出判断，而是对“这张桌子是白色的”这种说法做了判断。我判断是一种说法，而不是这张桌子。“这张桌子不是白色的”，这个命题暗示出这样的意思，你可能以为它是白色的，你的确以为它是白色的，或者，我原本以为它是白色的。我提醒你或者我自己，这个判断要被另一个判断取代（事实上，这个判断我还没有做出）。因此，肯定直接针对事物，但否定却借助于对肯定的中断，间接地指向事物。肯定的命题表达了对对象的判断，而否定的命题，则表达了对肯定的判断。所以说，否定和严格意义上的肯定，两者之间的区别在于，否定是第二级的肯定——它是对肯定的某个层面进行肯定，而肯定则是对对象的某个层面进行肯定。

不过，这里却立即产生了一个结论，否定并不是纯粹头脑的工作，也就是说，否定不是那种直接面对对象，只关心对象的头脑工作。我们进行否定，就是在教别人，或者教自己。我们承担了对话者（真实的对话者，或可能的对话者）的任务，去发现对话者的错误，进行监督。他在肯定某个东西的时候，我们却告诉他应当去肯定另外一个东西（尽管我们并未具体指出那个必须被替换掉的肯定）。因此，情况就不再是一个人和一个对象了，实际上存在的是，面对一个对象，一个人在和另外一个人说话，那个人既和这个人对立，同时又在帮助他。这就是最初的社会。否定针对某个人，而不像纯粹的智力操作那样，针对某个事物。否定具有教育性和社会性。它对说话者本人和另一个可能存在的人两者都进行了纠正，甚至是警告。

关于第二种观点的讨论已经很充分了。现在让我们讨论第一种观点。我们说过，否定只是半个心智行动，其另一半行动尚未确定。如果我提出一个否定命题："这张桌子不是白色的"，我的意思就是你应当用另外一个判断来代替"这张桌子是白色的"这个判断。我给你一个劝告，而这个劝告涉及必须进行一种替换。至于你应当把自己的肯定替换成什么，实际上，我什么都没有告诉你。这也许是因为我并不知道那张桌子是什么颜色，不过，事实上，更有可能因为此刻我们感兴趣的，只有白色；所以，我只要告诉你必须用其他颜色去替换白色即可，而不必说出究竟是什么颜色。所以说，一个否定判断，其实就是指出一种需要，即需要用第二个肯定判断去替换第一个肯定判断。不过，第二个肯定判断的性质却没有具体指明，一些情况下是因为这种判断尚不可知，但更经常的是因为它并未引起实际的兴趣，因为注意力仅仅关注第一个判断的性质。

因此，每当我给一个肯定判断加上"不"时，每当我进行否定时，我都是在执行两种非常明确的行动：（1）我让自己去关注我的同伴所肯定的对象，或者是关注他要讲的话，或者是关注另一个"我"可能要讲的话，当然我预期到另一个"我"的存在了。

从否定当中产生不出任何观念，因为否定中除了对它判断的那个肯定判断的否定，别无其他。

No idea will come forth from negation, for it has no other content than that of the affirmative judgment which it judges.

（2）我宣布必须用另外一个肯定判断（尽管我没能确定它的内容）来替换我目前发现的这个肯定判断。这样，在这两种行动当中，都只存在肯定判断。否定判断的独有特征在于把第一种行动叠加在第二种行动之上。因此，我们把创造观念的力量赋予否定判断毫无意义，这种创造的观念和肯定所创造的观念相对称，并被赋予了相反的含义。从否定当中产生不出任何观念，因为否定中除了对它判断的那个肯定判断的否定，别无其他。

为了更精确地阐明这一点，我们不妨考察一种存在的判断，而不是性质的判断。如果我说“对象 A 不存在”，我的意思就是，首先，我们或许会以为对象 A 存在，因为不想到对象 A 的存在，我们又如何想到对象 A 呢？同样，对象 A 存在的观念，和单纯对象 A 的观念，这两者之间又有何区别呢？所以，我只要说“对象 A”，我就赋予了它某种存在，尽管那也许只是一种可能的存在；也就是说，那也许是一种纯粹的观念。其结果自然就是，在“对象 A 不存在”这个判断中，就首先包含了一种肯定判断，比如“对象 A 已经存在”，或是“对象 A 将要存在”，又或者，更一般地说是，“对象 A 的存在至少是一种可能”。现在我加上“不”这个字的时候，我的意思只能是，如果我们再进一步，如果我们把可能存在的对象提升为真实的对象，那么，由于我正在说的那种可能性无法与实际现实共存，它就被从实际现实中排除了。因此，把“不”加在事物之上的判断，就是在可能和实际之间造成了一种对立（也就是说，在两种不同的存在之间造成了一种对立，前者是想象的存在，而后者则是被证实的存在），这样，一个真实的人，或者想象出来的人，就会误认为某种可能被实现了。然而，实际存在的却不是这种可能性，而是一种不同的，并且排斥这种可能性的现实——否定判断就表达了这种对立，不过否定判断却故意用不完整的形式来表达这种对立，因为它讲话的对象被设想为仅仅对那种被指出的可能性感兴趣，而并不在乎究竟是何种现实替换了这种可能性。所以，对这种替换的表达必定会被缩减。注意力本来指向第一个术语，它始终被固定在第一个术语上，并且仅仅指向第一个术语，而不是去肯定将要取代第一个术语的第二个术语。并且，我们无须超出第一个术语，而只要说它“不是”，就在暗中肯定了那个将要取代它的第二个术语。因此，我们会对一个判断做出判断，而不是对一个事物做出判断。我们会警告他人或者自己：有可能出现一个错误，而不是得到一个肯定的信息。打消所有此类意图，使知识重新获得其纯科学的特征或纯哲学的特征，也就是说，假设现实会在头脑上刻下自己的印记，而这个头脑所关心的只是事物，而并不是人；这样，我们就会去肯定这种或那种事物的存在，而绝不会去肯定一个不存在的事物了。

那么，为什么肯定和否定如此频繁地被置于同一个水平，并被赋予同等的客观性呢？否定是主观的，并被人为地减缩，它关系到人类头脑，更关系到社会生活，可是为什么我们要认识这一点就那么难？其原因无疑就在于否定和肯定都由命题表达出来，而任何一个命题都由词语构成，这些词语又象征着那些和人类头脑以及社会生活相关的概念。不论我说“地面是湿的”还是“地面不是湿的”,“地面”和“湿”这两个词语都是人类头脑多少有点人为地创造出来的概念，都是借助于人类自由的首创精神，从连续性的经验中提炼出来的。在两句话中，这些概念都由同样约定俗成的词语表示出来。对于这两句话，我们实际上都可以说命题都含有社会的和教育的目的，因为第一个命题讲述了一个事实，而第二个命题可以防止发生错误。从这个观点，也就是从形式逻辑的观点来看，做出肯定判断和做出否定判断的确是两种彼此对称的行动，前一种行动建立了一致关系，而后一种行动则在对象和属性之间建立了不一致关系。然而，我们怎么会看不到这种对称仅仅是外在的，其相似性仅仅是表面的呢？假设语言被废弃，社会解体，人类智力的任何首创性、人类的任何反思机能和任何自我判断机能全都衰退，那会出现什么结果呢？地面的潮湿仍然存在，而且它能自动地在感觉上留下印记，也能向衰退的智力传送一种模糊的观念。智力依然能够做出肯定判断，尽管使用的术语不明确。结果自然就是，不但明确的概念、词语不再是肯定判断的基本要素，就连传达事实的欲望和自我改善的欲望，也都不再是肯定判断的要素了。然而，衰退的智力还机械地与经验保持同步，它既不预期，也不追随真实的进程，它也毫无否定的愿望。它接收不到否定的印记，因为，同样的道理只有存在的事物才有可能被记录下来，而不存在的事物不能被记录下来。对于这样的智力而言，要达到能够进行否定的点，就必须从迟钝状态中苏醒过来，对真实或可能的期望形成失望，去纠正实际的或可能的错误——总之，它必须具备教育他人或教育自我的意愿。

在我们选择的例子中，很难觉察到这一点；不过，事实上，正因如此，这个例子才更具有启发性，更具有说服力。如果“潮湿”能自动地记录自身，那么，我们可以说“不潮湿”也能自动记录自身；因为，“干燥”和“潮湿”一样，能够给感觉留下印象，而感觉则把这些印象作为清晰程度不同的观念，传达给理解力。在这个意义上，对潮湿的否定判断就像肯定判断一样，也具备事物的客观性，具备纯智力性，并且同样远离任何教育意图。不过，还是让我们更仔细地考察一下吧，我们会看到“地面不是湿的”这个否定判断和“地面是干的”这个肯定判断，两者有着截然不同的内容。后一个命题意味着，我们知道“干”是什么，我们体验过这种具体的感觉，比如通过触觉或者视觉体验到，这就是这个观念的基础。但前一个命题不要求此类体验；一条有智力的鱼也能做出这个判断，而它除了知道潮湿，别的什么都不知道。这条鱼能够区别真实的东西和可能的东西，它愿意期待其同类所犯的错误，即它的同类无疑会认为，鱼类实际生存的唯一环境就是潮湿——这些都是必然的，真实的。如果你认真研究这个命题所使用的术语：“地面不是湿的”，那么，你便会发现这个命题包含两层含义：（1）说话者原先可能以为地面是湿的；（2）事实上，某种性质 X 代替了“潮湿”这种性质。这种性质之所以尚不确定，既有可能是因为我们对它没有肯定的知识，也有可能是因为这种性质不能引起倾听者的实际兴趣。所以说，做出否定判断，往往是用一种省略形式表述一个由两个肯定判断组成的系统，其中一个判断是确定的，它适用于某种可能的事物；而另外一个判断则是不确定的，它涉及未知的或者无倾向的事实，来补充这种可能性。

第二个肯定判断其实就包含在我们对第一个判断做出的判断中，它本身是个否定判断。使否定判断具备客观特征的恰恰就是因为，我们发现这种替换只考虑被替换的事物，而不关心用什么去替换它。这种被替换的存在只是头脑的一个概念。为了能继续看到它，因此也是为了能继续说到它，我们就必须背向现实，背向从过去流到当前的现实，从我们身后向前看。这就是我们做否定判断时所做的事情。我们发现了这种变化，或者更概括地说，我们发现了这种替换，就像旅行者从马车里探头回望自己走过的路，他只知道在每个瞬间自己都已经离开的那个点；他要确定自己的实际位置，就只能联系到自己刚刚离开的那个位置，而不是联系自己实际所处的位置。

综上所述，对于一个纯粹而简单地遵从经验的头脑来说，不存在空白，也不存在乌有，即便是相对的和局部的，因此也不可能存在否定。这样的头脑所看见的，是事实连着事实，状态连着状态，事物连着事物。它在每个瞬间所注意到的，都是正在存在的事物，正在显现的状态以及正在发生的事件。它会生活在实际中，并且，如果它能够进行判断，那么，除了当前的存在之外，它绝不会确认任何其他东西。

给这样的头脑赋予记忆，尤其给它赋予留在过去的欲望，赋予这样的头脑以分解和区别的机能，这样，它就不会仅仅注意到流动现实的当前状态，它就会把现实的这种流动表现为一种变化，因而也就表现为曾经的状态和现在的状态之间的一种对立。由于我们记住的过去和我们想象的过去之间没有本质的不同，这个头脑不久就会获得一般意义上的“可能”的观念。

如此一来，这个头脑就被推向否定的一侧。尤其会被推向表现失望的那个点上。不过，它还没有到达那个点。要表现事物已经消失，只觉察到过去和当前之间的对立是不够的；我们还必须背向当前，停留在过去，必须只使用过去的术语来考虑过去和当前之间的对立，而不让当前出现在过去里。

因此，“消除”这个观念不是纯粹的观念；它暗示我们对过去感到遗憾，或者说，我们认为过去有遗憾之处，我们有某种理由停留在过去。当替换现象被头脑一分为二时，这种观念就会产生；这个头脑只对这个现象的前一半感兴趣，因为只有前一半能够引起这个头脑的兴趣。如果扑灭所有兴趣，抑制全部感情，那么剩下的就只有流动的现实，以及头脑提供给我们的关于现实的当前状态的知识（这种知识不断更新）。

从“消除”到“否定”，是一种更为概括的操作，现在，这两者之间仅有一步之差。所有必须要做的就是，不但要表现现在的状态和过去的状态之间的对立，而且要表现现在的状态和所有可能的状态之间的对立。同时，我们必须把这种对立表述成可能的状态的函数，而不是现在状态的函数。在我们只看到可能性时，就必须确认实际的存在。用这种方式获得的公式就不再只是表达个体的失望，它的目的在于纠正错误，或是预防错误，假设别人会犯那个错误。在这个意义上，否定就具备了一种教育的和社会的性质。

因此，否定一旦形成，它就代表了与肯定相对称的那个侧面；如果说肯定判断确认了一个客观现实，那么，否定判断似乎就必须肯定一种同样客观（因而也同样真实）的非现实。我们这样说既正确又错误——说它错误，是因为只要否定判断具有否定的性质，它就无法被客观化；然而，说它正确，是因为否定一个事物暗含着对其替代物的潜在肯定，不过这个替代物我们不予理会。但是，从否定判断的根本上说，其否定性形式却受益于肯定判断。否定判断的幻影跨越了它所依附的肯定性实在现实，把自身客观化了。“虚空”或“局部的乌有”的观念就这样形成了，那个假设要被替换的事物，就不是被另一个事物替换，而是被它留下的虚空所替换，也就是说，被其自身的否定替换了。于是，由于这种操作能够应用于任何事物，我们就设想它会轮番作用于每一个事物，并且最终也会整个地作用于所有事物。这样，我们就获得了绝对的“无”这个观念。如果我们现在分析“无”的观念就会发现，从根本上说，“无”的观念就是“全部”的观念，连同头脑的一种运动，即不断地从一个事物跳到另一个事物，拒绝停止；

所以说，"无"这个观念显然广泛而充实，就像"全部"的观念一样广泛而充实，因此"无"和"全部"两个概念非常接近。

It is therefore an idea eminently comprehensive and full, as full and comprehensive as the idea of All, to which it is very closely akin.

除非和它刚刚离开的位置相关，它绝不确定自己的实际位置，通过这种方式，它将全部注意力集中于这种拒绝之上。所以说，"无"这个观念显然广泛而充实，就像"全部"的观念一样广泛而充实，因此"无"和"全部"两个概念非常接近。

那么，"乌有"的观念又怎么会和"全部"的观念对立呢？这就是让充实与充实对立；因而"某个事物为什么会存在"这个问题就毫无意义；这就是对伪观念提出伪问题——这难道不是显而易见的吗？然而，我们仍然不得不再次解释这个问题的幻影何以会如此顽固地盘桓在头脑中。即便我们表明，在"消除真实"的观念中，只存在着所有现实的形象，它们在一个循环圈里无休止地彼此排斥，这也毫无意义。即便我们补充说"不存在"的观念，只是用一种更为实在的存在（因而它是真正的现实）去排除那种不可想象的存在（或者说，一种"纯粹可能的"存在），这样也毫无意义。即便我们在否定判断的独特形式里发现了一种非智力因素——否定是对判断的判断，是对他人或自己的一种告诫，因此，认为否定判断有能力创造新类型的观念（没有内容的观念），这种看法很荒谬；即便如此，这也毫无意义。即便以上都能做到，那种认为"无"先于事物之前存在，或者至少可以作为事物的基础的观念依然存在着。如果我们探究其原因，就会发现它纯粹源于感情，源于社会，也可以说源于实践因素，这种因素赋予否定以具体的形式。正如我们曾经说过的，一些最重大的哲学困难，都起源于一个事实，即人类行动的形式超出了它们应更一般地说，人类的工作在于创造出实用价值，并且，只要这个工作尚未完成，就只能存在着“无”，也就是说不存在我们需要的东西。

In a general way, human work consists in creating utility; and, as long as the work is not done, there is "nothing" that we want.

有的范围。人类生来就是为了进行行动与思考，并且行动多于思考。或者可以说，如果我们顺从天性，那么，我们思考就是为了行动。所以，行动习惯给思考习惯染上自己的色调，当我们打算对事物做出行动的时候，我们的头脑总是习惯于按照规律去描绘事物，并且总是按照同样的规律去观察事物——这些也就不足为怪了。因此，就像我们说过的，人类的每一个行动，无疑都以某种不满足为其起点，因而也就是以某种欠缺感为起点。不事先确定终点，我们就不应该做出行动；只有当我们感到缺少某种东西时，我们才去寻求它。因此我们的行动就从“无”过渡到“有”，其本质就是在“无”这块布景上绣出“有”。实际上，这里所说的“无”，并不完全是指一种有用事物的不存在。如果我把一个访客带进一个尚未摆放家具的房间，我会对他说：“这里什么都没有。”尽管我知道这房间里充满空气。不过，由于我们并不坐在空气上，所以，对于访客和我来说，此刻这个房间确实没有包含任何可以算作东西的东西。更一般地说，人类的工作在于创造出实用价值，并且，只要这个工作尚未完成，就只能存在着“无”，也就是说不存在我们需要的东西。我们的生命就这样花费在填充各种虚空上，而这虚空是我们的智力受到欲望和遗憾的影响（这种影响绝不具有智力性），在生命必然性的压力下，构想出来的。如果我们把“虚空”理解为实用性的不存在，而不是一个事物的不存在，那么，从这种颇为相对的意义上，我们就可以说，我们不停地从虚空走向充实——这就是我们行动的方向。我们的思考也不禁会这样做；它会自然而然地从相对概念过渡到绝对概念，因为它作用于事物本身，而不是事物对我们的实用性。于是我们就深切认同这样一种说法，现实填充了虚空，而被构想为一切都不存在的“无”，则先于一切应当存在的（如果不是实际存在的）事物而存在。要消除这个错觉，我们就需要表明：如果我们试图把“无”看作消除一切事物，那它就是个自我毁灭的观念，并且把自己缩减成仅仅是一个词语；相反，如果它确实是个观念，那我们在其中所发现的物质，就会与在“全部”这个观念中发现的一样多。

三、形式与变化

要证明“自我满足的现实并不必然就是外在于绵延的现实”这一观点，上面的长篇大论是不可或缺的。如果我们有意识地或无意识地通过“乌有”的观念，来触及存在的观念，那么，我们所获得的存在就具备了逻辑的或数学的性质，因而也就是永恒的性质。自然，一种真实的静止概念就强加给我们——所有事物都好像是一次给定的，都是永恒的。然而，我们必须使自己习惯去直接思考存在，而不是迂回地思考它，不是先去寻求插在存在和我们之间的那种“乌有”的幻影。我们必须设法为了观察而观察，而不再为了行动而观察。这样，绝对才会在我们近处被揭示出来，甚至在某种程度上它会在我们内心被揭示出来。绝对的本质是心理的，而不是数学的或者逻辑的。它和我们在一起。它也像我们一样，只不过在某些方面，绝对无限制地集中着、汇集着；绝对延续着。

但是，我们想过真正的绵延是什么吗？这里仍旧需要一种直接的占有。尝试接近绵延是没有用的，我们必须把自己直接装进绵延中。智力通常拒绝这样做，因为智力习惯于用静止的事物来思考运动。

智力的功能就是支配行动。因此，在行动当中，只有结果才能引起我们的兴趣；只要达到了目的，我们并不关心使用什么手段。由此就出现了这样的情况：我们的注意力全都集中于待实现的目标上，我们自己通常都参与目标，为了让观念变成行动。而这又引发另一种情况，即我们的头脑只能把活动的目标清晰地描绘出来，但对于构成这个行动的运动本身，我们要么没有注意到，要么只是模模糊糊地意识到一点。我们来考察一个非常简单的行动，比如抬起一只手臂。如果我们必须事先想象出这个行动包括的所有重要的收缩和伸展动作，或者甚至要事先逐一观察到它们，好像它们已经被完成一样，那么我们会怎么样呢？头脑被直接带到了目标上，也就是说，它被直接带到了对将要完成的行动的简单而概括的虚像上。于是，如果没有对立的观念去中和第一个观念的影响，那么，合适的运动就会自行填充那个计划，并通过某种方式，被吸引到头脑缝隙的虚空里。所以说，智力只表现活动达到的目标，也就是说，智力只表现停止的点。我们的活动从一个目的地转向另一个目的地，从一个停止点达到另一个停止点，它被一系列的跳跃所完成。在这个过程中，我们的意识被尽可能多地从正在继续的运动上转移开，从而使它只关心运动完成时的预期的形象。

于是，要使意识把正在完成的行动结果表现为静止的结果，智力就必须把形成结果的环境也视为静止的。我们的活动被置于物质世界中。如果物质像一种永恒的流动一样呈现在我们面前，那么，我们就不应当给行动标记任何终点。我们会感觉到，每个行动一旦完成，就立即消散；我们不应当期望一种转瞬即逝的未来。要使我们的活动从一个行动跳到另一个行动，物质就必须从一种状态转变成另一种状态，因为行动要实现，它只能在物质世界的状态中放置一个结果。然而，物质就是这样呈现自身的吗？

作为前提条件，可以假设我们的知觉力图用这种偏见去理解物质。事实上，感觉器官和运动器官彼此协调。感觉器官象征我们的观察机能，而运动器官象征我们的行动机能。这样，有机体就通过一种可见的或可触的形式，呈现出知觉与行动的完美统一。因此，如果说我们的活动总是指向结果，并且暂时适应这个结果，那么，我们的知觉在每个瞬间都必定只保留物质世界的一种状态，并被暂时地放置于这种状态中。这是一种再自然不过的假设。并且，我们轻易就能用实验来证明它。

从我们看到这个世界的第一眼开始，甚至在我们还不能辨别物体的时候，我们就已经能够辨别性质了。一种色彩又一种色彩，一种声音又一种声音，一种阻力又一种阻力，诸如此类。分别来看，每一种性质都是一种似乎持续存在的状态，在另一种性质取代它之前都保持静止。然而，一经分析，每一种性质都将自己分解为无数的基本运动。无论我们在其中看到的是不是振动，无论我们用哪一种另外的方式去表述它，有一点是确定无疑的：每种性质都在变化。不仅如此，我们绝无可能从变化的东西背后寻求变化本身。变化总是暂时的，只是为了适应想象力的需要，我们才把这种运动和运动的物体联系在一起。这个运动永远在前面飞，科学探索总是跟随其后，因为科学只关心运动性本身。在构成一秒钟的那些能辨识出来的最小时间片段里，在对可感知性质近乎自发的知觉里，也许存在着数以兆计、自我重复的振动。可感知性质的永恒性，就在于运动的这种重复，一如生命的持续性就在于心脏的不停跳动。知觉的首要功能，恰恰就是通过浓缩工作，来捕捉一系列基本的变化。这些变化的形式是性质的形式，或者是一种简单状态的形式。一种动物被赋予的行动力越强，其观察机能在生命的一个瞬间里所集中的基本变化就可能越多。而在大自然中，从那些与太空的振动几乎同步振动的生物，到能在其简单知觉的最短瞬间内集中数以兆计的振动的生物，进化必定是连续的。前者除了能感知运动之外，几乎不能感知任何其他东西，而后者能感知性质。前者几乎被绑在事物的运动轮轴上，而后者则能对事物的运动做出反应，它们行动机能的张力，很可能与其观察机能的集中程度成正比。这个进程，甚至也在人性当中继续。

但是，尽管我们把性质视为一种静止状态，实体也依然是变动不居的，因为它不停地改变其性质。

But, even if we regard the quality as a stable state, the body is still unstable in that it changes qualities without ceasing.

因此，人类就更加是“行动的人”了，因为他一眼就能看到众多事件——人类如果能够一一观察到连续的事件，那他就可以使自己受到这些事件的指引；而人类如果能把这些事件作为一个整体加以把握，那他就能支配这些事件。总而言之，物质的性质就是我们对物质的动态性所采取的静态视角。

于是，从可感知性质的连续流动中，我们就标记出实体的边界了。实际上，每一个实体每时每刻都在变化。它首先把自己分解成一组性质，就像我们所说的，每一种性质都包含一连串的基本运动。但是，尽管我们把性质视为一种静止状态，实体也依然是变动不安的，因为它不停地改变其性质。实体首先是生命体——实体之所以首先是生命体，是因为我们最有理由从物质的连续流中分离出生命体，因为生命体构成了一个相对封闭的系统；此外，我们从整体中切割出其他的实体，就是为了生命体。所以说，生命就是进化。我们把这种进化的一个时期集中在一个静止的视野里（这个视野我们称之为形式），而当变化多到足以克服我们知觉的懒散惰性时，我们就说实体的形式改变了。但实际上，实体的形式每时每刻都在改变；或者可以说，根本就没有形式，因为形式是静止的，但现实却是运动的。实际上存在的是形式的连续变化——形式只不过是转变的快照。因此，我们的知觉还是力图把真实的连续性流体固化为一个个不连续的形象。当连续的形象之间没有太大的区别时，我们就把它们看作同一个平均形象的盈亏变幻，或者看作这个形象在不同方向上的变形。其实，当我们谈到事物的本质，或者这个事物本身时，我们正是暗指这个平均形象。

最后，事物一旦被构成，他们的位置变化就在表面上将其显露出来，整体中的深刻变化就正在被完成。于是，我们就说这些事物之间相互作用。在我们看来，这些行动无疑是以运动为形式的。不过，我们却尽可能多地从运动的运动性中转出来，就像我们在前面说过的，我们感兴趣的，与其说是运动本身，不如说是运动的静止方案。它是个简单运动吗？我们向自己提问，这个运动会去往何处呢？正是依靠运动的方向，也就是说，依靠运动的暂时终点位置，我们才能在每个瞬间表现这个运动。它是个复杂运动吗？我们首先想知道的是什么在继续，这个运动又在做什么，换句话说，我们最想知道的，是运动获得的结果，或者支配运动的意图。仔细检验一下，当你说到一个正在完成的行动时，你头脑里究竟在想什么。我愿意承认，头脑确实存在着变化的观念，只不过被隐藏在黑暗的阴影里。而处于强光之下的是行动的静止方案，我们认为会被实现。正是依靠这种静止方案，也只有依靠这种方案，复杂的行动得以辨别并界定出来。如果我们非得去想象诸如吃、喝、打架等行动中所包含的运动，那我们一定会觉得很为难。我们只要大略知道这些行动都是运动就足够了。一旦物质的这个侧面建立起来，我们只要设法把每个复杂运动的总体方案表现出来就可以了，也就是说，把这些运动背后的静止图式表现出来就可以了。这里，知性质运动、进化运动和扩展运动，这三种运动本身的区别非常深刻。

And these three kinds of movement themselves qualitative, evolutionary, extensive differ profoundly.

识仍然是关于状态的知识，而不是关于变化的知识。所以，这第三种情况也和其他情况一样。无论是性质的运动、进化的运动还是扩展的运动，头脑都力图用静止的视角看待动态性。因此，就像我们刚刚说明的那样，头脑就提取三种表现：（1）性质；（2）本质的形式；（3）行动。

这三种观察方式分别对应着三种词语范畴——形容词、名词和动词，它们是语言的基本要素。因此，形容词和名词代表状态。但是，如果我们总是清楚“动词”这个观念唤起的意义，那么，动词本身几乎并不表达什么内容。

四、思维的摄影机原理

如果我们想要更准确地说出我们对变化的天然态度有什么特点，那这就是我们的发现。变化无限多样。黄色变成绿色，不同于绿色变成蓝色，这是两种不同的性质运动。花朵变成果实，不同于幼虫变成蛹、蛹变成成虫，这是两种不同的进化运动。吃喝的行动，不同于打架的行动，这是两种不同的扩展运动。性质运动、进化运动和扩展运动，这三种运动本身的区别非常深刻。知觉的策略，就像智力策略和语言策略一样，就是从这些颇为不同的运动中，提取不明确总体变化的单一表现，提取一种纯粹的抽象；这种抽象本身不具有任何含义，实际上我们也几乎不会想到它。然后，我们再根据具体情况在这个观念（总是同一个观念，也总是模糊不清或无意识的）上添加一个或几个表现状态的清晰形象，而这些状态则把所有变化彼此区别开来。我们正是用这种具体的明确状态和不明确的总体变化的混合来代替具体的变化。可以说，无限多样、色彩纷呈的变化从我们眼前掠过，于是，我们努力只去看色彩的差别，也就是状态的差别。我们设想在这些差别的下面流动着某种不为我们所见的变化，它无论何时何地全都一样，并且毫无例外地都没有色彩。

假设我们想在屏幕上描绘出活动的画面，比如部队的行军画面。我们头脑中冒出的第一个想法大概就是剪出代表着士兵的图像，然后让每个图像做出行走的运动（这种运动对于人类来说虽然是一回事，但个体与个体之间还是存在着差异）；然后，把所有图形都投射到屏幕上。我们会在这个小游戏上花费大量的精力，即便如此，结果也并不理想——它怎样才能最好地再现生命的灵活与多样呢？不过，还有另外一种更容易也更有效的办法：为正在行军的部队拍摄一系列的快照，然后把这些瞬间图像投射到屏幕上，这样一来，后面的图像就会迅速地替代前一个图像，这就是摄影机的工作。摄影机用这些照片（每一幅都从固定的角度来表现这个队伍）重构了部队行军的运动性。当然，如果我们只有照片，那么，无论我们怎样看，无论看多久，都不能看到它们动起来。并置静止的东西，哪怕无限地并置，也绝不能构成运动。为了让照片活动起来，就必须使某个地方存在运动。这里，运动的确存在，它就在摄影机里。摄影机的胶片一一展开，使同一场景的照片依次接续起来，正因如此，这个场景里的演员才重新获得了运动性。演员的连续动作都串联在胶片的无形运动上。因此，这个过程就是从所有人物全部的独特运动中，提取一种抽象而简单的一般运动，可以说，这就是一种普遍运动。我们把这种运动放进摄影机，就把这个无名的运动和个人的各种不同角度结合起来，以此重构出每个独特运动的个体性。这就是摄影机的设计原理。这也是我们知识的设计原理。我们不是把将自己绑在事物的内部变化上，而是把自己置于事物之外，以便用人为的办法重构事物的变化。实际上，我们给不断从眼前闪过的现实拍摄一幅幅快照，并且，由于这些快照表现了现实的特点，我们只要把它们串联在一种变化上就可以了。这种变化是抽象的，统一的，不可见的，它处于知识这部机器的背后，来模仿这种变化的特点。知觉、思维和语言的一般运作就是这样。无论我们是否思考变化、表达变化，甚至，无论我们是否感知变化，我们都只能启动我们内心的某种摄影机。因此，我们可以得出这样的结论，我们日常知识的原理，就是摄影机的原理。

这种运作的全部实践特征中，不存在任何一点。我们每个行动的目标都是以某种方式把我们的意志插入现实。在我们的身体和其他的实体之间，存在着一种排列，就像构成万花筒图案的玻璃碎片的那种排列一样。我们的活动排列再安排，每次排列实际上都在摇动万花筒，我们的活动对摇动本身并无兴趣，它所感兴趣的只是新图案。所以说，我们关于大自然运作的知识完全对应于我们对于自身操作的兴趣。在这个意义上，可以这样说，如果我们没有滥用此类比喻，那么，我们关于事物知识的摄影机特征就来源于我们对事物的改编具有万花筒的性质。

因而，摄影机的方式就是唯一可行的方式，因为这种方式使知识的一般特征在行动的一般特征之上构成自身，同时还希望在每个行动的细节都建立在知识的细节之上。智力要想一直引领行动，它就必须一直呈现在行动中；但是，智力若要由此伴随活动全程并确保活动的方向，它就必须首先适应活动的节奏。行动就像生命的一次次悸动，不具有连续性，因而知识也不具有连续性。认知能力的机制，正是建立在这样的方案之上。认知能力的本质是实践的，那么，它能用于思辨吗？我们不妨沿着这种能力在现实中的曲折路线，来看看会发生什么。

我把一种具体变化的连续呈现，看作一系列的视像，然后把这些视像用“总体变化”连接起来。不过，我做得绝不仅限于此。不确定的东西就不能被表现，而对于“总体变化”我仅仅知道字面含义。正如字母 X，无论它代表什么，它都代表一个未知的量，同样，我的“总体变化”在这里也始终象征某种转变，并且我为这种转变拍摄了一些快照，但我还是不知道这种转变本身是什么。于是，我就将注意力全部集中在这种转变上，并竭力去理解在任何两幅快照之间正在发生的事情。只要我使用同样的方法，就会得到同样的结果；而第三个视像仅仅在其他两个视像之间一闪而过。这个过程，我可以随意重复，我永远都可以把一些视像并列放置在另一些视像旁边，当然我一无所获。因此，摄影机方式的应用就引发了永远的“重新开始”，在这个过程中，由于头脑始终无法满足自己，始终找不到落脚点，毫无疑问，它就说服自己用自身的非静止性去模仿真实的运动。但是，思维精疲力竭，头晕目眩，最终它或许能获得运动性的幻象，但其运作却依然无法前进一步，因为它与其目标之间的距离仍然和以前一样遥远。为了和移动的现实一同前进，你就必须把自己放在其中。把你自己置于变化之中，你立刻就能既把握变化本身，也能把握连续的状态，在这些状态中，变化在任何瞬间都可能终止。从外部来看，这些连续的状态是真实的，而不再是潜藏的静止状态，但是，你绝不可能用这些连续的状态重构出运动。根据不同情况，你可以把这些状态称作性质、形式、位置或者意图，你可以随意增加它们的数目，可以无限缩小两个连续状态之间的间隔。面对介入运动，你总是能够体验到一种失望感，就像一个孩子想用双手挤碎烟雾的感觉一样。运动总是从间隔中溜走，因为每一次用状态重构变化的尝试中，都暗含着一个荒谬的命题，即运动是由静止构成的。

哲学从诞生之时就觉察到了这一点。埃利亚学派的芝诺悖论，尽管出于完全不同的意图提出这一点，但也仅此而已，并无其他含义。以芝诺悖论中的飞矢为例，芝诺认为，飞矢在每个瞬间都是静止的，因为它没有时间移动，也就是说，它没有时间在一个瞬间至少占据两个连续位置，除非至少有两个瞬间，它才能做到。

然而，箭矢在飞行过程中永远不会存在于某一点。

But the arrow never is in any point of its course.

因此，在一个给定的瞬间里，箭矢只停在一个既定的点上。在前进的每一个点上，箭矢都是静止的，因此，在它运动的全部时间里，箭矢都是静止的。

如果我们假设箭矢在前进过程中永远能够存在于任何一点，那么，上述说法就是正确的。如果箭矢总是能和某一静止点重合，那么，上述说法也是正确的。然而，箭矢在飞行过程中永远不会存在于某一点。我们最多只能说，它可能存在于那个点上，从这个意义上，可以说它经过那个点，并有可能在那里停止。当然，如果箭矢真的在那里停止，它就会留在那里，对于这个点来说，我们就不会认为有运动了。然而实际情况却是，如果箭矢从 A 点落到 B 点，那么，它的运动 AB，只要它还是运动，它就会像发射箭矢的弓的张力一样简单，一样不可分解。如果手榴弹在落地之前就爆炸了，它就在爆炸区域上覆盖了一种整体性的危险。同样，从 A 点飞向 B 点的箭矢，也通过简单的一击（尽管这一击贯穿了某个范围的绵延）展示了这种运动的不可分割性。假若在 AB 之间拉开一根松紧带，你能分解它的张力吗？箭矢的行程就是这样的张力，它和这样的张力一样简单，一样不可分割。它是个单一独特的一跳。如果你箭矢的飞行路程中固定一个点 C，说在某个瞬间箭矢曾经在 C 点上。如果它曾经在 C 点，它就会停留在 C 点，那么，你所看到的，就不会是从 A 点到 B 点的飞行，而是两段飞行了，一次是从 A 点到 C 点，另一次是从 C 点到 B 点，两段飞行之间存在一个暂停。这个假设认为，一个单次运动仅仅是两个点之间的运动，如果过程中存在停顿，那它就不再是单次运动了。归根结底，这个错觉来源于此：即运动一旦完成，就会在进程中留下一个静止的轨道，我们可以在这个轨道上随意数出多少个静止状态。由此我们就得出结论说，运动正在被完成的时候，在每个瞬间它都在身后留下一个位置点。我们忽视了这个轨道是一次性创造出来的，尽管创造它也需要一定的时间。我们虽然能任意分割这个一次性创造出来的轨道，却无法分割对它的创造，因为那是正在进展的行动，而不是事物。假设运动的实体存在于其进程中的某一点，就是把进程在这一点上剪断了，分割了这个进程，就是用两个轨道代替了我们最初考察的那一个轨道。这样就区分出两个连续的行动了，而假设中只有一个行动。总之，这就是认为飞矢的飞行过程本身具有箭矢的所有性质，这些性质可以说是箭矢通过的路程；也就是说，这就承认了“运动和静止是同一的”这个荒谬前提。

这里，我们不打算讨论芝诺的另外三个悖论。我们也已经在其他书中讨论过。这里，我们只需指出，这些悖论也都把运动运用在其经过的线路上，同时假设路线上的真实情况就是运动的真实情况。比如，我们可以凭着意愿把这条线路分割成多少部分，或者按照什么长度去分割，它永远都是同一条线路。由此就认为我们有权按照自己的意愿去假设那个被明确完成的运动，有权认为那个运动始终是同一个运动。这样，一系列的谬论就产生了，而它们又都表达着同一个基本的谬论。但是，只有一种观察者才有可能把运动运用到它经过的线路上，这种观察者置身于运动之外，在每个瞬间都能看到停止的可能性，并试图用这些可能的静止状态去重构真正的运动。只要我们在思想上承认真正运动的连续性，这种谬论就会立即烟消云散了。这种运动的连续性，只要我们抬起手臂或者向前迈出一步时，都会意识到真正运动的这种连续性。所以，我们确实感觉到是一条线穿过两个停顿点，而这条线也确实是一笔画出来的，但我们却徒劳地想要把一些局部运用于画出这个线路的运动上，这些局部分别对应着从经过的线路上任意选择出来的局部。运动实体描画出来的线路使得其自身能够接受任何一种分割，因为它并不具有内在的组织。但是，所有运动都在暗中由语言表达出来。它要么是一个不可分割的跳跃（尽管它仍然没有可能占据一段很长的绵延），要么就是一系列不可分割的跳跃。而我们要么把这种运动的清晰表达考虑进来，要么就放弃思考运动的本质。

在阿喀琉斯追赶乌龟时，他的每一步都必须被当作不可分割的，同时，乌龟的每一步也必须被当作不可分割的。经过若干步之后，阿喀琉斯就会超过乌龟。这个事实再简单不过了。如果你非要进一步划分这两个运动，你尽可以分别在阿喀琉斯和乌龟的进程中分辨出两者各自步数的约数；但是，你必须考虑到两个进程的自然表达。只要你考虑到它们，就不会引发什么困难，因为你会遵循经验的指导。但是，芝诺的设计却借助于任意选定的规律，去重构阿喀琉斯的运动。阿喀琉斯的第一步被假定成要到达乌龟以前所在的那个点，而第二步则要到达在他迈出第一步时乌龟已经移到的那个点，如此下去。在这个意义上，阿喀琉斯总是差一步不能赶上乌龟。但是实际上，阿喀琉斯显然是用另一种颇为不同的方式超过乌龟的。如果我们能够像看待经过的过程（这个过程是可以任意分解和重组的）那样去看待芝诺考察的运动，那么，这个运动就完全等于阿喀琉斯的运动。一旦你犯下第一个错误，所有其他错误就会接踵而至。①

因此，没有什么比把芝诺的论据扩展到性质变化和演进变化更容易的事情了。在这些变化当中，我们会发现同样的矛盾。儿童能够成长为青年，进而成熟，最后又衰退为老年人，如果我们认为这个过程当中的生命进化就是现实本身，那么，我们就能够理解这个过程。幼年期、青春期、成熟期和老年期，这些只是头脑的观点，是我们从外部想象出来的一个连续的发展过程中可能的停顿点。反过来看，如果幼年期、青春期、成熟期和老年期被

① 这就是说，我们还没有考虑到芝诺的诡辩遭到了几何级数的反驳：a（I+I/n+I/n2+I/n3+……），在这个公式中，a 表示阿喀琉斯和乌龟之间最初的距离，n 表示两者速度之间的关系，如果 n 大于 I，那么，这种关系就有确定的和。关于这一点，我们可以参见伊福兰的论证，我们认为他的论证是结论性的。（见伊福兰，《无限与量》，巴黎，1880 年，第 63~97 页；参看《哲学评论》，第 11 卷，1881 年第 564~568 页）实际上，就像我们在前一本书中说明的那样，数学处理长度，也只能处理长度。因此，数学不得不首先寻找一种手段，能把经过线路的可分割性转变成运动（而运动不是长度），再使“运动是长度”的观念（这个观念与经验相悖，非常荒谬）与经验取得一致。这就意味着，数学不得不使“被放在轨道上且能像轨道一样被任意分解的运动”与经验取得一致。

当作进化不可分割的组成部分，它们就变成了真正的停顿点。那我们将无法设想进化如何可能，因为并置的停顿点永远无法等同于一个运动。那么，我们怎么用成品来重构未成品呢？例如，根据假定，童年完全是给定的，我们怎样从作为一次给定事物的童年过渡到青春期呢？我们如果仔细观察，就可以发现我们说话的惯常方式（这种方式是按照我们的思维方式养成的）把我们引入了逻辑的真正死胡同——我们听任自己被引入这些死胡同，毫不担心，因为我们糊涂地以为，只要我们愿意，我们总能走出来。实际上，要走出来，我们只需放弃智力的摄影机习惯就行了。当我们说"小孩长成大人"的时候，我们要小心，不要太过深究这种表达的字面含义，否则，我们就会发现，在我们提出"小孩"这个主语的时候，宾语"大人"并没有运用于主语；而在我们说出"大人"这个宾语时候，它已经不再适用于主语"小孩"了。而从童年期到成年期之间的转变这个现实却从我们的指缝中溜走了。我们只有"小孩"和"大人"这些想象出来的停顿点，我们的意思差不多就是说，这些停顿点其实没有什么分别，就像芝诺的飞矢（按照这位哲学家的说法）存在于其进程的每个点上。实际上，在这里，如果语言忠实现实，那我们就不应该说"小孩长成大人"，而应该说"从小孩到大人之间存在着变化"。在前一个命题中，"长成"是个意义不确定的动词，其目的在于掩盖我们陷入的一种谬误，即我们把"大人"这种状态赋予了"小孩"这个主语，这种做法类似于摄影机胶片的运动，这种运动它一直这样进行，它隐藏在摄影机里，其功能就是把连续画面彼此叠置起来，以模拟真实对象的运动。而在第二个命题中，“变化”是主语，它凸显于前方。这就是现实本身。于是，童年期和成年期就只是些可能的停顿点，只是头脑的视像罢了。我们现在必须面对的是这个客观运动本身，而不再是对它进行摄影机式的模拟。不过，只有第一种表达方式才符合我们的语言习惯。要运用后一种表达方式，我们就必须摆脱思维的摄影机原理。

如果我们想一劳永逸地摆脱运动问题引起的理论谬误，就必须对这种机制进行彻底的抽象。只要我们试图用状态来构建转变，所有的一切就都晦暗不清，自相矛盾。而我们一旦置身于这个转变中，并在思想中切断这个转变，以区分状态，这些晦暗就立即被澄清了，矛盾也会消失不见。这是因为，转变中包含的东西比一系列状态（即可能的断面）中包含的东西还要多。也就是说，运动中包含的东西比一系列位置（即可能的停顿点）中包含的东西还要多。但是，第一种观察事物的方式却和人类头脑的运作过程相恰和；相反，第二种方式则要求我们违背我们理解习惯的天然倾向。因此，哲学在最初面对这种努力时所表现出来的退缩也就不足为怪了。古希腊人相信自然，相信头脑的天然倾向，他们最相信的是语言，因为语言能够自然地将思想外化。他们不责怪思维方式，也不责怪表达事物进程的语言，它们更喜欢去宣布事物进程本身就是错误的。

确实，这就是埃利亚学派的哲学家一致做出的判决。并且，他们做出这个判决时毫无保留。由于变化动摇了思维习惯，也不能适应语言的模式，他们就宣布变化是不真实的。他们从空间运动和普遍变化中看到的仅仅是些错觉。“现实在变化，但它本不应该变化”，这个说法不必改变前提就能把他们的结论软化下来。经验把变化呈现在我们面前，这只是可感知的现实。然而，可被智力把握的现实，也就是应当如此的现实，却还要更真实，并且这种现实不会改变。在性质变化、进化变化和扩展变化之下，头脑必须去寻找藐视变化的东西，寻找可以界定的性质，寻找形式或本质，寻找终点。这就是在整个古典时期发展起来的哲学的基本原则，这种哲学就是关于形式的哲学，或者用更接近古希腊人的术语说，就是关于理式的哲学。

我们此处翻译成“理式”的那个希腊词“εῖδος”，实际上有三层含义。它表示：（1）性质，（2）形式或本质，（3）正在执行的行动的目的或图式（这里图式的含义是意图），也就是说，从根本上来看，这里假设行动的图式（这里图式的含义是描绘）已经完成。这三个方面分别就是形容词、名词和动词，各自对应着语言的三种基本范畴。做出上述解释以后，我们就可以，或许也应该把希腊语“εῖδος”翻译成“视点”，或者直接译成“瞬间”。因为，“εῖδος”是对事物运动性的静止视点——性质是变化的一个瞬间，形式是进化的一个瞬间而本质则是一种平均形式，其他形式作为这种平均形式的变体分布在它上下；最后，是那个先于要完成的行动而存在的意图，即精神图式（我们认为这个精神图式恰恰就是那个被完成的行动的物质图式）预先被描绘出来、构思出来。因此，把事物简化为理式，就是把变化分解为几个主要的瞬间，不仅如此，根据假设，这些瞬间还被从时间的规律中隔离出来，实际上，它们被从永恒中抽出。这也就是说，如果我们把智力的摄影机原理用于分析真实，我们最终得到的就是理式的哲学。

但是，我们如果把这些不可更改的理式置于活动的现实基础上，那么，我们就必然会得到一种完整的物理学，一种完整的宇宙论和一种完整的神学。我们必须坚定这一点。我们并不是想用短短数页的篇幅，去概括一种像古希腊人的哲学那样复杂那样全面的哲学。不过，既然我们已经描述了智力的摄影机原理，接下来的重要工作就是说明这种原理的运作会导致何种对关于现实的观念。我们认为，我们在古代哲学中发现的正是这种观念。这种哲学的一些主要路线从柏拉图经过亚里士多德（甚至在某种程度上，还经过斯多葛学派），发展到普洛丁，其中没有任何巧合的东西，没有任何偶然的东西，也没有任何必须被当作哲学家的异想的东西。它们标示出有条理的智力不时抓拍流动的普遍变化所获得的视像。因此，即使在今天，我们也应该按照古希腊人的方法进行哲学探讨；我们也应该再次发现古希腊人得出的诸如此类的普遍结论，而无须弄清究竟是谁得出了这些结论；我们也必须完全像古希腊人那样，相信我们思维的摄影机本能。

五、柏拉图和亚里士多德

我们说过，运动中包含的东西，多于运动物体的连续状态中包含的东西；变化中包含的东西，多于变化轮番经过的形式中包含的东西；形式进化中包含的东西，多于那些一个一个被假想出来的形式中包含的东西。所以，哲学能够从第一类术语中抽取出第二类术语，却不能从第二类术语中抽取出第一类术语——思辨必须从第一类术语开始。然而，智力却把这两组术语的顺序颠倒过来了。就这一点而言，古代哲学的做法和智力的做法相同。它把自身装进了那些不可改变的事物中，它仅仅设置了一些理式。然而，变化依然存在，变化是一种事实。我们仅仅设置了不可变更性，那我们如何从其中产生变化呢？我们不能依靠添加东西来得到改变，因为根据假设，理式之外不存在任何肯定的东西。因而，要得到变化，就必须依靠减法。所以，古代哲学的基础就必然建立在这样一种假设之上：静止的事物中包含的东西，多于运动的事物中包含的东西；我们借助减少或减弱的方法，从不可变更中实现变化。

因此，要获得变化，在理式上添加的东西就只能是否定性的东西，或至多加上零。柏拉图的“非存在”和亚里士多德的“物质”，就是这种否定性的东西——一种形而上学的零，和理式结合在一起，它就像数学上的零和整体结合在一起，在空间和时间中和理式相乘。通过这种方式，静止物和简单理式被折射到一种无限扩展的运动里。按理说，除了不可改变的理式（这些理式之间的相互适应不可改变），就不应当存在其他任何东西了。但实际上，物质却把自己的虚空加在理式上，并由此释放出普遍的变化。在理式与理式之间，有一种难以捉摸的“无”匍匐其中，造成了无穷的刺激和永恒的不安，就像恋人的两颗心之间隐隐出现的那种猜疑。把不可改变的理式降解掉，唯有如此，你才能获得事物的永恒流动。理式或者说形式就是可被智力把握的现实整体，也就是说，是真实的整体，因为它们完整地代表了“存在”的理论平衡点。至于可感知的现实，则永远在这个平衡点的两侧摇摆不定。

这样，有关理式的全部哲学才始终贯穿着某种“绵延”的概念，也贯穿着“时间与永恒的关系”的概念。把自身放置于变化当中的人，能够在绵延中看到事物的真正生命，即基本的现实。因此，被头脑隔离并保存在概念里的形式，只不过是给变化的现实拍摄的一些快照。它们是沿着时间进程聚集起来的一个个瞬间，并且，正因为我们切断了把它们连接在时间上的那根线，它才不再绵延下去。它们往往会退回到自己的定义中，也就是说，退回到人为的重构和象征性的表达方式中，这种表达方式就是它们在智力中的对等物。如果你愿意，可以说它们进入了永恒，然而，它们当中永恒的东西，却恰恰是不真实的东西。反过来，如果我们用摄影机的方式处理变化，那形式就不再是变化的快照了，它们是变化的构成要素，代表着变化中包含的积极因素。永恒不再是一种凌驾于时间上的抽象物，而是作为一种现实物，作为时间的根基。这恰恰就是关于形式或理式的哲学见解。它在永恒和时间之间建立的关系，就像在一块金子和一些零钱之间建立的关系一样——零钱太少了，以至于永远也无法还清债务，但是金子立刻就能还清。柏拉图说，神无法使世界永恒，却把“永恒的活动图像”——时间赐予了世界。[①] 这句伟大的名言所表达的正是这个意思。

空间扩展性的某种概念就从这里源起，从根本上来看，这种概念依然属于理式哲学的范畴，尽管它并未被如此明确地表达出来。我们设想一个头脑被放置在变化旁边，并随着变化而运动。每一个连续的状态，每一种性质，总之，每一种形式，都被这个头脑看成是由思维在普遍变化中切割出来的片段。它还会发现形式在本质上具备了扩展性，实际上，形式和在流动进程中把形式物质化的那种变化的扩展性，两者是不可分割的。因此，每种形式都既占据空间，也占据时间。然而，理式哲学却反其道而行之。它从形式开始，并从形式中看见现实的本质。它不是把形式看作变化的快照，它假定形式是永恒的。于是，在这种静止的永恒中，绵延与变化被假设成退化。这样设定的形式与时间无关，它不再能从知觉中发现——它成了一个概念。并且，由于概念上的现实既不再占据扩展性，又不再占据绵延，那么形式就必定会置于空

① 柏拉图，《蒂麦欧篇》，37D。

在古代哲学中，空间和时间必然具有相同的起源和相同的价值。

Space and time have therefore necessarily, in ancient philosophy, the same origin and the same value.

间之外，也会凌驾于时间之上。因此，在古代哲学中，空间和时间必然具有相同的起源和相同的价值。空间的扩展和时间的紧缩都同样表现出存在的减退。这两者都仅仅只是“存在的事物”和“理应存在的事物”之间的距离。从古代哲学的立场来看，空间和时间只能是一种不完整的现实，或者毋宁说，是一种偏离了自身的现实，必须为自身的需求而运作。必须承认，这个领域是在探求的进程中被创造出来的，而这种探求以某种方式把这个领域置于自身之下。设想一个摆（也就是一个纯粹的数学点）从它的平衡位置开始运动，这就开启了一次永恒的摆动，沿着这个摆动，一个个点和一个个瞬间依次排开。由此产生的空间和时间当中所具备的“正向性”，和这个运动自身所具备的“正向性”完全相等。它们都代表了这个摆的人为位置与其正常位置之间的距离，即它要恢复到自然的静止状态所缺少的距离。把摆放回到正常位置，空间、时间和运动就缩减成了一个数学点。正因如此，人类的推理才摆拉长，成为一个无穷无尽的链条，但又立刻被直觉捕捉到的真实吞没了，因为人类推理在空间和时间中的广度，（可以说）纯粹就是思维与真实之间的距离。[①] 空间扩展性和绵延与纯粹的形式或理式之间的关系就是这样。我们面对的是可感知的形式，它们总是要恢复自身的理想性，却总是被其自身携带物阻

① 在本书第3章，我们已经阐明了这个观念（在涉及空间性的范围内）中的真伪。我们认为，用这个观念去观察绵延，是个极大的错误。

碍，也就是说，它们受到自身内在虚空的阻碍，受到“它们是什么”与“它们理应是什么”之间存在的那种距离的阻碍。可感知的形式永远处在正要恢复自身的那个点上，永远处于一种要失去自身的位置上，这条不可变更的规律，就像西西弗斯的巨石一样，总是在快要到达山顶的时候滚落下来。这条把形式投射到空间和时间里的规律不是别的，正是它们原初的缺陷本身所具备的恒常性。成长与衰落的交替变更，一次又一次开始的进化，以及天体运行的无限重复，所有这一切全都表现了某种根本的缺陷，而物质性就来源于此。要弥补这个缺陷，也就即刻取消了空间和时间，这就意味着，即刻取消了那种永远在更新的摆动，而这种摆动始终想要恢复稳定的平衡，却永远也不能实现。事物再一次彼此渗透。在空间中扩展的事物被压缩成为纯粹的形式。而过去、当前和未来都被压缩在一个单一的时刻中，这个时刻就是永恒。

以上这些就意味着物理学仅仅是一种残损的逻辑学。全部理式哲学都归结在这个命题中。而这个命题中还包含着隐藏的哲学原理，这才是我们的理解力天然具有的。如果不变性大于变化，那么，形式就多于变动，而正是由于理式的逻辑体系（这些理式合理地居于从属地位，并且彼此之间相互协调）实际上在衰落，它才被分散到一系列被偶然地并列起来的物理对象和事件当中。一首诗的朦胧意象，通过数千个想象得到生发，而这些想象又通过延伸到词汇中的短语得以具体化。我们越多从静止的观念（它将缠绕在自身）下降到展开这个观念的词汇上，我们为偶然性和选择留下的空间就越大。用其他词汇表现的其他隐喻也许已经产生了，一个形象唤起另一个形象，一个词语唤起另一个词语。于是，所有这些词语一个接一个地产生，全都徒劳无益地依靠自身去恢复那个简单的朦胧观念。我们的耳朵只能听见这些词语，因而只能感知到偶然的东西。但我们的头脑却可以借助连续的跳跃，从词语跳到形象，又从形象跳到最初的观念，这样，它就从语词的知觉（由偶然唤起的偶然）跳到了理式（它确定自我的存在）的概念。哲学家在面对普遍性时，就是如此行事的。经验使现象经过它眼前，而现象也按照一种由时空环境确定的偶然规律接连出现。这种物理规律就是变质的逻辑规律，它只不过是逻辑规律降落到时间和空间中而已。但是，哲学家却从知觉再度上升到概念，看到物理学所拥有的所有积极现实，都被压缩到了逻辑的概念当中。他的智力并不顾及那种轻视存在的物质性，而是在不可变更的理式系统中把握存在本身。这样，只要我们把自己的智力放回到它的真正位置，纠正那些由于智力和可被智力把握的对象之间的不对应而造成的错位，我们就能获得科学，这种科学，在我们看来是完整的，现成的。所以说，科学并不是人类创造出来的。科学先于我们的智力而存在，并独立于我们的智力，实际上，科学造就了“事物”。

事实上，如果我们仅仅把形式当作头脑为连续变化拍摄的快照，那么，形式就必然与思考它们的头脑相关，而绝不可能独立存在。我们至多能说，每个理式都是一个理想类型。但是这样一来，我们就把自身置于一个相反的假设中。于是，理式就必然是独立存在的。古代哲学无法超出这个结论。柏拉图明确阐述了这个结论，而亚里士多德试图要避免这个结论，却没有成功。由于运动源自不可变性的衰退，那么，没有现实化的不可变性的地方，就不可能产生运动，从而也不可能产生可感知的世界了。因此，从否认理式具有独立的存在入手，却发现依然无法剥夺理式的独立存在，于是，亚里士多德就把理式彼此挤压在一起，把它们卷成了一个圆球，在物理世界之上设立了一种形式，这种形式就是形式的形式，理式的理式，或者用他自己的话说，是思维的思维。这就是亚里士多德的神，这个神必然是不可变更的，并且与世界上正在发生的事情毫无瓜葛，因为这个神仅仅是用所有的概念综合而成的一个概念。当然，在这些多重概念中，没有哪一个能够单独存在，就像是处于一个神性的整体中。如果我们到亚里士多德的神那里去寻找柏拉图的理式，我们将一无所获。不过，只要我们在亚里士多德的神的某种折射中去想象这个神，或者仅仅向现实世界倾斜，我们立即就能看到柏拉图的理式从这个神当中涌现出来，好像被裹进这个神的本质整体中。光线就是这样从太阳中喷射出来，但是太阳却并不包含光线。或许在亚里士多德的哲学中，被称作“积极的智力”的那种东西，也就是说，人类理解力当中那种根本的、无意识的东西，就意味着这种涌现的可能性，即从亚里士多德的神当中涌现出柏拉图的理式。这种“积极的智力”就是全部的科学，它被一次性地设定出来。而有意识的、分散的智力则注定只能艰难地、一点一点地重建全部科学。因此，在我们心中，或者更准确地说，在我们身后，正如亚历山大学派哲学家所说的那样，可能存在一个神的幻象，它始终是虚拟的，永远无法被有意识的智力真正地现实化。在这个直觉当中，我们应该能看到神在理式中的扩展。正是这个“无所不为”，[①]联系着在时间中运动的散漫智力，发挥着与那个静止的“推动者”（这个推动者把天体的运动和事物的进程联系在一起）相同的作用。

这样，理式哲学本身就包含着一个因果论的具体概念，弄清这个概念至关重要，因为要想追溯事物的源头，它就会跟随到自然运动的尽头，此时我们就会遇到这个概念。实际上，古代哲学家从未明确表述过这个概念。他们仅仅限于从这个概念中引出结果，总体而言，他们只对这个概念提出一些见解，并没有对这个概念本身做出表述。的确，那个由原初推动者发出的、作用于整个世界的力量，他们有时用吸引力来表示，有时用推动力来表示。这两种观点都能在亚里士多德那里找到，他向我们显示，在宇宙的运动中，事物有着向神性的完善进发的欲望，因而也就是朝向神的上升欲望。在另外一些著作里，亚里士多德又把这种欲望表述为神与原初领域相接触的结果，因而也就是从神性到事物的下降。我们认为，亚历山大学派哲学家说到“行进”与“转变”的时候，依然延续着亚里士多德提出的这个双重指向。所有事物都

① 亚里士多德，《论灵魂》。

来源于这个第一原理，所有事物都渴望回归到这个第一原理。然而，只有当我们把这两个以神为起源的概念全都带回到第三个概念时，它们才能彼此协调一致。我们把这第三个概念当作基础的概念，只有这个概念，才能使我们既理解事物为何在时空中运动，在何种意义上在时空中运动，还能使我们理解空间与时间何以会存在，运动何以会存在，以及事物何以会存在。

从柏拉图到普洛丁，古希腊哲学家对这个概念的论述越来越清晰，我们把它表述为：肯定一个现实就意味着，同时也肯定了在这个现实与“无”之间存在的所有不同程度的现实。这个规律在数字中体现得十分明显，如果我们不肯定 9、8、7 等数字，我们就无法肯定 10 这个数字。简言之，就是如果不肯定 10 和 0 之间的全部数字，我们就无法肯定 10 这个数字。然而，在这里，我们的头脑从量的领域自然而然地进入了质的领域。在我们看来，某种完善是已知的，这种完善和我们认为自己设想出的“乌有”之间的全部连续等级也是已知的。因此，让我们假定亚里士多德的神，也就是思维的思维（即循环的思维），依靠一种自动的，或者一种永恒的循环过程，把自身从主体变成客体的同时，又从客体变成主体。另一方面，“乌有”则似乎在设定自身，而既然两极已经给定出来，中间的间隔也给定出来，于是，当我们设定了神之后，从神性的完善下降到“绝对的无”之间的全部等级，就被自动地实现了。

让我们从上到下考察一下这个等级区间。首先，哪怕是对第一原理稍稍进行一点缩减，就足以把存在掷入时间和空间中了，然而，代表着这种第一次缩减的绵延与扩展，会尽可能接近神性的非扩展性和永恒性。因此，我们必须把对神性原理的这第一次缩减描绘成一个自转的球体，呈现给我们自己，这个球体依靠自身永恒的循环运动，模仿神性思维循环的永恒性。此外，它还创造出自己的位置，并由此创造出普遍的位置，[①] 因为它包含其他事物，却不被其他事物包含；它运动着，却没有起点；它也创造自己的绵延，并由此创造普遍的绵延，因为它的运动是衡量所有运动的尺度。[②] 这样，我们就会看到完善被逐级缩减，一直下降到我们世俗世界中，在这里，出生、成长和衰亡的循环最后一次模仿这个原初循环，并破坏这个循环。在这个意义上，神与世俗世界之间的因果关系，自下而上来看就是一种吸引力，自上而下来看就是一种推动力或接触，因为最初的宇宙及其循环运动就是对神的模仿，而所有模仿都是对某种形式的重复。所以，我们根据这个观点，把神当作有效原因或者终极原因。然而，这两种关系都不是终极的因果关系。真正的关系是我们在构成一个方程的两个元之间发现的那种关系，第一个元是一个单一术语，而第二个元则是无数术语的总和。可以说，如果我们假设只要金块出现，零钱也会自动出现，那么这种关系就是金块与零钱之间的关系。

① 亚里士多德，《论雕刻》，第 2 卷。
② 亚里士多德，《论雕刻》，第 2 卷；《物理学》，第 8 卷。

运动的永恒性，只有以不变性的永恒性为基础，才成为可能，因为不变性的永恒性用一个无始无终的链条来展开运动性的永恒性。

A perpetuity of mobility is possible only if it is backed by an eternity of immutability, which it unwinds in a chain without beginning or end.

只有这样我们才能理解亚里士多德为什么不说事物的运动必须有个开端，恰恰相反，他说事物的运动不可能有开端，而且永远也没有终点，以此来证明必定存在一个的最初的静止不动的推动者。如果运动存在，也就是说，如果零钱可以计数，那么，金块一定会在某个地方被发现。况且，如果零钱计数的工作一直继续下去，那么，和这项工作明显相关的单一术语就会永远存在。运动的永恒性，只有以不变性的永恒性为基础，才成为可能，因为不变性的永恒性用一个无始无终的链条来展开运动性的永恒性。

这就是古希腊哲学的最终结论。我们并未试图把它重构为前提条件。它有多方面的来源。它通过众多无形的线索和古希腊人的心灵联系在一起。因此，试图从一条简单的原理中推导出这个结论，是毫无意义的。① 然而，即使所有来自诗歌、宗教、社会生活的事物，以及依然处于初级状态的物理学和生物学，都被从这个原理中摒除，即使我们拿走用于构筑这个堂皇大厦的全部微小材料，那里还依然存在着一个牢固的框架，这个框架标记出一种形而上学的主要发展路线。这种形而上学在我们看来，就是人类智力中存在的天然的形而上学。实际上，每当我们随着知觉和思维的摄影机走到尽头的时候，我们就会获得此类哲学的一种。我们的知觉和思维由一系列不可改变的形式去替代连续的进化变

① 尤其当我们把普洛丁后来把握、研究并确定的那些令人惊异而多少有点无常的直觉几乎完全放在了一边时，就更是如此。

化开始，而那些形式一个接一个地被“中途截获”，就像旋转游戏的那些圆环，儿童经过它们时用手中的小棍子把它们从挂钩上摘下来。那么，这些形式怎么通过呢？它们又被串在什么样的小棍子上呢？由于这些稳定的形式是从对所有确定事物的改变中提炼出来的，因此没有剩下任何东西去标明承载这些形式的不稳定性，所剩下的只是一种否定的属性，而这种属性必然就是不确定性本身。这就是我们思维最初的发展进程，它把每一个变化都分解成两种元素，其中一种元素在任何一个特定的情况下都是稳定的，并且可以被界定，也就是说，这个元素就是形式；另外一种元素则无法界定，并且始终如一，这个元素就是普遍的变化。语言的基本运作也是如此。语言能表达出来的只能是形式。它被简化为把运动性（正因为这种运动性通常不能被表达出来，所以被认为在所有情况下都是相同的）当作已经被理解的东西，或者，语言是被限制在了默认这种运动性的范围之内。由此又出现了一种哲学，它承认这种由思维和语言进行的分解是合法的。除了用更大的力量把这种区别客观化，把它推向极端的结果，缩减为一个体系之外，这种哲学还能做什么呢？因此，它一方面用确定的形式或不可变更的元素去构建真实，另一方面它用一个运动性的原理去构建真实，而由于这个原理是对形式的否定，所以根据假设，它符合任何一个定义，也成为纯粹不确定的东西。这种哲学越是关注由思维划定、由语言表达的那些形式，它就越是能够看清，这些形式居于可感知的东西之上，并被提炼成纯粹的概念，它们能够彼此渗透，甚至最终能够被聚集起来，变为一个概念，这个概念就是全部现实的综合体，就是达成所有的圆满。与此相反，它越是朝向普遍运动的不可见源头下降，它就越能感觉到，这种运动性沉入其下，时间也变成了虚空，消失在所谓的“非存在”中。最终，这种哲学一方面承认理式系统依据逻辑原理彼此协调，或者集中成为一个单一理式；另一方面，它又承认一种“准乌有”，即柏拉图所说的“非存在”，或亚里士多德所说的“物质”。然而，既然裁剪了布料，就得缝起来。既然现在有了高于知觉的理式，也有了低于知觉的非存在，你就必须去重构知觉世界。要这样做，你只能假设一种形而上学的必然性，借助这种必然性，“全部”与“零”的相遇，才等同于对衡量两者之间的各个程度现实的肯定。这就像一个未经分割的数字，当它被看作它自身和零之间的一种区别时，它就显示为单个个体的某种总和，并且通过对自身的肯定来肯定所有小于它的数字。这就是自然的基本原理。这种原理也被我们当作古希腊哲学的基础。因此，要解释这些不同程度的中间现实，最重要的就是要度量这些中间现实与整体现实之间的距离。每一个较低等级的现实，都是对较高一级现实的缩减，从智力可把握的视角来看，我们在其中观察到的那种可感知的新鲜事物，则溶解成了叠加在这种现实上的新的否定量。哪怕最少量的否定（这种否定，我们已经在可感知现实的最高形式中发现了，因此在那些较低级的形式里，这种否定就更多），也会被可感知的现实、扩展以及绵延这些最普遍的属性表达出来。

如果我们不断地进行这种缩减，我们所获得的属性就会越来越特殊。哲学家的幻想能够在这里自由驰骋，因为正是依靠一种任意的判定，或者至少是一种有争议的判定，可感知世界的一个特定侧面才能够与对存在的一种特定缩减等量齐观。我们不会像亚里士多德那样，必然推断出一个包括自转同心球体的世界。不过，我们还是会得到一种类似的宇宙系统，也就是说，我们得到一种构造，尽管其各个局部都不相同，但它们之间的关系却完全相同。这个宇宙系统也受到同一原理的支配，物理的现象由逻辑界定出来。我们会看到一个由概念构成的封闭系统，这些概念彼此附属又彼此协调。被理解为概念系统的科学，会比可感知的现实更为真实。这种科学先于人类的知识而存在，人类的知识却只能逐字逐句地把它拼写出来；这种科学也先于事物而存在，事物只能笨手笨脚地试着模仿它。它只要从自身转移片刻，就能够走出自身的永恒性，并由此与人类的全部知识和所有事物取得一致。所以说，科学的不可变更性实际上就是普遍变化的原因。

这就是古代哲学关于变化和绵延的观点。在我们看来，现代哲学，尤其在初始阶段，曾经多次地希望摒除这种观点，这一点确凿无疑。然而，一种难以抗拒的吸引力又把智力带回到它的天然运动上，把现代人的形而上学带回到古希腊形而上学的普遍结论上。我们必须尝试澄清这一点，才能说明现代机械论哲学究竟是通过什么样的无形线索仍旧和古代的理式哲学紧连在一起，才能说明现代机械论哲学究竟是如何对我们理解力的需求（尤其是实践的需求）做出回应的。

六、现代科学

现代科学和古代科学一样，也按照摄影机的原理运作。它没有其他运作方式，所有的科学都服从这个原理。这是因为，科学的本质就是处理符号，用符号记代替对象本身。毋庸置疑，这些符号和语言符号不同，因为它们比语言符号更精确，更有效。不过它们也紧紧连接在符号的普遍条件中，这种条件就是用局限的形式来标明现实的某个固定侧面。为了思考运动，头脑必须努力不断进行更新。符号的作用原本就是让我们用人工的重构物来替换事物的连续运动。但在实践中，这种人工重构物就相当于事物的连续运动，并且易于把握。不过，还是让我们把手段放在一旁，只考虑目标吧。科学的根本目标是什么？就是增强我们对事物的影响。思辨或许是科学的形式，与直接目标无关。这就是说，只要科学需要，我们可以赋予它任何荣誉。然而，无论评估科学的那一天被延迟到什么时候，我们总有一天要付出代价。总之，科学的目标始终指向实际用途。即使科学热衷于理论，它也注定要使自己的行为采用实践的普遍形式。无论科学飞得多高，它都必须随时准备降落行动的领域，立时就在行动领域落脚。如果它的节奏和行动本身的节奏截然不同，那它就无法做到这一点。我们说过，行动通过跳跃前行。做出行动就是重新适应自身。因此，知晓（即为了行动而预见）就是从一种情形转到另一种情形，从一种安排转到另一种安排。科学可以去考察那些彼此之间越来越接近的重组，它可以因此增加它分离出来的那些瞬间的数量，但它总是要分离出那些瞬间。至于在这些瞬间的间隔中发生的情况，科学对它们的关心程度不会超过一般的智力、感觉和语言对它们的关心程度。科学不关注间隔，而关注极端。因此，摄影机的原理就自动地强加在我们的科学之上，一如它曾经自动强加在古人的科学上一样。

既然如此，那么，现代科学和古代科学的区别又在哪里呢？我们说两者的区别在于，古人把物理规律缩减为生命规律，也就是说，缩减成类属的规律；而现代人则试图把类属分解为规律。不过，我们还必须从另外一个侧面看待两者的区别，并且，这个侧面仅仅是第一个侧面的转换了位置而已。现代科学和古代科学对待变化的态度又有什么区别呢？我们可以把这种区别表述为：古代科学只注意到对象的某些特定瞬间就认为自己充分了解自己的对象，而现代科学无论在任何一个瞬间都考察对象。

柏拉图和亚里士多德所说的形式或观念，都对应于事物历史的特定瞬间或者显著瞬间，这些事物已经普遍被语言固定下来。像一个生物的童年期或老年期一样，这些形式或理式被设想为标志出了一个阶段，在这个阶段中，它们把事物的精华表现出来，而这个阶段的其余部分则被形式之间的转变（这种转变无关利害）

由此，我们就可以说，现代科学和古代科学的区别主要在于现代科学对时间进行了无限的分解。

We may say, then, that our physics differs from that of the ancients chiefly in the indefinite breaking up of time.

填满。我们以落体为例说明这一点。如果我们把这个落体表述为一个整体，人们就会认为我们相当接近事实了。它是一种向下的运动，它是朝向中心的一种趋向，它是实体的天然运动——这个实体离开了它所属的地球，正准备重新找到自己的位置。因此，这些运动和趋向就标示出那个最终的条件，或者说那个极点，并把它确立为基本的瞬间。这个瞬间已经被语言保留下来，用以表达整体事实，同时它也能满足科学描述这个事实的需要。亚里士多德的物理学正是使用“高”、“低”、自然换位和被迫换位、自身位置和陌生位置这些概念，来界定发射到空中的实体或者自由落体的。然而，伽利略却认为，并没有什么根本的运动，也没有特定的瞬间，要研究落体，就不涉及下落过程中的时刻。地心引力的真正科学，能够在任何一个时刻确定空间中实体的位置。因为这种符号实际上远远比语言需要的符号更为精确。

由此，我们就可以说，现代科学和古代科学的区别主要在于现代科学对时间进行了无限的分解。对于古人来说，时间中包含的整块阶段，其数量就和我们的自然知觉和语言在其中切割出来的连续事实的数量一样多，这些连续的事实中的每一个都具有独特性。正因如此，古人认为，这些事实中的每一个都只容许一个整体的界定或描述。当我们描述这些事实的时候，如果辨别各个阶段，我们得到的就是若干个事实，而不是一个单一的事实，得到的就是几个整块的阶段，而不是一个单一的阶段。然而，我们总是可以假设时间能被划分为明确的阶段，而通过现实的明显关键点（类似于青春期的那些转折点）和新形式的明显释放，把划分的模式强加给了头脑。相反，对于开普勒和伽利略这样的科学家来说，时间并不能被它的填充物按照这种或那种方式进行客观划分。时间并不具有天然的清晰节点。我们能够，并且也应该按照我们自己的意愿去划分时间。所有时刻都在计算之列。没有哪个时刻有权表现或支配其他时刻。自然，只有当我们能够在任意一个时刻中确定是什么在变化的时候，才能了解这个变化。

现代科学和古代科学之间的这种区别非常深刻。实际上，从某种意义上来看，这种区别是本质的。不过，从我们的视角来看这种区别，这种区别是程度之别，而不是种类之别。人类头脑通过逐步的完善，仅仅依靠对精确性的更高追求，就已经从第一种知识发展到了第二种知识。这两类科学之间的关系，就像用眼睛区分运动的阶段和用瞬时摄影更完整地记录这些阶段之间的关系一样。两种情况中有着相同的摄影机原理，但这种原理在后者当中达到的那种精确程度非前者可比。一匹马在奔跑，我们的眼睛观察到的主要是一种典型的基本姿态，或者更准确地说，是图式化的姿态。这种姿态是一种形式，它似乎辐射到奔跑的整个时段，因而填满奔跑的时间。雅典帕特农神庙的浮雕带上所雕刻出来的就是这种姿态。然而，瞬时摄影却可以分离任何一个时刻，它把所有的时刻排列开来，这样，马的奔跑就在一排图像上展开无数个连续姿态，而不是被混合成一个单独的姿态，这种单独姿态通常被假设为是在一个特定瞬间闪现出来的，意在展示整个奔跑阶段。

这个最初的区别，又产生了其他的区别。一种科学，如果依次考察绵延中的那些整块阶段，那它只能看到连续不断的片段和更替变换的形式。这种科学会满足于描述对象的数量，并且它把这些对象当作和有机生物相似的东西。然而，如果我们想要了解其中一个阶段的某个时刻发生了什么，那么，我们考察的对象就完全是另外一回事了。在这种情况下，从一个时刻到另一个时刻之间发生的那些变化就不再像假设的那样是性质的变化了，它们只是数量的变化。这种变化既可能是现象本身发生的变化，也可能是对象的基本组成部分发生的变化。因此，我们曾经正确地指出，现代科学与古代科学的区别，就在于现代科学热衷于数量，并且其首要目标就是去度量数量。为了揭示这样一条属于我们所理解的科学知识类型的规律，古人的确进行过各种实验，而开普勒则根本没有做过任何严格意义上的实验。现代科学的明显特征，并不在于它的实验性，而在于它进行实验，更一般地说，现代科学只运用度量的观点进行运作。

正因如此，以下这个说法也是正确的：古代科学善于使用概念，而现代科学则致力于寻求规律，即变量之间的恒常关系。一个“圆形”的概念就足以使亚里士多德界定天体的运动了。但是，对于开普勒来说，即便有了“椭圆形”这个更为确切的概念，他也不认为自己能阐明行星的运动。他不得不揭示一条规律，也就是揭示行星运动的两个或若干个要素的数量变动之间的恒常关系。

不过，由这个根本区别导致的其他区别都仅仅是一些结果。事实上，古人也偶然想到从度量的角度进行实验，或者去揭示一条表示数量之间恒常关系的规律。阿基米德原理就是一条真正的实验规律。它考虑了三种数量变化：物体的体积、浸没物体的液体密度，以及作用于物体的浮力。这个原理确实表达出其中一个数量是另外两个数量的函数。

因此，我们必须到别处去寻找现代科学与古代科学最根本的原初区别。这种区别，也是我们首先注意到的。古代科学是静态的，它把它研究的变化当成固定的片段，如果它把变化划分成一个个阶段，然后把每个阶段又当作固定的片段，这就说明，古代科学完全不考虑时间因素。然而，现代科学是以伽利略和开普勒的发现为基础建立起来的，这些发现随即为现代科学提供了一个模型。那么，开普勒发现了什么规律呢？这些规律确定了由行星绕日的半径向量描绘出来的区域与用于描绘这些区域的时间之间的关系，也确定了行星轨道的长轴与行星运行时间的关系。伽利略又发现了什么规律呢？他发现的规律把落体下落所占用的空间和下落运动占据的时间联系在一起。更进一步来说，如果在考察图形的时候，不把时间和运动考虑在内（事实上是以隐含的形式），那么，现代几何学的第一次伟大转变又怎么会产生呢？对于古人来说，几何学是一门纯粹静态的科学。图形是一次给定的，而且被彻底完成，就像柏拉图的理式那样。然而，笛卡儿几何学问题的关键在于确定各个行星在一个既定时刻里各自的位置，在于弄清如何计算行星在任何其他时刻的位置。

The question was, knowing the respective positions of the planets at a given moment, how to calculate their positions at any other moment.

（尽管笛卡儿不认为这是几何学）的本质，却把任何一种平面曲线都看作是由一个点在一条可移动直线上的运动描绘出来的，这条可移动的直线沿着横坐标移动，并与曲线自身平行。这条可移动直线的移位被认为始终一致，于是横坐标就代表着时间。因此，如果我们能说明那条可移动直线所跨越的空间和跨越这个空间所用的时间之间的关联，也就是说，如果我们能指出那个可移动点在其行程的任何一个时刻处于它经过的那条直线的位置，我们就能对这条曲线做出界定。这种关系就是我们所说的曲线方程。因此，用图形替换方程，就是去观察这个移动点在任何时刻里沿着曲线移动的实际位置，而不是把沿曲线进行的移动当作曲线已经处于完成状态，是一次完成，并被汇集在一个时刻中的运动。

因此，这就是使自然科学和作为其工具的数学得以更新的那种变革的指导思想。现代科学来源于天文学，它已经沿着伽利略描述出来的斜面，从天空降到了地面，因为正是通过伽利略，牛顿及其后的科学家才和开普勒发生了关联。那么，天文学的难题又是如何成为开普勒的问题呢？问题的关键在于确定各个行星在一个既定时刻里各自的位置，在于弄清如何计算行星在任何其他时刻的位置。就这样，所有物质系统的同样问题都由此呈现出来。每个物质点都变成了一个小行星，而主要的问题——也就是观念的难题，一旦得到解决，其他难题都会迎刃而解——就是在一个既定时刻里这些要素的位置，就是如何去确定它们在任意时刻的相对位置。诚然，对于一个图式化的现实来说，除非在异常简单的情况下，这个难题不可能用这些精确的术语表达出来。因为即使假设真正的物质元素存在，我们也绝不会知道它们各自的位置，甚至即使我们知道在一个既定时刻里它们处于什么位置，要计算它们在另一个时刻的位置，也往往需要一种人力所不及的努力。然而，我们只要知道一点就够了，就是这些元素是可能被了解的，它们的当前位置也可以被标记出来，只要某种超人的智力能把这些资料付诸数学运算，就能够确定这些元素在其他任意时刻的位置。正是基于这个信念，我们才把自然的这个主题作为研究的对象，也正是基于这个信念，我们才能解决这些问题。这就是为什么我们把所有静态的规律都当作权宜之计，或者是当作对动态规律的一种特定视点，而只有动态的规律才能为我们提供完整而明确的知识。

现在，我们能做出的结论是，现代科学和古代科学的区别，不仅在于现代科学寻求规律，也不仅在于现代科学的规律表明了数量之间的关系。我们还必须补充一点，那个我们希望能够联系其他所有数量的数量，就是时间。最重要的是，要根据现代科学的那种把时间当作独立变量的渴望来定义现代科学。然而，现代科学所涉及的时间又是什么呢？必须根据现代科学的一种渴望去界定现代科学，这种渴望就是把时间视为一个独立的变量。但是，现代科学所涉及的时间，究竟是什么样的时间呢？

在前面我们曾经说过，并且无论怎样重复也都不过分，关于物质的科学，其运作方式和日常知识的运作并无二致。物质的科学完善日常知识，增强了日常知识的精确性，扩大了日常知识的范围，不过，它沿着日常知识的同一方向运作，并且使日常知识的同一机制发挥作用。因此，如果日常知识因受到摄影机原理的制约而无法去把握（运动意义上的）变化，那么，物质的科学也同样无法把握这种变化。无疑，这种科学按照我们的意愿，从它考察的时间间隔中区分出了大量的时刻。无论它停留的时间间隔有多小，它都能够允许我们在必要时进一步对时间进行分割。古代科学止步于某些所谓的“本质时刻”，而现代科学则与此相反，它并不在意时刻的长短。但是，现代科学一直在考察时刻，一直在考察虚拟的停止点。总的来说，现代科学始终在考察静止性。这也意味着，科学知识没能把握被视为流动的真实时间，即被视为存在的根本运动性的真实时间。在我的前一本书中，我们已经详细论述了这个观点。在本书的第一章，我们再次提到了这个观点。但是，为了澄清一些误解，我们仍然有必要再次阐述这个观点。

实证科学谈到的时间，指的是某个运动体 T 在其轨道上的运动。实证科学选择这个运动作为时间的代表，并且从定义上来看，这个运动是匀速运动。一些点把运动体的轨道从起点 T_0 开始分割成相等的部分，我们把这些点称作 T_1、T_2、T_3 等等。当运动体经过 T_1、T_2、T_3……这些点的时候，我们就说 1、2、3 个时间单位已经流逝过去。同理，考察宇宙处在某个时间 t 尽头的状态，就是考察当时间 T 运动到其进程的 Tt 点时宇宙的位置。然而，时间的流动本身给意识带来的影响却更少了，这一点是毫无疑问的。因为这里纳入计算的，是从这种流动上取出的 T_1、T_2、T_3……这些点，而绝不是流动本身。我们可以按照自己的意愿，尽量缩短我们所考察的时间，我们可以随意分割两个相邻分割点 T_n 和 T_{n+1} 之间的间隔。但是，我们处理的始终是一些点，并且仅仅是一些点。我们为运动体 T 的运动所保留的，仅仅是从它的轨道上取出的位置点。我们为宇宙中其他所有的点所保留的，也仅仅是从它们各自的轨道上取出的位置点。根据运动体 T 在分割点 T_1、T_2、T_3……上的虚拟停顿点，我们为所有其他处于各自经过点的运动体设定了一个相应的虚拟停顿点。当我们说一个运动或者其他任何变化占据了一个时间 t，我们的意思就是说我们标记出这种关联的一个数字 t。因此，我们已经计算了共时性的东西，但还没去关注时间从一个时刻向下一个时刻的流动。其证据在于，我可以改变宇宙在一种意识中的流动速度，而这种意识独立于宇宙，并且这种意识通过对宇宙的相当数量的感觉，能够感知变化，而无论这种变化是什么。因为 T 的运动会参与这种变化，而我既不需要改变方程式里的任何东西，也不需要改变构成这些方程式的数字。

更进一步来说。假设时间流的速度是无限大。就像我们在本书开始时所说的那样，想象运动体 T 的轨道是一次性给定的，而物质宇宙的全部历史，其过去、当前和未来都同时分布在空间里。

宇宙历史的时刻像扇面一样展开，在这些时刻和那条按照定义被称作“时间进程”的线上的分割点T_1、T_2、T_3……之间，同样存在着数学关联。在科学家眼里，一切都没有变。然而，如果时间就这样自动分布于空间中，并且接连发生的事物被并置在一起，那么科学告诉我们的知识就没有什么可改变的，我们也只能据此得出这样的结论：科学既没有考虑到其中具体的连续性，又没有考虑其间流动物的时间。它丝毫没有意愿去表达在连续性和绵延中撞击我们意识的那种东西。它不再热衷于变化（变化就是指正在运动），而是把注意力集中于那些随处设置的桥梁上，水流就在桥下流动。

连续性依然存在，我能够意识到它的存在，它是个事实。当一个物理过程发生在眼前，我的知觉和我的好恶都不能去加速或延缓这个过程。物理学家看重的是这个过程所填充的那段绵延单位的数量；他并不关心这些单位本身，而正是因为这样，世界的连续状态才有可能在同一时间分布在空间里，而无须科学家去改变他科学中的任何东西，也无须再谈论时间。但是，要考察人类这样的有意识生物，至关重要的却恰恰是这些单位，因为我们并不计算时间过程的端点，而是感觉过程，体会过程。因此，我们的意识，就把这些间隔当作确定的间隔。让我们重新回到第一章提到的一杯水和白糖的例子上，我必须等待白糖溶化在水中，这是为什么呢？在物理学家看来，这个现象的绵延是相对的，因为这个绵延已经被简化成一定数量的时间单位，而这些单位本身无关宏旨；但对于我的意识而言，这个绵延却是绝对的，因为它迎合了某种程度的渴望，这种渴望是严格确定下来的。这种确定从何而来？那种迫使我等待的东西，那种强加给我，让我等待一定长度的心理绵延、我却无能为力的东西，究竟是什么呢？如果连续性（仅就这个词区别于纯粹的并置这层含义而言）不再产生真实的作用，如果时间不是一种力量，那么，宇宙为什么会以一定的速度（这种速度被我们的意识当作真正的绝对）展开各种连续状态呢？它为什么要用这个特定的速度、而不是用其他的速度去展开这些连续状态呢？它为什么不用一种无限的速度去展开呢？换句话说，为什么所有事物不像摄影机胶片那样一次给定出来呢？我越多思考这一点，我就越是认为如果未来必定出现在当前之后，而不是置于当前旁边，那么，其原因就在于在当前的时刻中，未来尚未完全确定。如果这个连续占据的时间不是数字，如果在意识看来，绝对价值和现实性已经被装进意识，那么，其原因就在于某种不可预见的新事物始终不断地被创造出来，这些新事物实际上不会出现在任何一个诸如一杯糖水那样人为隔离的系统里，而是出现在具体的整体当中，而所有此类系统都是这个具体整体的组成部分。这个绵延或许不是物质自身的事实，而是重新登上物质进程的生命事实，这两种运动依然相互依赖。因此，宇宙的绵延必定是一种给创造留下空间的绵延，创造能够在其中找到自己的位置。

当孩子做拼图游戏的时候，他会把分开的图片拼在一起，重新构成一幅画。他练习的次数越多，他完成拼图就越快。另外，当孩子从商店买来拼图，打开拼图盒子的时候，重构出来的现成拼图也会同时呈现在他眼前。所以，重构拼图的操作并不需要一个确定的时间；实际上，从理论上说，这不需要任何时间。这是因为，结果是已经给定了。因为那幅图画已经被创造出来了，若要获得那幅图画，所需要做的仅仅是重新组合、重新排列；这项工作可以假设为完成得越来越快，甚至是无限快，直到能够几乎在瞬间完成。然而，对于从心灵深处创造出这幅画的画家来说，时间就不再是一个可有可无的东西了，它并不是一种可以随意延长或缩短而内容也不发生变化的时间间隔。画家工作所占据的那一段绵延，就是他工作不可分割的组成部分。压缩或者延长这个绵延，都会改变填充这个绵延的心灵演进，也会改变作为其目标的创造活动。这个创造工作所占据的时间就是创造本身的时间。形式正是被赋予具有不同程度变化和尺度的思维。这是一种生命过程，类似于观念的成熟过程。

画家站在画布前面，调色板上有各种颜色，模特儿坐在那里——这就是我们看到的一切，同时，我们也知道画家的风格，那么我们能否预见画布上将要出现的东西呢？我们掌握了这个问题的全部要素，我们也知道如何按照抽象的方式来解决这个问题，因为这幅肖像肯定会与模特儿相像，也会符合画家的风格。然而，那个具体的结果中所包含的、作为艺术作品全部内容的东西，却仍然无法预见。正是这种“无”占据着时间。作为物质的“乌有”，时间要么是发明创造，要么就什么都不是。

Time is invention or it is nothing at all.

把自身创造为形式。这个形式的萌发和绽放被伸展到一个固定长度的绵延之上，而这个绵延和形式的萌发与绽放具有同一本质。大自然的造化也是如此。它们的创新来自一种内在的冲动，这种冲动就是进展和连续的冲动赋予连续性的一种特殊的优点，或者把自身一切优点赋予连续性。这种优点毕竟使连续性（或者说，在时间中相互渗透的连续性）免于被缩减成空间里一种纯粹的并置。正因如此，在物质宇宙的当前状态中预测生命形式的未来，预测尚未到来的历史如何展开，才真正是荒谬可笑的。但是，我们很难觉察到这种荒谬性，因为我们的记忆已经习惯于把它依次察觉到的条件并列起来，因为我们的记忆总是用叠置的形式来表现过去的连续。实际上，我们之所以能够这样做，恰恰因为过去是已经被创造出来的东西，是死去的东西，它已经不再能创造，不再是生命了。因而，即将到来的连续变化会作为过去的连续变化而终止，我们企图说服自己可以用对待过去绵延的方式，来对待将来的绵延；即便是在当前，将来的绵延也可以被展开，然而这个将来已经卷进这个绵延中，它已经被画在画布上了。当然，这只是个错觉，但却是个天然形成而且难以消除的错觉，这个错觉会一直存在于人类的头脑中。

时间要么是发明创造，要么就什么都不是。但是，物理学并不把“时间—发明”纳入自己的考量范围，因为实际上物理学局限于摄影机的方式中。它只能计数构成这种时间的事件与运动体T在其轨道上的各个位置之间的共时性。它把这些事件从整体中分离出来，但整体每时每刻都在创造新的形式，并且把新的形式传达给这些事件。物理学抽象地考察这些事件，仿佛它们不在生命整体之内，这也就是说，仿佛它们处在空间中展开的时间当中。它只保留事件或者事件的系统，而这些系统则可以被隔离出来，却不会产生过分的变形，因为只有系统本身才符合物理学方法的应用。我们的物理学，在它懂得如何隔离出这些系统的时候，它就开始树立自身的地位了。总体而言，现代物理学和古典物理学的区别就在于，现代物理学考察任何一段时间中的任意一个时刻；它的全部基础，就是用“时间—发明”代替“时间—长度”。

看起来，伴随着这种物理学的发展，第二种知识似乎也成长起来，它应当能够把物理学遗漏的东西保留下来。对于绵延的流动本身，科学既没有也不能把握住，因为实际上科学只能使用摄影机的方式。这第二种知识不应再使用摄影机的方式。它应当唤起头脑摒弃它最珍视的习惯。这种知识应当借助于一种同情的努力，把我们转移到变化内部。这样，就不会有人问我们这样的问题：运动体会处于何处？系统会是何种形态？在一个给定的时刻中，变化将会经历哪些状态？时间中的各个时刻（这些时刻其实只是我们注意力的停顿点）将不再存在；而我们想要追随的，正是时间的流动，正是真实的流动本身。第一种知识赋予我们预见未来的能力，使我们能在某种程度上支配事件。但是，这种知识所保留下来的运动现实，到头来仍然不过是静止性的东西，也就是我们的头脑从运动现实中获得的见解。它把真实象征化，把它转移到人的头脑中，而不是去表达真实。而第二种知识（如果真有这种知识的话）没有任何实际用处，它不会增强我们自然的力量，甚至会反过来去对抗智力的某些天然意愿。但是，如果这种知识获得成功，那么，它恰恰就能够牢牢把握现实，并能最终掌控现实。这样，我们不仅可以使智力习惯于把自己装入运动内部，以完成智力及其关于物质的知识，而且可以通过发展另外一种补足智力的机能，向真实的另外一半敞开视界。因为只要我们面对真正的绵延，就能立即发现它就是创造；而如果说正在消失的东西也在延续，那么，其原因只能是它们与自我创造的东西不可分割，紧密相关。这样，宇宙连续发展的必然性就出现了，或者应该说，真实生命的必然性就出现了。从这个新的角度来看，在我们这个星球表面所发现的生命中就能看到这一点，生命的发展方式和宇宙的发展方式相同，并且都是物质性的逆反。总之，直觉会添加在智力之上。

我们越多思考这一点，我们越能发现，现代科学所暗示出来的，正是形而上学的这个概念。对于古人来说，的确可以在理论上忽略时间，因为事物的绵延只表明对事物本质的缩减，而科学必须处理的，正是这种静止的本质。然而，变化却只是一种努力，其目的在于造就实现自身的一种形式，它只能是我们了解的这个实现过程。无疑，这个过程永远不会完结。古代哲学认为我们无法察觉没有物质的形式，它所表达的就是这个意思。但是，如果我们在某个基本时刻去考察变化顶点的对象，我们就可以认为恰好碰到了易于理解的形式。我们的科学所掌握的，正是这种易于理解的形式，这种理想的形式，也可以说是限定的形式。这个金块当中，显然包含了被我们称为“变化”或“转变”的零钱。这种变化逊于存在。而把这种变化作为对象的知识（如果可能存在的话）也会逊于科学。

然而，一种科学如果把时间的全部时刻都放在同一个等级上，那它就不会承认任何基本的时刻，不会承认任何终点，也不会承认任何顶点；而变化也不再是对本质的缩减，绵延也不再是对永恒的稀释了。时间的流动就是现实本身，我们研究的事物就是流动的事物。确实，对这种流动的现实，我们只能采用共时性的视角。但是，正因如此，科学知识才必须求助于另外一种知识来完善自身。当时间被当作一种降级，而变化被当成对来自全部永恒性的形式的缩减时，科学知识的古典概念就终止了；反过来，如果我们把新概念贯彻到底，我们就会看到，时间中存在着绝对的发展成长，而事物的进化中存在着对不断更新的形式进行的连续创造。

自然，这会从古人的形而上学中分离出来。古人只看一种明确了解事物的方式。他们的科学中包含着一种分散的、片段的形而上学，而他们的形而上学中则包含着一种集中的、系统的科学。他们的科学和形而上学，顶多只是同一胚芽发展出来的两个物种。相反，我们假设科学和形而上学是两种虽然互补、却仍旧对立的认知方式：科学只保留瞬间，也就是保留那些无法持续的东西；而形而上学则与绵延本身相关。因此，在一个如此新颖的形而上学概念和传统概念之间犹疑不定也就十分自然了。用这种新科学去重复那些已经被旧科学证实了的东西，把我们关于自然的科学知识看作一次完成的，并且一成不变的，并且像古希腊人那样，把这种知识称为形而上学，这对我们来说具有强烈的诱惑。因此，除了哲学可能已经开辟的那条新道路以外，旧的道路依然开放着，而物理学实际上走的就是那条旧路。况且，物理学所保留的，仍然只能是同时被分布到空间里的时间，因此，同一方向的形而上学，就必定会把时间看作好像既不创造、也不消除任何东西，并把绵延看作好像是毫无效力的。如同现代人的物理学和古代人的形而上学一样，它局限于摄影机的方式，以这样一个结论作为终点，从一开始它就默认了这个结论，它原本就包含着这个结论——一切都是已知的。

在我们看来似乎是确定无疑的两条路上，形而上学起初却在徘徊。这种徘徊在笛卡儿的哲学中表现得十分明显。一方面，笛卡儿也肯定了普遍的机械作用，从这个观点看，运动就是相对的，[1] 并且，由于时间的现实性和运动的现实性相当，其结论自然就是过去、当前和未来都来源于完全的永恒性。然而，另一方面（而这就是笛卡儿并未得出这些极端结论的原因），笛卡儿则相信人的自由意志。他把人类行动的不确定性叠加在物理现象的确定

① 笛卡儿，《哲学原理》（Ⅱ）第29节。

性之上，其结果自然就是把一种包含着发明、创造和真正连续的时间叠置在了“时间—长度”之上。他用神来支持这种绵延，这个神不断地更新着创造的行动。由于这个神涉及时间与变化，并且维持时间与变化，他就必然要把自身的某种绝对现实传送给它们。当笛卡儿使用第二种观点时，他谈到的运动，甚至谈到的空间，就像是一种绝对的东西。①

笛卡儿本来并不打算走这两条路的任何一条，但实际上却依次走上了两条路。第一条路会引导他否定人的自由意志，否定神的真正意志。超人智力会在一个瞬间或在永恒中立刻把握全部有效的绵延，并把宇宙当作已知的东西。相反，第二条路会把他引向对真正绵延的直觉所包含的全部结论。创造将不仅表现为被延续的创造，而是表现为连续不断的创造。作为整体的宇宙将会真正地进行演化。不能再由当前确定未来，我们至多能说，未来一旦被理解，就能够在它的种种前件中重新找到它，就像一种新语言的发音能够用旧字母表上的字母来表达一样，只要我们同意扩大这些字母的价值，并且反向地赋予它一些发音，而旧有声音的任何组合都无法预先产生这些声音。最后，这种机械论的解释可能仍然非常普遍性，因为这种解释的确能被扩展到任意数目的系统中，这些系统是我们从宇宙的连续性当中任意切割出来的。但是，这样一来，机械论就变成了一种方法，而不再是一种学说了。

① 笛卡儿，《哲学原理》（Ⅱ）第36节以后。

它会表达这样一个事实，即科学必须按照摄影机的方式进行运作，而科学的功能则是分析事物流动的节奏，而不是使自己适应那个流动。这就是提供给哲学的两个形而上学上对立的概念。

哲学选择了第一个概念。哲学做出这种选择的原因无疑就是头脑具有用摄影机方式处理现象的趋向，这种方式对于我们的智力来说是如此自然，又如此切合我们科学的需求，以至于我们必然会感觉到我们无法思辨，从而在形而上学中否定它，几乎就是必然的事情。不过，古代哲学也对这种选择产生了影响。古希腊的艺术永远值得称颂，而他们创造出来的一种超乎感觉的真实，就和他们创造出来的可感之美一样，具有无穷的魅力，令人难以拒绝。只要我们想把形而上学变成一种系统的科学，就会立即滑到柏拉图和亚里士多德那里去。而只要我们被吸进古希腊哲学家活动的那个引力圈内，就立刻会沿着他们的轨道行进。

七、斯宾诺莎和莱布尼兹

斯宾诺莎就是这样的例子，莱布尼兹也在其中。我们并非看不见他们学说中包含的独创性财富。在他们的学说里，斯宾诺莎和莱布尼兹都倾注了他们灵魂的全部内容，他们的学说饱含着他们天才的独创精神以及对现代思想的探询。并且，在他们的学说中，尤其是在斯宾诺莎的学说中，冲破哲学体系的直觉闪光已经出现了。但是，如果我们不顾为这两种学说注入生命的那些东西，斯宾诺莎和莱布尼兹就以古代形而上学的模式为我们提供了一种系统化的新型物理学。

They present to us a systematization of the new physics, constructed on the model of the ancient metaphysics.

而只保留这两种学说的框架，我们就能够看到，在笛卡儿哲学机械论的背后，就是柏拉图哲学和亚里士多德哲学的真正图像。斯宾诺莎和莱布尼兹就以古代形而上学的模式为我们提供了一种系统化的新型物理学。

那么，物理学的统一性又在何处呢？这种科学中令人振奋的思想就是从宇宙中分离出物质点的系统，在给定的时刻，每个物质点的位置都是已知的，这样，我们才能计算出它在任何其他时刻的位置。除此之外，这种新科学只能把握如此界定的系统，并且它无法事先知道一个系统能否满足所需的条件，因此，有益的做法就是无论何时何地都把条件看作好像是已经实现了的。这里存在着个方法上的规律，一个非常自然的规律——这个规律的确非常自然，以至于没有必要表述出来。这是因为，简单常识告诉我们，如果我们掌握了一种有效的研究工具，并且看不到其适用范围，那么，我们使用这种工具时，就会把它当作无限适用一样。但总有一天我们会发现它不能适用的地方。然而，哲学家必定受到了一种强烈的诱惑，设想这个新科学的希望，或者更确切地说，设想这种新科学的冲动，并且把方法的一般规律转变为事物的根本规律。这样，哲学家就立即转移到这个范围中。他设想物理学已经非常完善，能够把握整个可感世界。宇宙变成了一个由众多的点构成的系统，而这些点在每个时刻的位置，已经被它与前一时刻的关系严格确定下来，并且在理论上能够计算出它在任何其他时刻的位置。最后，其结果就是普遍的机械论。但是，只说明这种普遍机械论还不够，必须建立这种理论，赋予其合理性，证明其必然性。机械论的根本确证，就是指出宇宙中的所有点都以数学的方式互相依存，宇宙中的所有时刻也是如此，所以，机械论的原因必须由同一的原理解释出来。而所有在空间中叠置、在时间中连续的东西都被压缩进这个统一的原理中。由此结论就是，即全部的真实都被假设为一次性给定的。真实存在的完整性，就成了空间中叠置的外在表现相互决定性的原因；而时间中连续现象不可更改的确定性就只能表示全部存在都被设定为永恒的。

这样，新哲学就会成为旧哲学的重新开始，或者可以说，成了旧哲学的移植。古代哲学已经采用了一些概念，这些概念集中了一种变化，或者标记了变化的顶点。它假设这些概念是已知的，并把它们汇集在一个单一的概念中，也就是形式的形式，理式的理式，就像亚里士多德的神一样。新哲学则准备采用所有支配变化与变化之间关系的规律，这些规律也被当作现象的固有承载物——新哲学假设这些规律是为已知的，并把它们汇集到一种整体当中，而这种整体同样明显地表现了这些规律，就像亚里士多德的神那样，并且出于同样的理由，这种整体必须居留在它自身不可更动的范围内。

诚然，这种向古代哲学的回归并非没有遇到巨大的阻碍。柏拉图、亚里士多德或者普洛丁这些哲学家都把他们科学的所有概念融进一个概念中，这种做法使他们把握了真实的整体，因为概念被假定能够代表事物本身，并且至少拥有一定的积极内容。但是一般地说，一条规律只表达一种关系，而物理学规律则专门表达实体之间的数量关系。所以，现代哲学家用新科学的规律来工作，就像古希腊哲学家用古代科学的概念去工作一样，如果他得出的所有物理学结论都假定会聚于一点，那么，他就忽略了现象中的具体东西，即被感知到的性质以及知觉本身。他的这种综合似乎只包含了现实的一个片段。但实际上，新科学的第一个成果就是把真实一分为二，即“量”与“质”，前者来自于对实体的计算，而后者来自于对心灵的计算。古人没有在质与量、心灵与肉体之间设置这样的樊篱。对于他们来说，数学概念和其他概念一样，联系着其他的概念，并且相当自然地和理式的等级体系相适应。如果亚里士多德说生命体的实体，其精神性少于我们所说的“心灵”，那是因为他所说的实体中蕴涵理式，其实体性少于我们所说的“实体”。这两个术语之间的断裂并非不可修复。事实已经变成这样，那么，一种旨在获得抽象整体的形而上学，要么必须依靠其综合的方式来理解一半事实，要么通过利用这两部分实际的绝对异质性，以便把其中一半看作另一半的翻译。在同一种语言当中，也就是说，如果短语间存在某种语音上的关系，那么，不同的短语表达不同的事物。然而，如果它们属于两种不同的语言，那么，发音上存在巨大区别也有可能意味着它们表达相同的事物。质与量、心灵与肉体之间的关系也是如此。正是由于哲学家们割断了两个术语间的全部联系，才会在两者之间建立一种严格的平行论；这种平行论是古人做梦也不曾想到的，因而他们才会把两者看成是彼此翻译，而不是彼此对立。总之，这种做法就是把一种基本同一性设定为二元性的基础。这样一来，他们建立的那个综合就能够包容一切了。思维现象与扩展现象、质与量、心灵与肉体被一种神性的机制一一对应起来。

我们在莱布尼兹和斯宾诺莎的学说里发现的就是这种平行论。当然，它们的形式各有不同，因为它们并未赋予空间扩展性同等的重要性。在斯宾诺莎的学说里，“思维”和“广度”这两个术语至少在原则上被放在同一等级上。因此，它们是对同一原文的两种翻译，或者用斯宾诺莎的话说，是同一实体的两种属性，这个实体我们必须称之为“神”。这两种翻译形式，就像用我们不懂的语言所做的无数其他翻译一样，都被那个原文唤起，甚至是迫于原文才存在的。相反，在莱布尼兹的学说里，尽管空间扩展性的确仍是一种翻译，但其原文却是思维，而思维则可能因翻译而消解，因为这个翻译仅仅是为我们做的。要设定神，我们必然也要去设定对其进行观察的所有可能视点，也就是说，我们要设定单子。但是，我们总能设想视像来自于视点，把不同数量的视像按照不同视点（这些视点具有相同的性质，可以由此获得视像）的顺序和位置分级，对于我们这种并不完善的头脑来说，这种做法是很自然的。实际上并不存在视点，因为只有视像，而每个视像都是一次给定的，都以自己的方式表现整体现实，也就是表现神。但是，我们却需要用视点的丰富性（它们彼此排斥）来表达视像（它们彼此相异）的多元性，我们也需要用这些视点之间的相对位置，即用它们之间的远近（也就是用一个数量），把视像之间不同程度的密切关系象征化。而这正是莱布尼兹下述见解的含义：空间是共存的秩序，对空间扩展性的知觉是种混合知觉（也就是说，是与不完善的头脑相关的知觉），除了单子之外，什么都不存在，因此，真正的整体并不拥有部分，而是被无限地重复，而每次都是整体地（也多样地）在其自身内重复，并且所有重复都是互补的。恰恰以同样的方式，一个对象的可见替代物就相当于从所有不同视点获得的一整套立体视像，因此，我们在替代物中看到的，并不是一个个固体局部的叠置，我们可能会认为这种替代是由整体视像的互补性构成的，每一个视像都是一次给定的，都是不可分割的，都与所有其他视像不同，却全都代表同一个事物。也就是说，在莱布尼兹看来，整体，或者神，就是唯一的替代物，而众多单子就是这些互补的平面视像，因此，他才把神定义为“没有观点的实体”，或者是“普遍的和谐”，即单子的互补性。总而言之，莱布尼兹与斯宾诺莎之间的区别在于，莱布尼兹把普遍的机械作用推崇成现实为我们提供的一个侧面，而斯宾诺莎认为，普遍的机械作用是现实为自身提供的一个侧面。

事实上，他们把整体的真实集中到神当中之后，就很难从神转到事物、从永恒转到时间了。这个困难对于这些哲学家来说，比对于亚里士多德或普洛丁那样的哲学家更加难以解决。的确，亚里士多德的神是通过对理式进行压缩和互相渗透而获得的，这些理式以其完成状态或最高状态表现世界上变化中的事物。因此，亚里士多德的神超越了现实世界的存在，而事物的绵延被叠置在神的永恒之上，对于神的永恒来说，事物的绵延只是一种削弱力量。然而，在我们通过考察普遍的机械作用而获得的原理（它必须被当作普遍机械作用的基础）当中，被浓缩的并不是概念或事物，而是规律或关系。但是，关系并不独立存在。规律和变化的条件联系在一起，并且内在于它支配的事物当中。所以，那个把这些关系最终集于一处的原理，那个作为自然统一性基础的原理，就不能超越可感现实而存在，因为这个原理就包含在可感现实当中；而我们必须假设这个原理既存在于时间之中，又同时存在于时间之外，它被集中在其本质的整体当中，并且尚未被判定把这种整体展开成一个无尽的链条。

这些哲学家并未阐明这个惊人的矛盾，而是必然把这两个术语中较弱的一个牺牲掉了，他们把事物与时间相关的那个侧面视为纯粹的幻觉。莱布尼兹用清晰的术语阐述了这一点，因为他认为时间和空间一样，都是混乱的知觉。他的众多单子只表达了对整体的不同视像，而分离单子的历史，则似乎除了是它自身本质的众多视像之外，几乎不可能是别的什么东西了。于是，时间似乎就包含在每个单子可能对自身采取的全部视点里，而空间就包含在所有单子可能对神采取的全部视点里。然而，斯宾诺莎的思想远没有这样清晰。这位哲学家似乎想要在永恒性和绵延的事物之间建立一种区别，这种区别就像亚里士多德在本质与非本质之现在，我们能够轻易说明，这种得自科学的形而上学结论，实际上已经以弹跳的方式，跳回到科学本身。

Now, it might easily be shown that the conclusions of this metaphysic, springing from science, have rebounded upon science itself, as it were, by ricochet.

间发现的区别一样。这个任务极其困难，因为亚里士多德所说的已经不再是为了衡量由本质到非本质的距离，不再是为了解释由本质向非本质的过渡了，笛卡儿已经永远地将它消除了。无论情况如何，如果我们深入到斯宾诺莎的“不充分”这个概念（它与“充分”相连）中，我们就会觉得自己正在朝着亚里士多德的哲学迈进。这就像莱布尼兹的单子，它们越来越清晰地把自身标记出来，逐渐接近普洛丁哲学中“能被智力把握的事物”。[①] 这两种哲学的自然倾向，又将它们带回到古代哲学的结论上。

综上所述，这种新形而上学和古人的形而上学之间的相似之处，在于两者都设定了一种现成的、完整的科学，前者把这种科学建立在可感事物上，后者把这种科学建立在可感事物之中，而可感事物所能包含的全部现实被认为符合这种科学。对于这两者而言，真理和现实都是作为永恒性而整体地给定出来的。它们都和一种能够逐步创造自身的现实观念相对立，这就是说，从根本上看，它们全都与绝对的绵延相对立。

八、平行论与一元论

现在，我们能够轻易说明，这种得自科学的形而上学结论，

① 1897 年到 1898 年，在法兰西学院开设的普洛丁哲学课中，我们曾经阐明这些区别。这些区别数量庞大，并且相当明显。这种相似性甚至存在于两者各自使用的公式中。

实际上已经以弹跳的方式，跳回到科学本身。这些结论渗透到我们所称的经验论整体中。物理学和化学只研究无生命物质，如果生物学用物理学和化学的方式去研究生物，它们也只能涉及生物中的无机侧面，这样就产生了机械论的解释。尽管这种解释也在发展，但它们还是只能说明一小部分现实。作为前提条件，假设整体真实能够被分解成众多元素，或者至少假设机械论能够对世界里发生的事情做出完整的翻译，就是在为某种形而上学辩护。而这种形而上学，就是斯宾诺莎和莱布尼兹为之订立原则并从中引出结论的形而上学。当然，心理—生理学家确信大脑状态与心灵状态之间具有严格的对等关系，并且设想某种超人理解力能够运用大脑破解意识中发生的情况。这样的心理—生理学家认为自己和 17 世纪的形而上学哲学家完全不同，并且认为他们非常贴近经验。然而，纯粹而简单的经验却从未告诉我们此类结论。它给我们揭示的是心理状态和生理状态互相依存，心灵状态必定要以某种大脑状态为基础，仅此而已。从两个事物互相依存这个事实中并不能得出结论说这两个事物必定是对等的。一颗螺丝钉对于机器而言是不可或缺的，这颗螺丝钉在机器上时，机器就能运转，如果拿走它，机器就会停止运转——我们不能因此说这颗螺丝钉和机器是对等的。要达到对等，一颗螺丝钉所对应的就应该是这台机器的任何一个确定的部分，就像翻译一部文学作品，一章对应着一章，一句对应着一句，一个词语对应着一个词语。然而，大脑和意识之间的关系似乎全然不是这样。心灵状态和大脑

18 世纪的医学哲学家们携带其狭隘的笛卡儿哲学，对于现今的“副现象论”和“一元论”的产生起到了很重要的作用。

The medical philosophers of the eighteenth century, with their cramped Cartesianism, have had a great part in the genesis of the "epiphenomenalism" and "monism" of the present day.

状态之间完全对等，这个假设本身十分荒谬，我们已经在以前的文章中讨论过这一点。[①] 但是，经过公正检验的事实却似乎理所当然地指出心理状态和生理状态之间的关系，就是机器和螺丝钉的关系。说两者之间对等，就是在戕害莱布尼兹或斯宾诺莎的形而上学，使它们变得几乎无法理解。这种做法既承认这种哲学中原有的关于空间扩展性的概念，又使这种哲学中关于思维的概念残缺不全。我们认为，斯宾诺莎和莱布尼兹已经把物质现象综合在一个统一的概念中了，他们对物质当中包含的一切都做出了机械的解释。但是，对于意识事实而言，我们却不能再把这个综合概念贯彻到底。我们在中途就停步了。我们假设意识和自然的某一部分共同扩展，而不是和全部自然共同扩展。有时，我们就会被引向“副现象论”，它把意识和某种粒子振动联系起来，并且把意识零星地散布于世界的各个地方。有时，我们会被引向“一元论”，它把意识分散成像原子一样小的微粒。但不管是哪一种情况，我们返回的都是不彻底的斯宾诺莎哲学，或者是不彻底的莱布尼兹哲学。在这种自然的概念和笛卡儿哲学之间，还存在一些中间阶段。18 世纪的医学哲学家们携带其狭隘的笛卡儿哲学，对于现今的“副现象论”和“一元论”的产生起到了很重要的作用。

① “心理—生理平行论”，《形而上学及精神科学评论》，1904 年 11 月号，第 859~908 页。参看《材料与记忆》，巴黎，1896 年，第 1 章。

九、康德的批判哲学

我们发现，这些学说都没有达到康德批判哲学的高度。当然，康德的哲学也充满了对一种单一而完备的科学的信仰，认为这种科学能够把握全部真实。的确，从一个侧面来看，康德哲学只是现代形而上学的延续和古代形而上学的移植。在亚里士多德的指引下，斯宾诺莎和莱布尼兹已经在“神”当中假定了知识的整体性。康德的批判哲学（至少在某个方面）的关键之处就在于提出了这样的问题：现代科学是否像古代科学一样离不开这个假定呢？或者说这个假定的一部分是否并不充分呢？对古人来说，科学适用于概念，也就是各种各样的事物。通过把全部概念压缩成一个概念，古人就必然会得到一个存在，我们可以称之为“思维”。不过，这个思维与其说是“主观思维”，不如说是“客观思维”。亚里士多德把“神”界定为“理智理性”，他强调的可能是“理性”，而不是“理智”。“神”是所有概念的综合体，是观念的观念。然而，现代科学却转向了对规律的探究，也就是对关系的探究。于是，关系就成了头脑在两个或更多条件之间建立的联结。关系绝不存在于智力的相关物之外。因此，如果现象事先经过智力的过滤，那么，宇宙只能是一个规律系统。当然，这里所说的智力可能远远高于人类的智力，这种生物能够在把事物连接在一起的同时，建立这些事物的物质性——这就是斯宾诺莎和莱布尼兹的假设。不过，我们并不需要走太远，这里得到的结果也就是人类智力，这就足够了。这恰恰就是康德的解决方案。在斯宾诺莎或莱布尼兹那样的独断论与康德的批判哲学之间的距离，恰恰就是“或许可以得出这样的结论……”与“这就足以证明……”之间的距离。康德把这种独断论阻止在一个斜坡上，而这个斜坡正要把这种独断论带向遥远的古希腊形而上学。康德把这个不可或缺的假设减弱到最低程度，以便无限扩展伽利略的物理学。当然，康德谈到的人类智力，既不是你的智力，也不是我的智力，而是自然的统一性，这种统一性实际上来源于把自然结合为一体的人类理解力，不过，这种把自然结合为一体的功能却是一种非人格化的功能。这种智力把自身赋予我们的个体意识，却又超越了我们的个体意识。这种智力比一个具体的“神”的智力要少得多；不过，它却比一个人的单独工作稍微多一点，甚至比全人类的集体工作还稍微多一点。这种智力并不完全存在于人身上，或者可以说，人却处于这种智力当中，就像人的意识处于它呼吸的智力大气中一样。如果我们愿意，可以把这种智力说成是一个形式上的神，是康德哲学中那种尚不具神性、却在向神性转变的东西。在费希特的哲学中，这种东西的确变成了神。然而，对于康德来说，这种智力的主要作用，就是赋予我们整个科学一种相对的和人性的特征，尽管其中的人性已经多少有点具备神性了。从这个角度来看，康德的批判哲学就主要在于它对前辈们独断论的限制，对他们的科学概念的接受，以及把科学概念所含的形而上学向最低程度的缩减。

由此，康德为一种新哲学开辟了道路，这种新哲学依靠直觉的更高级的努力，在知识的超智力性物质中得到了自我确证。

Thereby he prepared the way for a new philosophy which might have established itself in the extra-intellectual matter of knowledge by a higher effort of intuition.

不过，康德对知识物质和知识形式之间的区分，就是另外一回事了。康德把智力性看作确立各种关系的最重要机能，由此他认为，这些关系所联系的各种条件的起源，超出了智力所能理解的范围。与他的稍前哲学家相反，康德确信知识并不能完全被分解成智力性的术语。他把笛卡儿哲学的基本要素（这种要素已经被笛卡儿的后继者们抛弃了）带回到哲学上，同时他还改变了这种要素，并把它置于另一个层面上。

由此，康德为一种新哲学开辟了道路，这种新哲学依靠直觉的更高级的努力，在知识的超智力性物质中得到了自我确证。通过迎合这种物质，迎合这种物质的节奏和运动，意识就通过在两个相反方向上的努力（使自身轮番上升下降），使自己能够从内部去把握现实的两种形式，即身体与头脑，而不再仅仅从外部感知这两种形式的现实，难道不会出现这种情况吗？难道这种双向努力不能使我们在可能的范围内绝对复活吗？此外，由于我们会在这种操作过程中看到智力自动呈现出来，从整体的头脑中把自身切割出来，智力的知识就会以其本来面貌出现。这种知识尽管有限，却不是相对的。

这就是康德哲学本有可能给重获活力的笛卡儿哲学指出的方向。然而，康德本人却并未朝这个方向前进。康德不愿这么做，因为当他把超智力物质分配给知识的时候，他认为这种物质要么与智力共同扩展，要么其扩展性不及智力。所以，他既无法设想从物质中切割出智力，因而也无法追溯理解力的起源及其范畴。

他不得不接受理解力模式的本来面目以及理解力本身，也就是把它们视为现成的东西。呈现在智力面前的物质和这种智力本身之间，不存在任何关系。这两者之所以一致，是因为智力把自己的形式加在了物质上。于是，不仅有必要把知识的智力形式设定成一种绝对形式，放弃对其起源的探究，而且，在我们看来，这种知识的物质本身也似乎被智力碾成了粉末，因而不可能重获最初的纯洁性。它不是“物自体”，而只是“物自体”穿过我们大气层的折射出来的光芒。

现在，如果我们问为什么康德不认为我们知识的物质能够扩展到形式以外，那么，这就是我们找到的答案，康德对我们关于自然的知识进行的批判，就在于确定了如果我们科学的结论被证实，我们的头脑必然是什么，大自然又必然是什么。然而，对于科学的这些结论本身，康德却没有进行批判。这就是说，他认定科学观念是一个整体观念，它能够用同样的力量把全部已知部分连接起来，能够把这些部分协调成一个可以全面代表同一实体性的系统。在他的《纯粹理性批判》中，康德没有考虑到，科学正在逐步失去客观性，越来越象征化，以至于从物理的科学变成了生命的科学，又从生命的科学变成了心灵的科学。在康德看来，经验并没有沿着两个不同的、也许是相反的方向运动，一个方向是智力的方向，而另一方向是智力的反方向。在他看来，只存在一种经验，智力能覆盖这种经验的全部范围。这一点康德表述为：我们的全部直觉都是感性的直觉，或者说，我们的全部直觉都是低于智力。如果我们的科学证明了其所有组成部分都具有同样的客观性，那么，我们的确就不得不接受康德的这个观点。但是，反过来，如果我们假设科学在从物理的科学变成生命的科学，又从生命的科学变成心灵的科学的过程中，已经逐步失去了客观性，越来越象征化，那么，由于科学确实必须以某种方式感知一个事物，才能把这个事物象征化，因此就应当存在一种心灵的直觉，或者更概括地说，应当存在一种生命的直觉，尽管智力无疑会转移和翻译这种直觉，但这种直觉依然超越了智力。这就意味着，应当存在一种超越智力性的直觉。这种直觉如果当真存在，它就有可能去直接把握精神，而不再只是把握一种外部的表面知识。此外，如果我们具备了这样的直觉（即超越智力性的直觉），那么，感性的直觉也极有可能通过某种中介，去延续这种直觉，就像红外线延续紫外线那样。于是，感性直觉自身就得到了加强。它将不再只获得一种无法触摸的“物自体”幻影。只要我们对感性直觉进行一些必要的纠正，它就能引导我们进入绝对本身。然而，只要我们还把这种直觉当作我们科学的唯一物质，它就会向全部科学揭示某种相对性的东西，这种东西冲击着我们的心灵知识。这样一来，对实体的知觉（它是实体科学的开端）本身就似乎是相对的了，而感性直觉也因而变成相对的了。不过，如果对不同科学做出区分，如果我们把关于精神现象（因而也自然是关于生命现象）的科学知识看作某种认知方式（它适用于认知实体，并且完全没有象征性的东西）的带有几分人为性的延伸，那么，情况就大不相同了。更进一步来看，如果存在两种不同规律的直觉，（而第二直觉是在第一种直觉的反方向获得的）如果智力天然倾向于第二种直觉，那么智力和这种直觉之间就没有什么本质差异。在可感知的物质及其形式之间的障碍就被减弱了，就像在可感性的“纯粹形式”和理解力的范畴之间的樊篱一样。可感知识的物质和形式（仅限于它自己的对象）看来是通过相互适应而彼此生成的，智力按照形体形塑自己，而形体又按照智力形塑自己。

然而，康德不愿意也不能承认直觉的这种二元性。要承认它，就必须把绵延当作现实的真正材料，就必然要在事物的真正绵延和散布于空间的时间之间做出区分。同时还必须把空间本身，以及内在于空间中的几何学，视为物质性事物发展的一种观念边界，只不过实际上，这些事物并不能达到这个边界。没有什么比这更不符合《纯粹理性批判》的文字了，或许也没有什么比这更不符合《纯粹理性批判》的精神。无疑，这本书把知识表述为一个永远在展开的画卷，经验被表述为推动事实不断前进的动力。然而，按照康德的观点，这些事实一旦产生，就立即在同一个平面上展开；它们彼此外化，并且都外在于头脑。源自内部的知识能够在这些事实发生时就捕捉到它们，而不是在这些事实产生之后才把握它们。它能够深入空间内部，也能够深入空间化的时间内部。我们的意识确实把我们放置于这样一种平面之下，而这里流动着真正的绵延。

在这方面，康德也同样非常接近其前辈哲学家。在非现实的存在与散布在明确时刻中的时间之间，康德不承认任何过渡方式。因为没有任何直觉把我们带入现实的存在，所以按照定义，所有直觉都被当成感性的直觉。物理的存在散布于空间中；非世俗的存在只能是一种概念存在和逻辑的存在，就像形而上学独断论所说的那种存在一样——难道在这两种存在者之间就没有容纳意识和生命的余地吗？无疑是有的。如果我们把自己放在绵延中，以便从绵延过渡到时刻，而不是从时刻开始，把时刻连接起来去构成绵延，那么我们就能感觉到这一点。

然而，为了逃离康德的相对主义，其直接后继者转向了一种非世俗的直觉。自然，关于变化、发展以及进化的观念似乎在他们的哲学当中占据了相当重要的位置。但是，绵延能否在他们的哲学里发挥作用呢？在真正的绵延里，每个形式都从之前的形式中流出来，同时也给那些形式增添了某种新东西，它既能解释那些形式，又能被那些形式所解释。然而，从一个假设会被形式体现的完整存在中直接推导出这个形式，这就回到了斯宾诺莎的哲学。这样，就会像莱布尼兹和斯宾诺莎一样，否定了绵延的全部有效行动。尽管后康德哲学也许对那些机械论采取了严厉的态度，但还是接受了机械论的一个观念，即存在一种适合研究各类现实的科学。这种哲学与机械论之间的距离，比它自己想象得还要近，因为尽管它在考察物质、生命和思维的时候替换了复杂性的连续程度——这些连续程度是由机械论依照一个理式的不同实现程度，或者依照一种意志的不同程度的客观化，假设出来的——

它还是谈到了等级，这些等级存在于等级标尺上，而存在单向跨越了这个标尺。总之，在自然当中制造出清晰的等级这种做法上，它和机械论并无二致。后康德哲学保留了机械论的全部意图；它只是给机械论涂上了另一种色彩。然而，真正需要改造的，却正是这个意图本身，或者至少是这个意图的某一半。

如果我们想进行这种改造，就必须放弃构造的方式，这种构造方式就是康德的后继者们所采取的方式。我们必须诉诸经验，诉诸一种净化了的经验，或者换句话说，我们必须诉诸的这种经验在必要时能够从一些模式中释放出来，那些模式是我们的智力依照我们加诸事物行动的进展程度和比例塑造而成的。这样的经验并不是非世俗的经验。这种经验只在空间化的时间（我们认为自己在其中看到了部分之间的连续排列）之外寻找具体的绵延，在这种具体的绵延当中，激烈的整体重组一直在进行。这种经验追随着真实的全部变化，以它不想构造的方式那样，把我们引向越来越高的普遍性，即引向一座大厦的层叠楼层。不过，这种经验不会因此在它暗示的那些解释和它必须解释的东西之间进行变换。它所说明的，已经不再只是混成一团的整体，而是真实的细节了。

十、斯宾塞的进化论

19世纪的学术界呼唤此类哲学，它摆脱了任意性，并且能够降落到具体事实的细节中，这种思想无可置疑。同样无可置疑的是，那个时代感到这种哲学应当在我们所说的具体绵延中确立自身的地位。精神科学的诞生，心理学的进步，胚胎学在生物科学中重要性的日益增长，这一切都不免会暗示出一个现实的观念，这种观念在内向地延续，它就是绵延本身。因此，当一位哲学家站起来宣布一种进化学说时，所有人的目光就都转移到他身上，因为在他的进化学说中，物质朝着可感性的方向发展，同时头脑朝着理性的方向发展；在这种进化学说中，外部与内部之间的复杂对应，也会逐步描述出来；在这种进化学说中，变化将会成为事物的真正本质。斯宾塞的进化论之所以对当代思想产生强烈的吸引力，其原因就在于此。不管表面上看起来斯宾塞和康德有多么遥远，也不管斯宾塞是如何地忽视康德，在他第一次接触生物科学的时候，他还是感觉到了一个方向，哲学可以按照这个方向继续前进，而不会遭到康德的批判。

不过，斯宾塞刚走上这条道路不久，就暴露出不足了。他曾许诺要追溯起源，可是，看吧！他做的完全是另外一回事。他的学说虽然具有进化论的名称，宣称要重新追溯一般变化进程的上下起伏；但在实际上，它既没有研究变化，也没有研究进化。

这里，我们没有必要对此进行深入的检验，只需指出一点：斯宾塞的通常方式，就是用已经进化完成的片段去重构进化。如果我把一幅画粘在一张卡片上，然后把卡片剪成碎片，那么，只要正确地把这些碎片重新组合起来，我就能重新构成那幅画。一个用拼图块做这种游戏的孩子，把图画的这些不规则碎片重新摆在一起，最终得到一幅五颜六色的图画，毫无疑问，他以为自己制造出了构图和色彩。然而，绘画和上色的行为却根本不同于把画好的图片碎片拼在一起的行为。因此，把进化的最简单的结果重组起来，虽然能够或好或劣地模仿最为复杂的结果，但是，你却既追溯不到简单的起源，也追溯不到复杂的起源，而把已经进化完成的结果加在一起，则与进化运动毫无相似之处。

然而，这就是斯宾塞的错觉。他按照现实的当前形式来把握现实，他把现实分割成碎片，又把这些碎片分散开来，扔进风中；之后，他把这些片段“整合起来”，并“消解它们的运动”。他用马赛克拼图模仿整体，就以为自己重新描绘出了整体的构图，并且找到了起源。

这是物质的问题吗？斯宾塞用分散的元素整合出可见可触的实体，这些元素带有一种浓厚的色彩，即它们就是简单实体的基本粒子，而他开始时就已经假设这些基本粒子被散布到整个空间中了。无论如何，它们都是“物质点”，因而就是始终不变的点，事实上就是一些小固体。这就好像在物质性的源头中，能够找到与我们最接近、最坚实的固体性。物理学越是进步，它就越能够揭示，我们观察到的物质属性模式根本无法表现以太或者电的属性，而这两者或许是所有实体的基础。但是，哲学却退回到“以太”之前，也就是退回到我们的感觉所理解的现象之间的纯图式化关系上。它当然知道事物中那些可见可触的东西代表着我们可能加诸事物的行动。我们并不依靠分解进化完成的事物，来掌握进化的原理。我们也并不依靠重组进化完成的事物，来再现作为这种重组条件的进化。

这是头脑的问题吗？斯宾塞认为，把反射和反射组合在一起，它就能一个接一个地生成本能和理性意志，他没有看到专门化的反射正如完美意志一样，是进化的一个终止点，它不能在进化的起点上被设定。在理性意志尚不充分之前，本能就应当达到了最终形式；但是，本能和理性意志都是进化运动的积淀物，而进化运动本身也就不再能被表现为前者或后者的唯一函数了。我们必须从把反射与自愿性混合起来着手。因此，我们必须去探询流动的现实，这种现实已经被抛进反射和自愿性这两种形式当中，并且可能已经具备了两者的特点，而不会成为任何一个。在动物物种阶梯的最底层，在那些还只是未分化的原生质当中，对刺激的反应还不像在反射中那样，要求某种明确的机制进行运作；它不像在自愿行动中那样，在几种明确的机制中做选择；因此，这种反应就既不是自愿性，也不是反射，尽管它预示着两者的出现。当我们半自愿半自发地做出一些运动，以逃避某种迫近的危险时，我们就亲身经历了这种真正的原初活动。不过，这还依然只是对原初特征的一种极不完整的模仿，因为我们这里涉及的是两种已形成活动的混合物，它已经定位在大脑和脊髓中了，而那种原初的活动则是个简单的事物，它依靠诸如脊髓和大脑那样的机制构造本身，变得多样化。但是，斯宾塞却无视这一切，因为他使用的方法，其本质就在于用固体的东西重构固体的东西，而不是回到固体化的渐进过程，而这个过程其实就是进化本身。

最后，这是一个头脑和物质之间的对应问题吗？斯宾塞用这种对应去界定智力，这没有错。他把这种对应视为进化的目的，这也没有错。然而，当他重新描述这个进化时，他再次把进化完成的事物整合在一起，而不知道他这是在引起不必要的麻烦，哪怕他设定进化完成的事物的最微小片段，也是在设定一个整体。因此，即使他自称追溯到了进化的起源，也全然无意义。

这是因为，按照斯宾塞的理论，自然界里彼此接续的现象投射到人类头脑的形象中，并被这些形象代表着。因此，概念之间的关系对应于现象之间的关系。那些最普遍的自然规律（现象之间的关系被浓缩其中）就被视为能够生成思维的指导原理（概念之间的关系被整合其中）的规律。所以，自然就反映在头脑当中。我们思维的内在结构和事物本身的结构一一对应，这一点我十分愿意承认。但是，为了使人类的头脑能够表现现象之间的关系，首先，现象必须存在，也就是说，从连续变化中切割出来的那些明确事实必须存在。一旦我们设定了这种具体的切割模式（比如我们现在看到那些模式），我们也就设定了智力今天的模样，因为现实正是依靠并且仅仅依靠与智力的关系，才能按照这种特定模式去切割。情况会不会极有可能是这样——哺乳动物和昆虫注意到自然的同一侧面，并且按照同样的分化追溯自然，以同样方式把整体分成一个个清晰的部分？何况，那些有智力的昆虫具备我们智力的某种方面。每种生物都按照其行动轮廓去切割物质世界，正是这些可能行动的轮廓交织在一起，标记出经验之网，在这个网上，每个事实都是一个网孔。无疑，一个镇子只由许多房屋组成，而街道只不过是房屋之间的间隔，因此我们可以说，自然当中只包括事实，只要肯定事实，关系就不过是这些事实之间的连线而已。不过，在镇子里，是土地的逐渐划分形成了许多地块，正是这种地块立时确定了房屋的位置，确定了房屋的形状，确定了街道的走向。如果我们想理解造成目前这种具体划分的模式——这个模式使得每座房屋处于现在的位置上，使每条街道具有现在的走向——我们就必须回到那个原初的划分上。所以说，斯宾塞的主要失误，就是把已经分成块的经验当作已知的东西，其实真正的难题在于弄清这种划分工作是如何进行的。我同意这样的说法：思维的规律只是事实之间关系的整合。但是当我肯定事实以及它们在当前呈现给我模式时，我就假定了我的知觉机能和理解机能的当前模式。因为正是这些机能的现有模式把真实分成了小块，正是这些机能的现有模式从现实的整体中切割出了事实。因此，即便我不说事实之间的关系生成了思维的规律，我也依然能够宣布正是思维的形式确定了观察到的事实模式。所以说，也正是思维的形式，确定了这些事实之间的关系。这两种表述方式本身并没有什么区别，从根本上看，它们表达的是同一事实。诚然，如果我们采取第二种表达方式，我们就已经不是在谈论进化了。但是，如果我们采取第一种表达方式，我们也只是谈到进化，而不是在思考进化。这是因为，真正的进化论主张揭示智力究竟是根据哪种方式逐渐形成的，又是根据哪种采用自己的结构方案、并且赋予物质以划分模式的。这种结构和划分相互作用，又相互补充，并且二者必须同步发展。此外，无论我们是肯定头脑的现有结构，还是肯定物质的现有划分，我们都依然是在与进化完成的事物打交道，我们并不了解进化的事物，也不了解进化本身。

我们必须揭示的依然还是这种进化。在物理学自身的领域中，那些正在推进这门科学的科学家们已经倾向于认为，我们不能像论证整体那样去论证部分；同一种原理不能既运用于一个进程的起源又运用于进程的终点；如果我们考察那些构成原子的微粒子，无论是创造还是寂灭都不能接受。由此，他们往往会把自己放在具体的绵延当中，而只有在具体的绵延中才存在真正的生成，而不仅仅是部分的组合。的确，他们所说的创造和寂灭关系到运动或能量，而不是关系到那种不可思议的媒介，而能量和运动则被假设为穿过这种媒介而循环。但是，如果你取消了所有能够确定物质的东西，也就是说，如果你取消了能量和运动本身，那么，物质中还剩什么呢？哲学家必须比科学家走得更远。哲学家把一切作为想象性象征的东西都扫除干净，它就会看到物质世界重新融化为一种简单的流动，一种连续的流动，一种变化。因此，在生命和意识的领域中，他能随时发现真正的绵延，只要这种发现对他更为有用。这是因为只有在考察无机物质的时候，我们才可以忽略这种流动，而不至于犯下严重的错误。我们说过，物质具有几何学的重量，并且，只有当和作为现实上升的东西联系起来的时候，作为现实下降的物质才能延续下去。然而，恰恰生命和意识就是这种上升。一旦我们适应了生命与意识，从而把握了它们的本质，我们就会懂得其余的现实是怎样从生命和意识当中产生了。进化出现了；其中，物质性和智力性也依靠逐步的固体化过程而一步一步地确定出来。但这样一来，要跟进进化运动的现有成果，我们就必须把自己放在这种进化运动之中，而不是用这些成果的碎片人为地重新组合成这些成果。我们认为，这才是哲学的真正功能。这样的哲学，就不仅仅是头脑向着其故乡的回转，不仅仅是人类意识和产生这种意识的生命原则之间的契合，也不仅仅是和创造性努力的结合。这种哲学是对普遍变化的研究，是真正的进化论，因而也是科学的真正延续。只不过我们应该把“科学”这个词理解为一整套真理，要么是体验到的真理，要么是证实的真理，而不应该把它理解为某种新的经院哲学。这种经院哲学是在 19 世纪下半叶围绕着伽利略的物理学发展起来的，就像旧的经院哲学围绕亚里士多德发展起来一样。

Creative Evolution

Henri Bergson

图书在版编目（CIP）数据

创造进化论 /（法）亨利·柏格森著 ; 高修娟译
. -- 北京 : 北京时代华文书局, 2018.5
ISBN 978-7-5699-2109-0

Ⅰ. ①创… Ⅱ. ①亨… ②高… Ⅲ. ①生命哲学－法国－现代 Ⅳ. ① B083 ② B565.51

中国版本图书馆 CIP 数据核字 (2018) 第 001768 号

诺奖得主人文译丛：

创造进化论

CHUANGZAO JINHUALUN

著　　者 | [法] 亨利·柏格森
译　　者 | 高修娟

出 版 人 | 王训海
丛书策划 | 邵鹏军
责任编辑 | 周连杰
特约编辑 | 廖　丹
装帧设计 | 格林文化
责任印制 | 刘　银

出版发行 | 北京时代华文书局 http://www.bjsdsj.com.cn
北京市东城区安定门外大街 136 号皇城国际大厦 A 座 8 楼
邮编：100011　电话：010-64267955　64267677
印　　刷 | 三河市祥达印刷包装有限公司　0316-3656589
（如发现印装质量问题，请与印刷厂联系调换）
开　　本 | 880mm×1230mm　1/32　印　　张 | 12.75　字　　数 | 257 千字
版　　次 | 2018 年 7 月第 1 版　印　　次 | 2018 年 7 月第 1 次印刷
书　　号 | ISBN 978-7-5699-2109-0
定　　价 | 65.00 元